本书获中国社会科学院学科建设"登峰战略"资助计划资助，编号DF2023ZD37。

近三十年新中国史研究前沿问题

李正华　郑珺 ◎ 主编

图书在版编目(CIP)数据

近三十年新中国史研究前沿问题 / 李正华, 郑珺主编. -- 北京：当代中国出版社, 2025.2. -- ISBN 978-7-5154-1558-1

I. K270.7

中国国家版本馆 CIP 数据核字第 2025PK2745 号

出 版 人	蔡继辉
责任编辑	姜楷杰
责任校对	贾云华　康　莹
印刷监制	刘艳平
封面设计	宋　涛　鲁　娟
出版发行	当代中国出版社
地　　址	北京市地安门西大街旌勇里 8 号
网　　址	http://www.ddzg.net
邮政编码	100009
编 辑 部	（010）66572264
市 场 部	（010）66572281　66572157
印　　刷	北京润田金辉印刷有限公司
开　　本	710 毫米 ×1000 毫米　1/16
印　　张	17 印张　1 插页　258 千字
版　　次	2025 年 2 月第 1 版
印　　次	2025 年 2 月第 1 次印刷
定　　价	98.00 元

版权所有，翻版必究；如有印装质量问题，请拨打（010）66572159 联系出版部调换。

前　言

欲知大道，必先为史。习近平总书记指出："历史研究是一切社会科学的基础，承担着'究天人之际，通古今之变'的使命。""重视历史、研究历史、借鉴历史，可以给人类带来很多了解昨天、把握今天、开创明天的智慧。"① 强调："学习党史、国史，是坚持和发展中国特色社会主义、把党和国家各项事业继续推向前进的必修课。这门功课不仅必修，而且必须修好。"②

进入新时代，以习近平同志为核心的党中央高度重视党史国史的学习、研究、宣传和教育，先后发表一系列重要讲话，作出一系列指示批示，推动党史国史研究事业蓬勃发展。2022年12月8日，在中华人民共和国国史学会（以下简称国史学会）成立30周年之际，习近平总书记发来贺信，向学会全体同志、向全国广大国史研究工作者致以热烈祝贺和诚挚问候，并对国史研究提出殷切期望，强调要"不断提高研究水平，创新宣传方式，加强教育引导，激励人们坚定历史自信、增强历史主动，更好凝聚团结奋斗的精神力量"。③ 习近平总书记的贺信为推动国史（即中华人民共和国史，亦称新中国史）研究事业再上新台阶指明了前进方向、提供了根本遵循。

新中国史是新中国成立以来党和国家事业建设、发展的历史，是马克

---

① 《习近平致第二十二届国际历史科学大会的贺信》，《人民日报》2015年8月24日。
② 《在对历史的深入思考中更好走向未来　交出发展中国特色社会主义合格答卷》，《人民日报》2013年6月27日。
③ 《坚定历史自信增强历史主动　更好凝聚团结奋斗的精神力量》，《人民日报》2022年12月9日。

思主义基本原理与新中国的具体实际相结合的历史,是人民的创业史、探索史和奋斗史,是接续奋斗、创造新辉煌、书写新的伟大成就的历史。相对于其他历史学科门类来说,作为一门学科的新中国史还十分年轻,虽然其在中华人民共和国成立后就得到学界关注,但作为一门独立的学科出现则是改革开放以后的事情。

1990年,经中共中央批准,研究编纂、宣传出版中华人民共和国史的专门机构——当代中国研究所成立。1992年,国史学会成立。1994年1月,由当代中国研究所主办、陈云题写刊名的专业学术期刊——《当代中国史研究》创刊。这些都为新中国史研究事业的繁荣发展奠定了重要基础。作为国内首家专门刊载新中国史研究成果的学术期刊,《当代中国史研究》始终秉承"研史通变,资政育人"的办刊方针,坚持正确的政治方向、学术导向和价值取向,坚持唯物史观和正确党史观,牢牢把握新中国史的主题主线、主流本质,以发挥国史研究"修史、资政、育人、护国"作用为着眼点,积极引领学术创新,紧密团结广大新中国史研究工作者,刊载了大量高质量、有影响的研究成果,培养了一批又一批学术"新人",为推动新中国史"三大体系"建设、建构自主的新中国史知识体系、繁荣哲学社会科学事业做出了应有贡献,同时也为加强国际学术交流和对外学术传播进行了积极的探索与尝试,取得了一定的成绩,积累了宝贵经验,赢得海内外学界的认可和高度评价。

30年来,在党的方针政策指引下,在国家的大力支持下,在学界的共同努力下,新中国史研究取得了丰硕成果:出版了一批新中国史通史著作和专门史著作以及重大事件的专题研究成果,刊发了大量文质兼备的学术论文,对新中国史重大问题、基本问题的认识不断取得新突破;在史料收集、整理和编纂工作方面也取得了重要成果,为新中国史研究提供了坚实的基础;研究方法不断创新,跨学科研究、比较研究等新方法的运用,极大地拓展了新中国史研究的视野和深度。在此过程中,《当代中国史研究》始终心怀"国之大者",密切关注新中国史研究学术前沿,积极服务党和国家工作大局,深入探讨治国理政历史规律,科学总结当代中国成功经验,先后共刊发各类学术文章3000余篇,及时反映了新中国史学术研究的进展,为新中国史研究事业和中国特色哲学社会科学事业的繁荣发展做出了积极贡献。

  百尺竿头，更进一步。为继续推动新中国史研究深入发展，《当代中国史研究》在创刊30周年之际，结合新时代新征程党和国家中心工作，以及新中国史研究的新任务、新要求，特组织当代中国政治、经济、文化、社会、外交、理论等领域的资深专家学者，对近30年新中国史研究的热点、重点、难点问题进行系统梳理与分析，结集出版，以飨读者。这些文章既对相关领域研究的进展及存在问题做了系统归纳，同时提出了新的研究视角和思路，有助于我们准确把握相关领域的发展现状，明确今后努力的方向，加速推进新中国史"三大体系"建设，加快建构自主的新中国史知识体系。

  展望未来，《当代中国史研究》将继续立足新中国史研究学术前沿，坚持正确的政治方向、学术导向和价值取向，踔厉奋发，勇毅前行，推出更多高质量的研究成果，为全面推进文化强国建设、实现民族复兴伟业提供学术支撑和智力支持，向党和人民交出满意的答卷。

目 录

历史政治学与当代中国政治史研究：
  以"第二个结合"为例   杨光斌 / 001
中国政治概念史研究的新探索   李里峰 / 010
近 30 年来中国当代政治史学科发展概述   张金才 / 024

关于新中国经济史三个问题的思考   武　力 / 035
当代中国经济史研究的进展与前瞻   赵学军 / 049
国企发展史研究三题   龙登高 / 066
"公私合营"及其相关问题研究的回顾与思考   张忠民 / 074

近 30 年来当代中国文化史研究的回顾与展望   陈金龙 / 084
当代中国文化史研究三题   欧阳雪梅 / 101

当代中国社会建设史研究三题   朱汉国 / 113
中华人民共和国社会史研究的若干基本理论问题   李　文 / 127
当代中国乡村社会史研究单位评述   郑清坡 / 143
近 30 年来当代中国城市社会史若干问题研究述评   阮清华 / 153

当代中国外交史研究的进展与思考　　　　　　　　　　王巧荣 / 167
交叉学科视野下当代中国外交史研究评述　　　　　　　张清敏 / 186
近30年来国内当代中俄关系史研究的回顾与思考　　　　左凤荣 / 200
近30年来中国与南亚国家关系史研究三题　　　　　　　孟庆龙 / 212

学科、范式、话语：新中国史研究理论的回顾与思考　　柳建辉 / 223
国史学理论体系建构的检视　　　　　　　　　　　　　左玉河 / 239
新中国史理论研究三题　　　　　　　　　　　　　　　宋学勤 / 251

后　记 / 262

历史政治学与当代中国政治史研究：
以"第二个结合"为例

杨光斌

中国人民大学国际关系学院教授

马克思主义基本原理同中华优秀传统文化相结合，是继马克思主义基本原理同中国具体实际相结合（即"第一个结合"）取得巨大成就后的"第二个结合"。2023年6月，习近平总书记在文化传承发展座谈会上的讲话中明确指出："'第二个结合'，是我们党对马克思主义中国化时代化历史经验的深刻总结，是对中华文明发展规律的深刻把握，表明我们党对中国道路、理论、制度的认识达到了新高度，表明我们党的历史自信、文化自信达到了新高度，表明我们党在传承中华优秀传统文化中推进文化创新的自觉性达到了新高度"；"'第二个结合'是又一次的思想解放，让我们能够在更广阔的文化空间中，充分运用中华优秀传统文化的宝贵资源，探索面向未来的理论和制度创新"。①

新中国成立70余年来的实践证明，马克思主义与中国具体实际相结合取得了巨大成功，"第二个结合"既是马克思主义基本原理与历史中国的结合，也是其与当代中国的结合，还是当代中国与历史中国的结合。"第二个结合"的理论与实践是当代中国史研究尤其是政治史研究的题中应有之义。"第二个结合"是又一次的思想解放，加强对"第二个结合"的理论与实践研究，同样需要解放思想，需要从马克思主义的方法论去看待历史连续性，需要发掘马克思主义与历史中国的"重叠共识"之处，从而赋予当代中国实

---

① 习近平：《在文化传承发展座谈会上的讲话》，《求是》2023年第17期。

践以更宝贵的资源和更强大的动能，赋予马克思主义学说以中国意义。"第二个结合"在马克思主义学说史上是一次范式转型。如何更好地推进对相关问题的认识和理解，深化对当代中国史尤其是政治史的研究，历史政治学或许是一个重要的路径与方法。

一

历史政治学是中国政治学学科发展100多年后具有"中国身份"的政治学方法论。中国政治学先后经历来自欧洲大陆的制度主义方法论、苏联的阶级分析方法论和美国的理性选择主义方法论，它们都是各自历史文化和政治实践的产物。政治学学科史告诉我们，一个国家要有发达的政治学，必须拥有自己的方法论，而且这个方法论一定是生根于自己的历史文化。这个规律或许告诉了我们中国政治学为什么一直处于"待发展"中，就是因为没有源自自己历史文化的方法论。

中国最大的资源或者传统就是"历史"本身，历史是中国人的"宗教"，中国人几乎是与生俱来的"历史学家"，而中国历史的属性主要是政治史或国家史，中国历史必然蕴含着极为丰富的政治学原理，因此，"中国身份"的政治学必然是历史政治学。新中国史则更是如此。正如有学者所强调的："国史首先是政治史，因为国家是政治产物，国家的历史宜以政治为核心视点看各方面的发展进步，注重国家制度的确立、改革和发展，注重制度对于各方面发展进步的基础作用"。[①]

历史政治学是探寻重大现实理论和实践问题的历史渊源与时间性因果机制，在研究历史中发现概念和理论。因此，历史政治学不但要研究历史学中的政治史，还要在此基础上提炼概念和理论，以使历史产生超越历史本身的影响。历史政治学不是历史学，而是政治学，是高度依赖于历史资源的政治学。就当代中国政治史而言，其更是与政治学紧密相关，具有高度的跨学科属性。

历史政治学的关键词是历史本体论、历史连续性和时间空间化。历史本体论是指历史属性，历史具有两个面向——社会的或政治的。政治理论

[①] 杨凤城：《浅议中华人民共和国史知识体系建构问题》，《当代中国史研究》2023年第5期。

研究离不开历史,各国学者都会谈历史的重要性。这是因为,历史具有连续性,后人会沿袭前人奠基的制度和文化去生活。因为制度和文化都是国家规定属性,更容易传承,所以政治史具有高度的连续性,而且政治文明是社会文明的高级阶段。历史本体论、历史连续性和时间空间化都是历史政治学重要的解释性概念,当我们说历史很重要的时候,首先需要厘清历史的属性;当我们说事物的历史渊源时,其实就是在讲历史连续性,但这个连续的时间性、关键点是什么,需要说清楚;当我们说历史与当下的关系时,其实是在讲时间空间化,即历史的中国如何演化为当下的中国,或者说当下的中国如何体现了历史面向的中国。这在当代中国政治史中很好理解。比如,我国的人民代表大会制度、中国共产党领导的多党合作和政治协商制度、民族区域自治制度等一系列奠基性的社会主义基本制度,就很好地反映了制度的历史延续。

分析性概念有助于理解历史与当下的关系,这是历史政治学的实践功能。历史本体论(历史属性)决定了制度变迁方式,制度变迁又产生了历史政治理论。中华文明具有突出的连续性和统一性,这就"从根本上决定了中华民族必然走自己的路。如果不从源远流长的历史连续性来认识中国,就不可能理解古代中国,也不可能理解现代中国,更不可能理解未来中国","决定了中华民族各民族文化融为一体、即使遭遇重大挫折也牢固凝聚,决定了国土不可分、国家不可乱、民族不可散、文明不可断的共同信念,决定了国家统一永远是中国核心利益的核心,决定了一个坚强统一的国家是各族人民的命运所系"。① 从古到今,中国"连续性"和"统一性"的政治史中的"政治"以"致治"而达民心,从传统的"大一统""致治"到新时代的"全过程人民民主"等均成为政治理论的关键词,是政治学和历史学都比较关注的核心概念。比如,在当代中国政治史领域,就有研究考察了新时代"政治站位"这一概念的变迁。② 如果说历史政治学中的关键词有助于解释古今之间的连续性,那么其知识论原理则力图从历史连续性制度变迁中发现理论,这在"第二个结合"的理论与实践中就有很好的体现。

---

① 习近平:《在文化传承发展座谈会上的讲话》,《求是》2023年第17期。
② 冷兆松:《拓展新时代政治史研究的微观视角刍议——以政治站位相关概念为例》,《当代中国史研究》2022年第6期。

二

马克思主义与中国具体实际相结合的重要表现之一就是以中国式现代化为指标的当代中国的伟大实践。当代中国的巨大成就不仅是马克思主义与中国具体实际相结合的产物，也是对中华文明历史基因的一种传承，当代中国与历史中国具有高度的历史连续性。中共二十大报告指出："中华优秀传统文化源远流长、博大精深，是中华文明的智慧结晶，其中蕴含的天下为公、民为邦本、为政以德、革故鼎新、任人唯贤、天人合一、自强不息、厚德载物、讲信修睦、亲仁善邻等，是中国人民在长期生产生活中积累的宇宙观、天下观、社会观、道德观的重要体现，同科学社会主义价值观主张具有高度契合性。"① 那么，科学社会主义与中华优秀传统文化到底具有什么样的"契合性"？就需要对当代中国的历史连续性有深入系统的研究。在笔者看来，"第二个结合"不但要赋予马克思主义中国化以新活力，更要证明当代中国伟大实践的历史合法性。当代中国的各个面向均具有历史连续性，当代中国的政治文明更是对 2000 多年来中国政治文明的继承和发展。

首先，思想观念的历史确定性。在国家观念上，大一统的国家观是中国几千年留下来的最确定性的观念与制度，其中"书同文"是维护大一统的决定性因素。如果说古代中国的大一统靠的是"家天下"的王权制度，今天的大一统已经是具有了"人民性"的民主集中制政体。在政府层面，古代中国发达的官僚制将国家组织起来，并以民本思想实现了政治共同体的聚合，民本政府的历史连续性决定了历代王朝政权能有效实现国家的"致治"，建立了人民政府的新中国更是如此。在社会层面，以"仁爱"为出发点的"差序格局"依然是当代中国社会关系的写照，是社会主义核心价值观的重要组成。在对外关系上，源自先秦的天下观一路下来，表现为新时代构建人类命运共同体的重大实践。这也提示我们在开展当代中国政治史研究时，需要关注中国的特殊性，尤其是其中几千年不变的核心观念及其当代传承。

---

① 《中国共产党第二十次全国代表大会文件汇编》，北京：人民出版社 2022 年版，第 15 页。

其次，政治制度的连续性。有西方学者按照西方的现代标准，认为秦朝就是第一个现代性国家，因为其拥有发达的官僚制。秦朝继承和完善了先秦时期的政治制度，将天子诸侯制改造为天子官僚制以及管理辽阔疆域的郡县制。汉承秦制，中国由此进一步完善了将国家组织起来的政治制度。由此，中国在世界历史上最早开启了"国家史"。在西方历史上，国家是现代性的产物，现代性国家制度一旦建立，就具有最高性和最终性，即以国家为单元的制度矩阵永久性地约束着人类的观念和行为。由此也能理解秦汉确立的政治制度的确定性和连续性，如郡县制的千年延续。除国家宏观制度具有历史连续性，微观的制度安排也具有很强的确定性和延续性，如先秦—秦汉就有的品位分等和职位分等制度，经历千余年，在新中国表现为"干部"（泛指公职人员）的职级和职位。因此，观察当代中国政治史，就需要有"第二个结合"的理论视野和分析路径，这样才有可能更好理解当代中国的政治变迁，也能更好理解"第二个结合"。

最后，内嵌化理性行为（政治机制）的传承性。中国自先秦就是一个"敬鬼神而远之"的世俗化社会，因此政治社会生活中的理性化程度很高，沿袭性很强，一些行为原则即政治运行机制内化在中华民族的基因中。比如，我们耳熟能详的实事求是原则，虽最早见于《汉书·河间献王刘德传》，但在春秋战国时期的不少学派的思想学说中就蕴涵了实事求是思想。其广泛被人知晓则是经毛泽东系统阐释提炼后。① 1941 年 5 月，毛泽东在《改造我们的学习》中指出："'实事'就是客观存在着的一切事物，'是'就是客观事物的内部联系，即规律性，'求'就是我们去研究。"② 实事求是作为毛泽东思想的重要组成，对中国的发展产生了深远影响。2021 年 11 月，中共十九届六中全会通过的《中共中央关于党的百年奋斗重大成就和历史经验的决议》明确提出："毛泽东思想是马克思列宁主义在中国的创造性运用和发展，是被实践证明了的关于中国革命和建设的正确的理论原则和经验总结，是马克思主义中国化的第一次历史性飞跃。毛泽东思想的活的灵魂是贯穿于各个组成部分的立场、观点、方法，体现为实事求是、群

---

① 参见《毛泽东文集》第 8 卷，北京：人民出版社 1999 年版，第 237 页。
②《毛泽东选集》第 3 卷，北京：人民出版社 1991 年版，第 801 页。

众路线、独立自主三个基本方面,为党和人民事业发展提供了科学指引。"①因此,当我们考察当代中国的政治变迁时,需要特别留意这些内嵌化理性行为(政治机制)的传承。

可见,从观念、制度和行为方式上,当代中国和历史中国都一脉相承,当代中国是历史中国的延续。笔者曾以"中国文明基体论"来概括这种历史连续性——中华文明是一个基因共同体,当代中国是近代中国、古代中国的一种自然延续,这种历史连续性不但体现在显性的观念上和制度上,也生动地体现在政治机制和政治过程中。②需要指出的是,当代中国的历史连续性,并不是说当代中国都是历史中国的镜像,马克思主义指导下的当代中国在政治制度、政治文化和行为原则上都有着丰富和发展,如民本思想几千年来都是一种政治观念和治理思想,但是中国共产党的"群众路线"将作为思想观念的民主主义落地为一套政治实践中的制度安排,"人民"的政治主体性有了实质性地位和内容。这也说明,马克思主义的人民观与历史中国的"民本观"具有内在的契合性——这正是"第二个结合"的必要性和重要性。这种内在一致性是当代中国政治历史逻辑、理论逻辑、实践逻辑的必然结果,有助于我们理解为什么要"第二个结合"、如何实现"第二个结合",同时也有助于探讨该理论与实践。

三

如果马克思主义与当代中国的政治实践相结合是为了解决实践中的问题,那么"第二个结合"则是为了论述当代中国政治实践的历史合法性。换句话说,如果说"第一个结合"是为了探索中国自己的实践模式,那么"第二个结合"则是为了寻找实践模式的价值基础或价值模式。如果实践模式没有自己历史文明的价值基础为依托,实践模式就可能是无源之水、无本之木。

以民主模式为例,比较政治研究告诉我们,重要的实践模式即某种政治制度(民主模式)的诞生,都是特定历史文明的产物。曾经流行一时的

---

① 《中共中央关于党的百年奋斗重大成就和历史经验的决议》,北京:人民出版社2021年版,第13页。

② 杨光斌:《中国文明基体论:理解中国前途的认识论》,《人民论坛》2016年第15期。

"历史终结论"即代议制民主是历史上最好的、最终的政府形式,其实是欧美社会史的产物。事实证明,"历史终结论"已经终结,所谓的"自由主义民主"更多是基于西方历史和国情的产物,并不具有普适性。因此,当我们在考察当代中国的政治实践时,就需要有历史的纵向眼光,换言之,要有"第二个结合"的研究自觉。

民主是人类的共同价值,但这一共同价值在不同的国家产生了不同的结果,甚至是天壤之别的结局。在第二次世界大战前,当时如果谈论西方民主则必然是资产阶级民主或资本主义民主,这意味西方民主的阶级剥削性,因此是一种被知识界所唾弃的民主。冷战开始后,资本主义民主被改造成基于欧洲文明的多元主义民主、"自由主义"民主,形成了与社会主义民主对峙的局面。作为一种新生事物的社会主义实践,历史上曾走过一段曲折的路,共产主义(社会主义)因此被西方严重污名化了。事实上,社会主义是一个世界性的概念,其与特定国家的历史文化的关系尚待厘清。从本质而言,"社会主义"是以"社会"即民众为"主义"(为本)。以中国为例,很多近代思想家就认为中国的民本主义就是社会主义。笔者以为,社会主义和民本主义具有高度的契合性、通约性,因此社会主义民主完全可以被论述为民本主义民主。而且,中国民主是人民民主或者是社会主义民主,无论是"人民"还是"社会主义",在源远流长的中华文明中都有对应——民本思想。① 可见,中国民主模式不但有其共同性的实践形式,即选举民主和协商民主,而且这些实践形式还是基于自己悠久历史文明的价值模式即民本主义。在世界政治中,人们可以不假思索地质疑社会主义,但必须严肃地对待民本主义。从这个角度来看,中国的民主实践既有现代政治的形式和内涵,更有悠久的历史基因。因此,在观察和讨论当代中国政治实践时,既需要有世界眼光,同时也要有历史眼光。

再以"社会主义"为例,政治安全包括政权安全、制度安全和意识形态安全,"是最高的国家安全,是维护国家主权、安全、发展利益的生命线,在国家安全中居于统领地位。维护政治安全,最根本的就是维护中国共产

---

① 参见张飞岸:《正视中国民主实践,建构民主话语权——访中国人民大学国际关系学院教授杨光斌》,《马克思主义研究》2015 年第 7 期;杨光斌:《"包容型智慧"造就"中国时刻"》,《北京日报》2018 年 6 月 7 日;等等。

党的领导和执政地位、维护中国特色社会主义制度"。①中国特色社会主义制度不是从天而降的，社会主义思潮在中国的胜利也不是偶然的，有其历史实践的过程。20世纪二三十年代，西方各种政治思潮涌入中国，但社会主义思潮很快赢得人心，这是因为，从中国人接触"社会主义"概念那天起，就觉得似曾相识，正如今天中国人自然而然地接受"协商民主"概念一样。

如前所述，"民本"是古代中国政治理论与政治合法性的源头，同时也是中国政治最具根本性的实践动因，可以说中国古代政治在逻辑、价值和事实层面都笼罩在"民本"的约束和规范之下。在几千年的历史脉络中，中国发展出的一系列基于民本的政治思想和政治制度，使知识分子这一群体将对民本的关切深入到心中。因此，当晚清民生凋敝、触目惊心之时，思想家们自然而然地转向一个与传统民本政治极具亲和性的外来概念——社会主义。比如，康有为对社会主义所知甚少，却很自然地将"大同"的民本思想与社会主义联系起来："故民权之起，宪法之兴，合群均产之说，皆为大同之先声也。"②这与传统政治理想相连的思路根深蒂固且影响深远，甚至成为民国时期普通乡绅接受社会主义的思想底色。如1923年刊印的河南新乡地方志记载："老吾老以及人之老，幼吾幼以及人之幼，家族主义即社会主义，社会主义即国家主义，天下一家也。"③由此可见，社会主义在中国具有悠久的历史基因和广大的群众基础。

与此同时，民本政治与社会主义的深度绑定又影响了现实的政治革命。民主革命先行者孙中山最初关心的也是民本，因此他在1894年给李鸿章的上书中将"民生"当作国家自强的关键，之后孙中山又将"民生"与社会主义等同起来，直到1905年为了"音调的和谐"，才将社会主义改为"民生主义"。④这也是为什么中国早期革命者热衷于宣传马克思主义的重要原因之一。在中国共产党的历史进程中，民本更是一个重要的行动标尺。正如毛泽东在《为人民服务》中所指出的："我们这个队伍完全是为着解放人民

---

① 《党的二十大报告辅导读本》，北京：人民出版社2022年版，第117页。
② 《康有为文集》，北京：线装书局2009年版，第70页。
③ 《新乡县续志·卷三》，1923年刊本，第72页。
④ [美]伯纳尔：《一九〇七年以前中国的社会主义思潮》，丘权政等译，福州：福建人民出版社1985年版，第55页。

的，是彻底地为人民的利益工作的。"①

理解了中国人眼中的"社会主义"，"社会主义500年"其实是欧洲社会主义史，但在中国，社会主义史其实是以千年计的。也就是说，马克思主义指导下的中国社会主义思想和实践具有更为根深蒂固的历史传统，具有源源不竭的生命力。类似地，当代中国实践和理论上的各个层次上的重大问题与历史中国的历史连续性，都是"第二个结合"要回答的问题，如协商民主与协商政治的关系、人类命运共同体与天下观的关系等，对这些议题的研究和回答，将从根本上解决当代中国的历史合法性问题，同时也有助于更好推进当代中国政治史研究，构建我们自主的知识体系。

综上所述，"第二个结合"是马克思主义学说史上的一种重大的范式转型，是新时代不断开辟马克思主义中国化时代化新境界的理论自觉自信。中国化的马克思主义理论不再主要是从外源性、世界性那里寻找资源，而主要是从民族性、内生性资源中发展马克思主义。这就需要我们重新理解耳熟能详的说法诸如"马克思主义中国化""中国化马克思主义"，二者之间并不是同义反复，而是有着重大区别。"第二个结合"意味着，"马克思主义中国化"即"马克思主义视野下的中国"，转型为"中国化马克思主义"即"中国视野下的马克思主义"。"马克思主义视野下的中国"意味着"中国"是一种试验品，"中国视野下的马克思主义"意味着"中国"本身是方法论——以中国为方法。推而广之，在社会科学意义上，中国不再只是理论指导下的试验场，中国已经是理论的发源地。因为中国与世界的关系，已经从"世界视野中的中国"演变为"中国视野中的世界"，以中国为方法的世界观认识论值得期待。在此过程中，历史政治学正是研究这种范式转型的方法论。历史本体论、历史连续性和时间空间化等历史政治学关键词可以用来解释当代中国的历史性，历史政治学的知识论原理可以用来建构历史合法性理论。同样，这也能进一步打开当代中国政治史研究的视野，将更加重要、核心的议题纳入研究范畴，以加快构建该学科的"三大体系"建设。

---

① 《毛泽东选集》第3卷，北京：人民出版社1991年版，第1004页。

中国政治概念史研究的新探索

李里峰

南京大学政府管理学院教授

概念史是20世纪中期伴随着"语言学转向"而在西方学界兴起的一种史学类型和跨学科研究领域。21世纪以来，概念史被引入中国学界，并在历史学、政治学、哲学、文学等学科产生越来越大的影响。笔者10多年前开始涉足与中国革命相关的概念史研究，曾撰文对中国的概念史研究略做梳理，文中称："中国学界接触概念史研究仅有数年时间，无论在学术队伍还是合作平台、理论探讨还是实证研究方面，取得的成就都还十分有限，因此要专文评析'概念史研究在中国'似乎为时过早"。[①] 10多年过去，中国的概念史研究已取得令人瞩目的成绩，在多个学科领域成为热点甚至显学。需要指出的是，政治概念史研究所探讨的一些核心概念多为近代诞生，其对国人政治认知、政治表述、政治实践的塑造与影响一直延续至今。在此意义上，政治概念史是贯通过去、现在与未来的一把钥匙，也是将中国近现代史与当代史有机衔接起来的重要途径。学界以往的概念史研究主要集中于中国近现代史范畴。近年来，概念史研究方法对当代中国政治史研究的影响逐渐增强，其中仅2022年的研究成果就涵盖了中国共产党话语体系中的一系列重要政治概念。[②] 本文结合笔者从事概念史研究的阅读经验和心得体会，对近年来中国政治概念史研究的新探索、新进展予以简要回顾，内容上以近代政治概念史研究为主，兼顾当代政治概念史研究，以期能在

[①] 李里峰：《概念史研究在中国：回顾与展望》，《福建论坛（人文社会科学版）》2012年第5期。
[②] 参见李夏：《2022年中华人民共和国政治史研究述评》，《当代中国史研究》2023年第5期。

方法论上为深化当代中国史研究尤其是当代中国政治史研究提供借鉴。

一

中国的概念史研究是从译介西方尤其是德国的概念史研究成果开始起步的。一方面，西方概念史研究成果陆续被译介到中国。如英国学者梅尔文·里克特的《政治和社会概念史研究》一书系统介绍了概念史研究的代表作《历史的基本概念：德国政治—社会概念语言历史辞典》和《法国基本政治—社会概念手册》，阐述了概念史与思想史、观念史、社会史之间的区别和联系。①英国学者伊安·汉普歇尔-蒙克主编的《比较视野中的概念史》对以英国学者斯金纳为代表的"剑桥范式"和以德国学者科塞勒克为代表的"海德堡范式"进行系统比较，阐述了概念史与社会史、语言学、话语分析之关联。②美国学者特伦斯·鲍尔等人主编的《政治创新与概念变革》从概念变革与政治创新的互动视角，对宪法、民主、国家、代表、政党、爱国主义、公共利益、公民身份、腐败、民意、意识形态、权利、财产、革命等政治概念进行历史追溯和意义探究，展现了这些概念在特定历史环境中的变化过程。③这些研究成果对西方概念史研究做了较为系统的梳理，其及时被介绍到中国，有助于推动中国学界概念史研究的展开。

另一方面，中国学者在译介西方概念史研究的同时，也在不断思考中国的概念史研究有什么独特性，又该如何推进。方维规于2007年发表的《历史语义学与概念史——关于定义和方法以及相关问题的若干思考》一文，是中国学界较早的概念史介绍文章。④此后，他又陆续发表《概念史研究方法要旨》等文章，介绍了德国概念史特别是其代表人物科塞勒克的理论旨

---

① ［英］梅尔文·里克特：《政治和社会概念史研究》，张智译，上海：华东师范大学出版社2010年版。
② ［英］伊安·汉普歇尔-蒙克：《比较视野中的概念史》，周保巍译，上海：华东师范大学出版社2010年版。
③ ［美］特伦斯·鲍尔等：《政治创新与概念变革》，朱进东译，南京：译林出版社2013年版。
④ 方维规：《历史语义学与概念史——关于定义和方法以及相关问题的若干思考》，载冯天瑜等：《语义的文化变迁》，武汉：武汉大学出版社2007年版，第12—19页。

趣和研究方法。① 2020 年，他在"乐道文库"推出《什么是概念史》一书，进一步拓宽了概念史译介的理论视野。② 此外，孙江、李宏图、黄兴涛、潘光哲等学者也对中国概念史研究的理论和方法做了较多探讨。

例如，孙江撰文介绍概念史与词语史、观念史、社会史之异同，主张从概念、文本、制度三个切入点展开中国概念史研究，并提出编纂一部多卷本《中国概念史大辞典》的设想。他认为，中国的概念史研究应该包含以下内容："词语的历史；词语被赋予了怎样的政治、社会内涵并因此而变成概念的历史；同一个概念的不同词语表述或曰概念在文本中的不同呈现；文本得以生成的社会政治语境。其狭义内涵是关于词语和概念的研究，广义内涵是关于知识形态的研究"。③ 李宏图认为，西方的概念史研究存在以英国的斯金纳为代表和以德国的科塞勒克为代表的两大学术流派，他本人更倾向于斯金纳为代表的剑桥学派，即通过研究概念在时空中的移动、接受、转移和扩散来揭示概念如何成为社会及政治生活的核心，概念的主导性定义如何形成，又是在什么样的社会条件下被再定义和再概念化。④ 黄兴涛从新名词切入概念史研究，认为近代中国出现大量新名词、新概念起到了一种搭建"现代思想平台"的重要作用，通过深入探讨影响近代中国重大变革的核心概念的形成、传播、认同和使用，揭示它们与社会政治互动的途径和机制，有助于呈现政治、经济、思想文化相互交织的立体化历史图景。⑤ 潘光哲指出，19—20 世纪之交，许多"新名词"已在中国人的知识结构里占有不可或缺的一席之地而成为"关键词"，研究者应当对"新名词"与"关键词"进行"历史化"的工作，揭示它们在历史/生活世界里的意义和地位。⑥

---

① 方维规：《概念史研究方法要旨——兼谈中国相关研究中存在的问题》，载黄兴涛：《新史学：文化史研究的再出发》第 3 卷，北京：中华书局 2009 年版，第 3—20 页。
② 方维规：《什么是概念史》，北京：生活·读书·新知三联书店 2020 年版。
③ 孙江：《近代知识亟需"考古"——我为什么提倡概念史研究》，《中华读书报》2008 年 9 月 3 日；孙江：《概念、概念史与中国语境》，《史学月刊》2012 年第 9 期。
④ 李宏图等：《论题：概念历史研究的新路径》，《历史教学问题》2010 年第 1 期；李宏图等：《概念史笔谈》，《史学理论研究》2012 年第 1 期。
⑤ 黄兴涛：《近代中国新名词的思想史意义发微——兼谈对"一般思想史"之认识》，《开放时代》2003 年第 4 期；黄兴涛：《概念史方法与中国近代史研究》，《史学月刊》2012 年第 9 期。
⑥ 潘光哲：《从"新名词"到"关键词"专题引言》，《东亚观念史集刊》2012 年第 2 期。

不难发现，中国学者在回顾西方学界有关概念史的研究成果时，更多的还是在思考究竟应该如何开展中国自身的概念史研究。在上述学者先行探索的基础上，学界接续推进对相关问题的思考，不但更加广泛和深入地译介相关成果，而且在概念史研究的理论阐释和本土化探索上做出了新的尝试。以对科塞勒克的概念史研究为例，陈建守从语言转向和社会史角度细致梳理了科塞勒克的学思历程，提出了 20 世纪的概念变迁的四个特征：科学化，即科学在政治和社会语言中占据日益重要的地位；普及化，即媒体和资讯发展导致概念的空前普及；空间化，即资讯沟通与循环的强化使整个世界更加统一；发散化，即概念与其固有的起源及脉络不断解离并渗透入整个社会。① 黄艳红在对科塞勒克及欧洲相关概念史研究成果进行梳理后指出："在当下的全球史热潮中，如何借鉴科泽勒克的观点和方法，考察全球化进程中不同文明和地区之间在时间观念和经验上的冲突及相互影响，正是尚待深入探究的课题"。②

诸多学者还就如何规范并拓展中国的概念史研究进行了卓有成效的理论探索。如孙江主张"概念史研究的中国转向"，提出了研究中国概念史的"四化"标准，即规范化（概念通过词语的翻译、阐释和再阐释而逐渐定型）、通俗化（概念逐渐流通和普及）、政治化（时代变化赋予词语特定的意涵）、衍生化（基础概念在历史场景中衍生出与之相关的下位概念）。③ 郑文惠比较了美、英、德的观念史/概念史学术进路与方法异同，提出"中国/东亚/全球"由"节点"到"网络"的比较概念史研究框架，在研究方法上注重图像、影像、仪式等多重中介，倡导观念、事件、行动互动的大历史结构的数位人文研究。④ 笔者认为，中国概念史研究需要处理好时间（古与今）和空间（中与外）的双重张力，应聚焦中、西、日之间的"跨语际实践"，在判断译词之

---

① 陈建守：《语言转向与社会史：科塞雷克及其概念史研究》，《东亚观念史集刊》2013 年第 4 期。
② 黄艳红：《莱因哈特·科泽勒克的概念史研究刍议》，《历史教学问题》2017 年第 6 期。
③ 孙江：《概念史研究的中国转向》，《学术月刊》2018 年第 10 期。
④ 郑文惠：《近代中国知识转型与概念变迁/观念形塑——观念史/概念史视域与方法》，《东亚观念史集刊》2013 年第 4 期。

对应、确定概念之来源、理解译名之多样、解释译词之厘定等方面下功夫。①

10多年来，学界不但译介了许多海外的概念史研究成果，而且不断思考中国现代基本概念形成的历史脉络和内在逻辑，探索与中国概念史研究更加契合的理论假设和路径方法。这些思考和探索既体现了概念史研究的共同关切，也彰显了中国问题和中国知识体系的特殊性，对于推进当代中国政治史研究尤其是政治概念史研究无疑有所助益。例如，对于民主、代表、协商等当代中国政治的核心概念，既需要从纵向上梳理这些概念形成和演变的历史过程，也需要从横向上与其他国家对这些概念的阐释和使用进行对比。再比如，对改革开放以来涌现的大量具有中国特色的政治概念"新时期""新时代""法治""治国理政""新常态""新阶段""高质量发展"等，更需要立足中国实际，从更加宏大的历史视野来加以分析，以更好理解其内涵、价值乃至世界意义。总之，概念史研究始终强调不同学科的交叉融合、不同时段的前后观照，值得当代政治史研究参考借鉴。

二

中国学界对政治概念史的研究已比较丰富，主要体现出将概念史与思想史、词语史、政治史、数字人文等相结合的特点。这些具体研究既属于当代学术史领域，是宏观层面的当代学术史研究，同时在议题和方法上与当代政治概念史研究形成呼应，对深化相关问题研究有所助益。

（一）思想史

概念是思想的载体和出口，概念史从其形成伊始就和思想史密切交织在一起，近年来中国学界的许多概念史研究成果，也是在与思想史的相互观照中展开的。例如，王汎森在《"主义时代"的来临——中国近代思想史的一个关键发展》一文中分析了"主义"是如何从一个外来概念发展为具有强大力量的新政治论述的。②该文在方法论上提示，在处理政治概念史议题时，既要有时间维度的纵向观照，也应关注概念及其所承载的思想的多

---

① 李里峰：《近代中国情境下的概念史研究——以方维规〈概念的历史分量〉为例的方法论思考》，《学海》2020年第1期。

② 王汎森：《"主义时代"的来临——中国近代思想史的一个关键发展》，《东亚观念史集刊》2013年第4期。

元理路。在当代政治建设的演进过程中,类似"主义"的关键概念有很多,在探究这些概念时,不妨借鉴这样的视角和方法。黄兴涛在多年积累的基础上撰成《重塑中华:近代中国"中华民族"观念研究》一书,对中国近代"中华民族"观念的孕育、形成、发展及其内涵做了系统深入的整体性考察和阐释。[①] 该书呈现了"中华民族"观念得以社会化的诸多历史面向,是近年来备受关注的一部概念史力作,无论是在议题设置还是研究方法上都能为后续研究提供参照。方维规在系统译介德国概念史理论与方法之余,也长期致力于近代中国重要概念的实证研究,最终汇集为《概念的历史分量:近代中国思想的概念史研究》一书。该书从概念史视角切入思想史,以辞典、报刊和资料汇编为主体资料,对"民族""政党""经济""知识分子"等7个(组)概念进行了深入探讨。[②] 该书特色之一是在实证研究中践行、展示概念史的原则和方法,对于初涉概念史的研究者颇有指导和示范作用。当代中国的很多政治概念都能在古代历史中找到源头,又在近代以来发生偏移和转义,这就需要我们去探究其发展变化的历史过程,分析概念在不同时期的意涵演变和结构转化。例如,现代意义上的"新时代"概念在19世纪末20世纪初中国各阶级和阶层的救亡图存下应运而生,2017年中共十九大做出中国特色社会主义进入"新时代"的重大论断,对这一政治概念注入了新的时代内涵。从历史和现实的角度考察"新时代",不仅可以窥探"新时代"产生的特定历史背景和历史需求,还可以透视各社会阶层对"新时代"的价值要求和经济政治主张。[③]

(二)词语史

词语是概念形成的前提,概念是对词语的汇集升华,词语被赋予特定的政治、社会经验和意义后就成为概念,二者相辅相成,因此,词语史梳理是概念史探究的基本前提。陈力卫、沈国威等从词语史和中日语言交流史的角度,勾勒了中国近代新词语形成的大致轮廓和主要路径,为系统梳

[①] 黄兴涛:《重塑中华:近代中国"中华民族"观念研究》,北京:北京师范大学出版社2017年版。
[②] 方维规:《概念的历史分量:近代中国思想的概念史研究》,北京:北京大学出版社2019年版。
[③] 史宏波等:《近代以来"新时代"概念之考辨》,《上海师范大学学报(哲学社会科学版)》2018年第6期。

理中国现代基本政治概念的形成与变迁奠定了重要的语言学基础。①冯天瑜从中西文化语言交流史切入新名词和概念史研究，先后撰写多部著作，对中国、政治、革命、文明、自由、共和、民主、经济、国际法等近代汉字术语的形成和演变过程做了分析，对明末清初以来中、西、日语言文字交融的背景、过程和机制做了系统而翔实的阐述。②这些重要词语构成了中国现代知识体系的基础，直到今天仍在广泛使用，其概念内涵也仍在不断丰富，要持续推进政治概念史研究，既需要"照着讲"，也需要"接着讲"，注重分析其在当代中国的演变和发展，探讨其时代价值。

通过对中、西、日词语交流史的考察，一些重要政治概念的形成、译介与传播过程得以廓清。例如，陈力卫细致比较《共产党宣言》各主要日译、中译版本的不同，指出中文译词的变化趋势，从微观角度阐明了中日两国对马克思主义理解的微妙差别。同时，他还梳理了"民主"与"共和"概念在中、日、西文之间的复杂互动，指出"民主"出自中文语境、"共和"出自日文语境，直到20世纪初才开始相互渗透，即中文的"民主"进入日文、日文的"共和"进入中文。③聂长顺运用历史文化语义学范式，探讨了"主义"的创译、使用、跨境流转及不断阐释的基本情形，指出"主义"概念在中日两国被赋予了多重意涵及本国元素。④

从这些例子中可以看到，传统汉字词汇被赋予新的社会和政治意涵而成为现代概念，是中国现代概念体系形成的基本途径，本国的历史文化对现代概念的形成发挥了重要作用。在探究现代政治概念时，既要对承载概念的词汇进行追根溯源，也要探讨这些词汇何时和如何获得现代意涵而成为"关键词"。当代中国广泛使用的许多政治概念，都应从这两个方面进行

---

① 陈力卫：《东往东来：近代中日之间的语词概念》，北京：社会科学文献出版社2019年版；[日]沈国威：《新语往还：中日近代语言交涉史》，北京：社会科学文献出版社2020年版。

② 冯天瑜：《新语探源——中西日文化互动与近代汉字术语生成》，北京：中华书局2004年版；冯天瑜：《近代汉字术语的生成演变与中西日文化互动研究》，北京：经济科学出版社2017年版；等等。

③ 陈力卫：《东往东来：近代中日之间的语词概念》，北京：社会科学文献出版社2019年版，第219—242、309—332页。

④ 聂长顺：《近代文化往还间"主义"概念的古今转换》，《武汉大学学报（哲学社会科学版）》2023年第2期。

深入探讨。以中国共产党广泛使用的"人民"概念为例,其在西方政治语境、中国传统政治语境以及马克思主义语境中具有不同的意涵,而这三种政治语境均是中国共产党"人民"概念来源的丰富理论资源,"人民"概念的核心特征与党的百余年历程紧密相连,透视着中国共产党的历史使命、政治理想和理论体系。①

(三)政治史

概念既是历史发展的指示器,又是政治与社会变革的助推器,无论在西方还是中国,概念变迁与政治转型之间都有着相互促进的密切关联,因此,许多研究者着眼于政治概念与政治实践、政治转型互动的角度进行概念史研究。例如,黄东兰发现西方的"自治"概念在传入东亚后,在中日两国不同的政治、历史和社会条件下出现了不同程度的变形,在清末中国,"自治"承载了改良和革命两种截然不同的政治理念。②笔者也从这一视角,对"群众""运动"等政治概念做了初步探讨,指出"群众"是一个多歧性的概念,既是抽象"人民"概念的具体化,又是理想"国民"概念的现实化;③以五四运动为标志,群众性政治运动在近代中国兴起和盛行,并成为20世纪中国社会政治变革的主要形式。④

与政治实践和政治转型密切相关的政治概念还有很多,学界也进行了相关探讨。如曹龙虎分析了"阶级"概念在近代中国的跨语境传播,指出这一过程不仅体现为新的学理知识的输入,还体现为革命运动的展开与实践。中国共产党通过区分阶级、发动阶级斗争等,使马克思主义阶级概念从理论走向现实,促成了以阶级为核心的新型身份观念和以阶级为基础的国家建构方略。⑤新中国成立后,尤其是改革开放以来,我国社会结构发生

---

① 张飞岸等:《中国共产党"人民"概念的历史政治学考察》,《教学与研究》2022年第11期。
② 黄东兰:《跨语境的"自治"概念——西方、日本、中国》,载孙江:《亚洲概念史研究》第6卷,北京:商务印书馆2020年版,第9—26页。
③ 李里峰:《"群众"的面孔——基于近代中国情境的概念史考察》,载王奇生:《新史学》第7卷,北京:中华书局2013年版,第31—57页。
④ 李里峰:《"运动时代"的来临:"五四"与中国政治现代性的生成》,《中共党史研究》2019年第8期。
⑤ 曹龙虎:《身份观念的转换与现代国家建构——对马克思主义"阶级"概念在近代中国传播的理论解读》,《南京大学学报(哲学·人文科学·社会科学)》2020年第1期。

了很大变化，阶层结构呈现多元方向发展，社会流动普遍加快，①这也提出了对表征这些新变化的政治与社会概念加以梳理的新要求。以"中国特色社会主义"为例，这一重要政治概念源于马克思主义中国化的历史语境，形成于中国改革开放的伟大实践，历经"中国的社会主义""中国式的社会主义""中国社会主义""有中国特色的社会主义""有中国特色社会主义""中国特色社会主义""新时代中国特色社会主义"等话语演变，逐渐形成以"中国特色社会主义"为核心概念的话语体系，呈现了中国共产党在理论创新和实践探索中的历史面相。②

（四）数字人文

概念史研究需要梳理概念的译介与传播过程、阐释概念的社会政治意涵、探究概念生成的历史语境，这些都要以对相关文本的系统分析为前提，因此，各类数据库的搭建和数字人文方法的引入，为中国政治概念史研究提供了重要的资料基础和技术手段。

例如，郑文惠、邱伟云对近代中国"国家""平等"等概念进行量化分析，并以这些个案研究为例，探索以数字人文进行概念史研究的方法和技术。③陈力卫以《四库全书》电子版为例，对以大型数据库进行词语史、概念史研究的可能与限度进行探索和反思，指出可检索的大型数据库可以帮助研究者有效追溯近代词语的古典用法，厘清一些语言事实，使我们得以正本清源、辨别真伪。④目前，国内的各类电子数据库不断涌现，为概念史研究提供了更多可能。例如，《人民日报》《光明日报》等报刊数据库便有一键检索的功能，为开展相关概念研究提供了便捷。对此，有研究就利用《人民日报》探讨了新中国成立初期"爱国卫生运动"概念的形成过程。⑤需

---

① 陆学艺：《当代中国社会阶层研究报告》，北京：社会科学文献出版社2002年版，前言第1页。
② 胡国胜等：《"中国特色社会主义"概念的源流考释与话语演变》，《当代世界社会主义问题》2022年第1期。
③ 郑文惠等：《从"概念"到"概念群"：〈新民丛报〉中"国家"与"教育"观念的互动与形塑》，《东亚观念史集刊》2016年第10期；邱伟云：《观念、语言、权力：中国近代平等概念譬喻的政治再现》，《东亚观念史集刊》2018年第14期。
④ 陈力卫：《语词概念研究中的古典追溯有何意义？——以〈四库全书〉电子版为例》，载孙江：《亚洲概念史研究》第7卷，北京：商务印书馆2021年版，第279—295页。
⑤ 张亮等：《新中国成立初期"爱国卫生运动"概念的形成及启示——以〈人民日报〉为中心的考察》，《安徽史学》2021年第5期。

要注意的是，在以数字人文方法追踪这些概念的时候不能过于依赖单一数据库，而应交叉平衡加以利用，也不能孤立地理解和使用数据库中的个别句子和段落，而要注意联系其上下语境。在网络平台和人工智能日益发达的今天，如何更好结合数字人文推进概念史的研究，需要学者们真正做到跨学科、求真知。

（五）党史、新中国史

党史、新中国史中的概念史研究是近年来兴起的学术热点议题之一，其中尤以党史中的概念史研究最为突出，新中国史领域对概念史的探讨则相对滞后。郭若平较早提出将概念史研究引入党史研究领域的设想，先后发表多篇理论文章，就相关问题做了较系统的阐发。他认为，概念史研究对于党史研究而言，既是一种理论规则，也构成一种研究方法，在概念史视野的观照下合理运用相关理论与方法，可以有效拓展党史的研究空间。[1] 笔者主张从不同概念类型（如革命/阶级/国家/民族等核心概念、组织/宣传/运动/解放等行动性概念）出发系统梳理党史上的基础概念，在研究方法上应具备历史感、层次感、张力感等特质。[2] 陈红娟认为党史领域引入概念史方法，有助于打破以历史人物、历史事件和历史时期为中心的旧范式，以单元概念为支点实现新的整合与贯通。[3] 侯竹青主张从概念史视角拓展党史纪念史研究，在对纪念史中的概念进行研究时，既要注意特定时间内概念与思想的同步性，也要重视概念既有的批判性变化，既要注意纪念活动中文本概念与社会实践的关系，也要注意纪念对象的概念化。[4]

党史尤其是社会主义时期党史与新中国史是你中有我、我中有你的关系，但目前有关党史概念史的研究更多还是侧重于 1949 年以前形成和定型的政治概念，或者是对百余年党史概念的长时段分析，对 1949 年以后形成的新概念以及原有政治概念的新发展，现有研究还比较薄弱。以"中华民族"概念为例，有研究考察了"中国民族""中华民族"两个词汇在中国共产党重要历史文献中使用频度的变迁，认为起初两词并用，但"中华民族"

---

[1] 郭若平：《概念史与中共党史研究的新视野》，《中共党史研究》2013 年第 5 期。
[2] 李里峰：《中共党史研究的概念谱系刍议》，《中共党史研究》2017 年第 11 期。
[3] 陈红娟：《中共党史领域概念史的研究对象与方法思考》，《中共党史研究》2017 年第 11 期。
[4] 侯竹青：《概念史视角下的中共纪念史研究》，《党史研究与教学》2021 年第 3 期。

一词影响力日益提升,在新中国成立后"中华民族"逐步取代"中国民族"成为核心词。① 也有研究关注了"中华民族"相关概念的翻译及其内涵,认为中国共产党在对这一概念的翻译中体现了其对现代国家建设的看法,中国共产党要建设一个统一的多民族国家,所以在翻译上既要突出中华民族代表中国全体国民,也要强调各民族具有民族地位。② 但从"中华民族"到"中华民族共同体"这一概念的变化,学界仍有进一步探讨的必要。近年来,新中国史领域也逐渐出现以概念史为视角和方法的研究成果,除《当代中国史研究》刊发过相关文章外,③ 其他刊物也发表过对"中华民族伟大复兴"④ 等政治概念研究的成果,但和新民主主义革命时期相比确实显得比较薄弱。如何深化社会主义时期党史概念史研究、丰富新中国史概念史研究,需要进一步的思考和探索。

三

在10多年前发表的述评文章中,笔者既对中国概念史研究的前景充满期待,也坦承概念史在中国还处于起步阶段,在以下三方面存在明显不足:一是身份未明,即学界对于概念史的基本内涵、理论预设和研究方法没有达成共识;二是时代未定,即中国现代概念体系、知识体系形成的"鞍形期"(或称转型期/过渡期)起讫于何时众说纷纭;三是平台未建,即概念史研究者基本上是各自为阵,从事大型团队研究的条件尚不具备。为此笔者曾提出,有志于概念史的研究者当从以下三方面继续努力:一是系统译介德国概念史的具体研究成果,二是组建概念史的合作研究团队,三是出

---

① 周竟红:《"中国民族""中华民族"在党的百年文献中使用频度变迁管窥——以党的重要文献选编为主要考察文本》,《中国边疆史地研究》2022年第1期。

② 励轩:《中国共产党对"中华民族"相关概念的翻译——基于汉文、藏文、维吾尔文版〈毛泽东选集〉的研究》,《中央民族大学学报(哲学社会科学版)》2022年第2期;励轩:《近代以来"中华民族"相关概念的英译及其内涵演变》,《学术月刊》2022年第2期。

③ 参见杨彬彬等:《"最大的政治"论断的演进、特点与价值》,《当代中国史研究》2019年第6期;冷兆松:《拓展新时代政治史研究的微观视角刍议——以政治站位相关概念为例》,《当代中国史研究》2022年第6期。

④ 肖贵清等:《"中华民族伟大复兴"概念的历史演进》,《四川师范大学学报(社会科学版)》2022年第3期。

版概念史研究集刊和丛书。①

回顾近10多年来政治概念史研究的新进展,上述不足之处已有显著改善,当初提出的几点设想也在很大程度上正逐步变成现实。

关于身份。概念史引入中国时间不长,却在学界引发过不少争议。就在孙江明确提倡概念史研究的同一期《中华读书报》上,贺照田表达了不同意见,并提醒中国概念史研究者当心"橘逾淮而为枳",尤其是在选择基本概念时要防止西方中心主义和本质主义的陷阱。②"剑桥学派概念史"的说法和相应的译丛问世后,也曾遭到严厉批评,认为剑桥学派的政治思想史研究可以称作政治语言史或词语史,却不能称作概念史。③但是总体来看,随着概念史研究在不同学科领域渐次展开,越来越多的学者倾向于以更开放的眼光来看待和践行概念史研究,而不再纠结于德国概念史原初的严格定义。笔者曾结合近代中国情境,对"概念史的学术方位"提出如下设想:方法的概念史,即把概念史作为一种研究方法而不是固化的研究领域;包容的概念史,即破除"正宗"概念史的执念,不拘泥于概念史与观念史之辨;复数的概念史,即概念史研究应该是多元的、流动的,不同时空范围下可以有不同的概念史;分层的概念史,即对不同层次的概念有不同的研究方法和研究风格;有限的概念史,即概念史有其边界和限度,无法成为统摄各史学分支的普遍性学问。④笔者以为,这些主张并不是简单地和稀泥,而是以概念史激发学术灵感、推动学术进步的题中应有之义。

关于时代。自科塞勒克将1750—1850年称为西方从前现代向现代过渡的"鞍形期",各国的概念史/思想史家都很注重为本国现代概念/知识/思想体系的形成划定一个"鞍形期",如法国学者赖夏特等主编的《法国政治—社会基本概念手册》聚焦的时段为1680—1820年。⑤在中国,百余年前

---

① 李里峰:《概念史研究在中国:回顾与展望》,《福建论坛(人文社会科学版)》2012年第5期。
② 贺照田:《橘逾淮而为枳?——警惕把概念史研究引入中国近代史》,《中华读书报》2008年9月3日。
③ 方维规:《臆断生造的"剑桥学派概念史"》,《读书》2018年第3期。
④ 李里峰:《近代中国情境下的概念史研究——以方维规〈概念的历史分量〉为例的方法论思考》,《学海》2020年第1期。
⑤ [英]伊安·汉普歇尔-蒙克:《比较视野中的概念史》,周保巍译,上海:华东师范大学出版社2010年版,第19页。

梁启超即曾提出著名的"过渡时代论",称"今日之中国,过渡时代之中国也"。① 王尔敏将 1840—1900 年视为酝酿中国近代思想的"过渡期",张灏将 1895—1925 年称为中国近代史的"转型时代",孙江主张将转型时代的下限延伸到 1935 年前后。② 笔者肯定 20 世纪 20 年代是中国现代基本政治概念形成和定型的年代,但从概念由"表征"转向"要素"、由话语转向行动的角度来看,其研究时段则需继续向后延伸。③ 上述看法各有侧重,但从概念史、词语史、政治史、思想史的相关研究来看,认为 19 世纪末(甲午战败的 1895 年)到 20 世纪中叶(1949 年中华人民共和国成立)是中国政治社会和思想观念从传统向现代转型的关键时期,应该没有什么问题。中华人民共和国成立后尤其是改革开放以来,中国的经济建设、政治建设、文化建设、社会建设取得长足进展,原有的基础性概念仍在发展演变,又在新的时代背景中涌现出大量新概念。因此,对于当代中国史研究而言,需要在既有概念史研究的基础上"接着讲",进一步考察 1949 年后政治概念的新发展、新创造,推动当代中国政治概念史研究不断发展,如前文所述的"新时期""新时代"等即如此。

关于平台。2014 年,南京大学成立学衡跨学科研究中心,旋即更名为学衡研究院,聚合来自历史学、政治学、语言学、文学、哲学等领域的校内外学者,以"全球本土化"的视野系统研究中国现代基本政治—社会概念。经过多年发展,已在团队建设和成果出版上取得长足进展,成为中国概念史研究的重镇,并与日本关西大学、成城大学,韩国翰林大学,德国法兰克福大学、埃尔兰根大学等机构建立了以概念史研究为中心的交流合作关系。经过长期准备,学衡研究院于 2023 年推出大型概念史研究丛书"学衡尔雅文库"首批 7 种。例如,冯天瑜由词义史之"考"导入思想文化史之"论",通过对"封建"从旧名向新名转变过程的辨识,为中国历史叙

---

① 任公:《过渡时代论》,《清议报》1901 年第 83 期。
② 王尔敏:《中国近代思想史论》,北京:社会科学文献出版社 2003 年版,第 1 页;《张灏自选集》,上海:上海教育出版社 2002 年版,第 109 页;孙江:《概念史研究的中国转向》,《学术月刊》2008 年第 10 期。
③ 李里峰:《1920 年代与中国革命的概念史研究》,《史林》2021 年第 1 期。

事提供了一个厘清概念的思路。① 与此同时,作为概念史研究专刊,《东亚观念史集刊》《亚洲概念史研究》的相继问世也为中国的概念史研究提供了重要的发表阵地和交流空间,两种集刊迄今已刊出 30 多期,相继发表各类文章 400 余篇,涵盖各个领域,助力人才培养。此外,《中共党史研究》《近代史研究》《当代中国史研究》《党史研究与教学》等学术期刊近年来也发表了不少概念史研究成果,推动了概念史研究在中国的落地生根、发展壮大。

总之,10 多年来政治概念史研究的新进展,既体现在相关学术成果的大量涌现,也体现在以概念史研究为主旨的学术机构的设立、学术团队的扩大、学术刊物的创办、学术丛书的出版。从研究成果的数量和质量、理论探索的深度和广度、学术平台的创建和发展来看,近年来中国政治概念史研究都取得了令人瞩目的成绩。毛泽东曾经指出,党史研究应该采用"全面的历史的方法"或者说"古今中外法",就是"弄清楚所研究的问题发生的一定的时间和一定的空间,把问题当作一定历史条件下的历史过程去研究"。② 政治概念史研究也当以全面的视野和历史的眼光,帮助我们更准确、更深入地理解近代以来中国的概念变迁和政治发展。笔者期待在开放、多元的理念下,有更多的学者投入政治概念史研究,为梳理知识谱系、前瞻学术大势、引领国际前沿、树立本土风范贡献一己之力,也期待政治概念史研究能为当代中国史研究带来新的契机和活力。

---

① 冯天瑜:《封建》,南京:江苏人民出版社 2023 年版。
②《毛泽东文集》第 2 卷,北京:人民出版社 1993 年版,第 400 页。

近30年来中国当代政治史学科发展概述

张金才

当代中国研究所研究员

中国当代政治史[①]作为中国当代史的分支学科,在其学科体系中占有重要地位。正如有学者所强调的:"国史首先是政治史,因为国家是政治产物,国家的历史宜以政治为核心视点看各方面的发展进步,注重国家制度的确立、改革和发展,注重制度对于各方面发展进步的基础作用"。[②]近30年来,中国当代政治史学科建设取得重要进展。本文从以下几个方面对其主要成就进行概述,并对其进一步发展的方向做相关思考,以推进该学科建设。

研究队伍不断扩大

近30年来,中国当代政治史学科研究队伍不断扩大,进展明显。目前,从事中国当代政治史研究的学者主要分布在科研院所、高等院校、党校(行政学院)、军队院校和党政部门所属研究机构等,也就是通常所说的"五路大军"。

在科研院所中,中国社会科学院当代中国研究所(以下简称当代所)是1990年6月经中共中央批准成立的,专门从事研究编纂和宣传出版中华人民共和国史(以下简称国史),搜集和编辑有关国史资料,参与国史的宣传与教育,联系与协调各地区、各部门的国史研究工作的机构。当代所自成立以来便非常注重政治史研究,并于2001年设立专门的政治史研究室,其

---

① 学界亦有"当代中国政治史"之称,但笔者认为二者并无本质不同,故本文除引文中沿用"当代中国政治史"之外,余则统称"中国当代政治史"。
② 杨凤城:《浅议中华人民共和国史知识体系建构问题》,《当代中国史研究》2023年第5期。

主要承担国史中重要政治人物、重大政治事件、政治思想、政治制度、民主与法治建设、公共行政管理、党派团体、国防等内容的编研工作，并参加和组织相关学术交流活动，负责相关宣传、教育和事务性工作。经过20多年的发展，政治史研究室已形成一支具有一定规模和专业水平的研究队伍：现有科研人员10人，其中研究员2人、副研究员4人、助理研究员4人。这支研究队伍年龄、职称和专业结构比较合理，均具有博士学位，所学专业多为中国近现代史、中共党史、政治学等，研究方向涉及政治制度史、法治建设史、行政制度史、国防军事史、邓小平和陈云思想生平研究等，基本涵盖了中国当代政治史学科主要分支领域，在该学科研究中发挥着重要作用。2001年，中国社会科学院研究生院成立国史系，并开始招收政治史方向的硕士、博士研究生，中国当代政治史学科尤其是人才梯队建设日益完善。

与此同时，中国社会科学院马克思主义研究院、政治学研究所等也有一些研究人员从事中国当代政治史研究。此外，各省、市、自治区社会科学院及部分副省级城市设立的社会科学院，也有研究人员从不同角度开展中国当代政治史研究，如上海社会科学院历史研究所当代史研究室就有学者从事中国当代政治史研究。

在高等院校中，从事中国当代政治史研究的学者主要分布在历史文化学院（历史学系）、马克思主义学院、政治与公共管理学院、政府管理学院等院系。2021年中共党史党建学成为一级学科后，中国人民大学等院校先后设立中共党史党建学院，中国当代政治史研究队伍有了新的扩展。高等院校中从事中国当代政治史研究的学者虽多是结合日常教学进行，且人员相对分散，却是本学科研究队伍中的一支重要力量。

在党校（行政学院）中，研究中国当代政治史的学者主要分布在党史教研部、党的建设教研部等部门。例如，中共中央党校（国家行政学院）这两个教研部集中了一批从事本学科研究的学者。在省级及以下各级党校（行政学院）中，也有为数不少的学者结合各自教学和地域特点开展中国当代政治史研究。另外，在各级各类干部学院以及社会主义学院中从事中国当代政治史研究的学者，也是本学科研究队伍的重要组成部分，如中国浦东干部学院、中国井冈山干部学院、中国延安干部学院等。

在军队院校中，从事中国当代政治史研究的学者主要分布在中国人民解放军国防大学、国防科技大学、中国人民解放军军事科学院等院校的相关部门，他们主要从事国防军事史方面的研究，具有研究内容较专的特点。

在党政部门所属研究机构中，研究中国当代政治史的学者主要分布在党史工作等部门。例如，中共中央党史和文献研究院第一研究部、第二研究部和第三研究部等集中了一批从事本学科研究的学者。在省级及以下各级党史（地方史志）研究部门中，一般也都有学者从事当代地方政治史的研究，是本学科研究队伍的重要组成部分。

由上可知，近30年来，中国当代政治史研究队伍日益扩大，结构不断优化。这就为本学科的发展，特别是优质成果的产出奠定了重要基础，提供了必要条件。

研究成果不断丰富

近30年来，中国当代政治史学科建设取得明显进展的一个重要标志就是研究成果的不断丰富。

在学术著作方面，当代所推出的《中华人民共和国史稿（5卷本）》（当代中国出版社、人民出版社2012年版）、《新中国70年》（当代中国出版社2019年版）、《中华人民共和国简史》（人民出版社、当代中国出版社2021年版）等通史性著作中均有中国当代政治史的丰富内容。在专题史方面，李正华、张金才主编的《中华人民共和国政治史（1949—2012）》（当代中国出版社2016年版）和修订版《中华人民共和国政治史（1949—2019）》（当代中国出版社2019年版），是中国当代政治史学科的代表性成果。其中，《中华人民共和国政治史（1949—2019）》系中国社会科学院创新工程项目的最终成果，是国内第一部中华人民共和国政治史专著。该书以国史为大背景，从政治的角度，全面反映了国史发展的总体脉络、主题主线及阶段性特征，详细阐述和分析了人民当家作主的新型政权以及适应这种政权需要的政治制度建立、巩固和发展完善的历史过程，客观论述了相关重要政治人物、重大政治事件，认真总结了中国共产党领导全国各族人民在探索符合中国实际、适合中国国情的政治发展道路中的成功经验和失误教训，对人们坚定中国特色社会主义道路自信、理论自信、制度自信、文化自信具有重要学术价值和现实意义。该书的出版标志着中国当代政治史学科的发展进入新阶段,对本学科的建设起到了指导和推动作用,也奠定了本学科在国内学界的地位。2021年12月,李正华、张金才主编的《中华人民共和国政治史》由当代中国出版社出版。该书是中国社会科学院"十四五"哲学社会科学发展规划项目"院编中华人民共和国国史教材序列"之一,其出版为中国当代政治史学科人才队伍培养提供了基本教材,同时也是本学科研究的一项重要成果。

政治制度历来是政治史研究的重点。近30年来,中国当代政治制度史研究取得重要进展。例如,陈明显主编的《中华人民共和国政治制度史》(南开大学出版社1998年版)是该领域首部专著,其在阐述新中国政治制度产生与发展的历史背景和基本理论基础上,分章介绍了人民民主专政制度、人民代表大会制度、中国人民政治协商会议制度等,完整科学地反映了具有中国特色的社会主义政治制度的性质、特点及作用。随后出版的浦兴祖主编的《中华人民共和国政治制度》(上海人民出版社1999年版)是该领域又一部具有代表性的论著。该书系统阐述了当代中国政治制度的基本框架、历史发展,以及影响这一制度建立与发展的主要因素和政治体制改革等问题。有学者明确肯定了该书具有的三个突出优点:一是在静态的政治制度研究中融入动态的行为研究;二是不仅透视政治制度现实,而且考察政治制度源流;三是未止步于阐释和论证,更着力于思考和探讨。① 在此基础上,中国当代政治制度史研究稳步推进,成绩显著。

政治思想史在政治史研究中具有突出地位。近30年来,中国当代政治思想史研究成果不断涌现。例如,范小方等的《中国当代政治思想史》(甘肃人民出版社1996年版)是该领域第一本专著,该书对1949年后中国社会中各种政治思想的产生、发展、变化及其特殊规律性进行了研究,具有较高的学术价值。翁有为等的《当代中国政治思想史》(河南人民出版社1999年版)在该领域也较具代表性。有学者认为该书的学术贡献至少有三点:一是探讨了当代中国政治思想包含的核心内容;二是勾勒了当代中国政治思想史发展演变的基本线索,并根据其内在轨迹总结了其发展特点;三是

---

① 孙力:《〈中华人民共和国政治制度〉评介》,《政治学研究》1999年第4期。

作为原创性著作为人们研究当代中国政治思想史提供了蓝本。①在此基础上，中国当代政治思想史研究成果不断丰富，为中国当代政治史学科"三大体系"建设注入了强劲动力。

在学术论文方面，中国当代政治史涌现了大量研究成果。其中，不少学者对中国当代政治史的"三大体系"建设进行了探讨。例如，有学者从历史与政治、规范与经验、文化与权力、时间与结构、逻辑与证据五个方面探讨了中国当代政治史研究的学科脉络、研究视角和问题意识，拓展了中国当代政治史的研究视野，②具有重要的学术价值。与此同时，为进一步推进中国当代政治史学科"三大体系"建设，梳理既有研究的成就与不足，一些学者对该领域的学术史做了及时总结。例如，有学者从总体研究状况、研究的集中点及主要特点、研究中存在的问题及今后努力方向三个方面，对21世纪以来中国当代政治史研究情况进行了综述。③也有学者对改革开放以来中国当代政治史研究进行了回顾、反思与展望。④近年来，《当代中国史研究》刊发了大量有关国史的学科述评文章，其中便涉及中国当代政治史研究。⑤这些述评文章对学界了解中国当代政治史研究现状发挥重要作用，有利于本学科的建设和发展。此外，从不同专题、不同领域和不同时段对中国当代政治史进行具体研究的各类文章更是不计其数，篇幅所限，不再一一展开。

交流平台不断拓展

近30年来，中国当代政治史研究交流平台日益多元。自2001年起，当代所、中华人民共和国国史学会（以下简称国史学会）每年与高等院校、科研机构等联合举办国史学术年会，至今已举办23届。在历届国史学术年会中，中国当代政治史均为重点研讨内容之一。另外，中国政治学会举办

---

① 朱汉国等：《近30年来中国现当代政治思想史研究述评》，《史学月刊》2008年第10期。
② 陈明明：《当代中国政治史研究的学科视野与问题意识》，《浙江社会科学》2017年第9期。
③ 李正华等：《新世纪以来中华人民共和国政治史研究综述》，《安徽史学》2014年第1期。
④ 曹守亮：《中国当代政治史研究的回顾、反思与展望》，《党史研究与教学》2014年第2期。
⑤ 王怀乐：《2020年中华人民共和国政治史研究述评》，《当代中国史研究》2021年第5期；李夏：《2022年中华人民共和国政治史研究述评》，《当代中国史研究》2023年第5期。

的学术会议也有一些涉及中国当代政治史的议题。这些平台都为本学科的交流创造了条件。

非实体研究中心和学科年会是学术交流的重要依托，对学科建设具有不可替代的作用。当代所当代中国政治与行政制度史研究中心（以下简称中心）的成立和中国当代政治史年会制度的创立，为本学科的发展搭建了新的交流平台。其中，中心成立于2010年10月，是以当代中国政治与行政制度史为研究对象的非实体性学术研究组织，其主要任务是：研究、编纂和宣传当代中国政治与行政制度史，从事相关课题的调研；搜集和整理当代中国政治与行政制度史的文献档案、口述史料和研究资料，建立和发展"当代中国政治与行政制度史"学术数据库、图书资料特藏库，为国史研究服务；与国内外有关科研机构、高等院校合作，举办学术会议；跟踪当代中国政治与行政制度史研究中的热点、难点问题，举办相应的学术活动；以适当方式，主持编辑出版中心学术研究成果；与国内外有关科研机构、高等院校开展学术交流，建立人员互访、资源共享和信息交换制度等。中心成立以来，通过组织学者发表论文和与高等院校合作举办学术会议等方式，开展了一系列学术活动，为推进中国当代政治史"三大体系"建设发挥了重要作用。为丰富和拓展中国当代政治史研究的交流平台，当代所政治史研究室在之前举办学术会议的基础上，于2020年主持创办了中国当代政治史学科年会制度，并确定每年联合当代中国政治与行政制度史研究中心、《当代中国史研究》编辑部及有关高等院校等合作举办学术会议，至今已举办四届①，取得了较好的学术反响和社会影响力。

经过4年的不懈努力，中国当代政治史年会不断壮大，参会人数和参与机构逐年增加，会议议题日益丰富，与党和国家工作大局的结合更加紧密。首届中国当代政治史研究述评会于2020年10月在山东济南召开，由当代所和山东师范大学联合主办，当代所政治史研究室、山东师范大学历史文化学院、《当代中国史研究》编辑部、当代中国政治与行政制度史研究中心承办。第二届中国当代政治史研究述评会于2021年9月在湖南长沙召开，由当代所、湖南师范大学主办，当代所政治史研究室、湖南师范大学

---

① 自第四届起会议名称由"中国当代政治史研究述评会"改为"中国当代政治史年会"。

历史文化学院、《当代中国史研究》编辑部、当代中国政治与行政制度史研究中心承办。第三届中国当代政治史研究述评会于 2021 年 10 月召开,由当代所、沈阳药科大学主办,当代所政治史研究室、沈阳药科大学马克思主义学院、《当代中国史研究》编辑部、当代中国政治与行政制度史研究中心承办。第四届中国当代政治史年会于 2023 年 9 月在江苏南京召开,由当代所、南京航空航天大学主办,当代所政治史研究室、南京航空航天大学马克思主义学院、《当代中国史研究》编辑部、当代中国政治与行政制度史研究中心等单位承办。为巩固和扩大中国当代政治史年会的学术影响,给本学科的交流增加新的平台,自 2021 年起,由当代所政治史研究室主持编辑出版系列论文集《中国当代政治史研究撷英》。其中,2022 年 9 月,李正华、张金才主编的该系列论文集第一辑由当代中国出版社出版,并在第三届中国当代政治史研究述评会开幕式上举行了首发式,产生了较好的学术反响和社会影响力。在历届年会中,与会专家学者围绕会议主题进行了深入交流和研讨,展现了新时代中国当代政治史研究的新成果、新气象,推动了中国当代政治史学科"三大体系"建设,为中国式现代化道路提供了学术支撑和智力支持。

学科理论不断完善

习近平总书记指出:"每个学科都要构建成体系的学科理论和概念"。① 中国当代政治史学科自创立以来,学科理论不断完善,近 30 年更是取得明显进展。学者们对本学科的研究对象、学科定位以及发展阶段等问题进行了深入探讨,初步构建起成体系的学科理论和概念,为本学科的发展提供了理论指导,奠定了学理基础。

在中国当代政治史学科理论中,对本学科研究对象的探讨是其首要和基本的问题。有学者指出,中国当代政治史是中国当代史(国史)的分支学科,主要研究对象是中华人民共和国成立以来在政治领域发生的变化和进步的历史,中华人民共和国国家政权的阶级性质及其与之相适应的国家权力、组织结构形式和运行机制的建立与健全、改革与发展的规律。在思

---

① 《习近平著作选读》第 1 卷,北京:人民出版社 2023 年版,第 486 页。

想层面，它包括中华人民共和国成立以来各个阶级阶层和政治集团对社会政治制度、国家政权组织以及各阶级阶层相互关系所形成的观点和理论体系，各种不同政治思想流派之间的论争、演变和更替的具体历史过程，各种不同政治思想对现实社会政治发展的影响和作用，最主要的就是各个阶级阶层对待国家政权的态度和主张。在实践层面，主要包括社会变革时期新旧阶级之间的政治斗争，社会相对稳定时期社会政治制度的运用，政治体制的改革、发展，政治决策的实施以及公民的政治参与行为等。① 这是迄今为止学界对中国当代政治史研究对象最为完备的表述。

中国当代政治史是在中国当代史学科建设的脉络下展开的，因此准确定位其与中国当代史及与其他相关学科的关系，对于本学科的发展至关重要，也是中国当代政治史学科理论的基本问题。有学者指出，中华人民共和国政治史绝不是对党史国史中经济、文化、社会等方面内容的简单裁切，而是从政治的角度，记述国史的全过程。研究中华人民共和国政治史，既要从国史的大背景出发，又要特别注重从政治史角度反映国史发展的大脉络、主题主线、各个时期阶段性特征。② 这就厘清了中国当代政治史与其他相关学科的区别与联系。

对学科发展史的梳理，同样是中国当代政治史学科理论的重要方面。有学者指出，改革开放以来，中国当代政治史研究大致可分为三个发展阶段：一是1978年以后，中国当代政治史研究作为国史这门新兴学科的一个分支领域逐渐发展起来。二是20世纪90年代，中国当代政治史研究进入向纵深发展的时期。这一时期由于有了《中国共产党中央委员会关于建国以来党的若干历史问题的决议》的指导，学界开始对中国当代史产生重要影响的政治事件、政治制度、政治思想进行全面拓荒，取得大量研究成果。三是21世纪以后，在吸收借鉴相关学科理论方法和国外的中国当代政治史研究成果后，中国当代政治史研究开始了更为深入的研究，有更多研究专著问世，标志着中国当代政治史研究发展到一个新阶段。③

以上观点和论述，界定了中国当代政治史的内涵和外延，明确了本学

---

① 李正华：《中国当代政治史学科建设与发展前景》，《当代中国史研究》2010年第1期。
② 李正华：《中华人民共和国政治史的几个基本问题》，《安徽史学》2016年第1期。
③ 曹守亮：《中国当代政治史研究的回顾、反思与展望》，《党史研究与教学》2014年第2期。

科的性质和特点，为完善中国当代政治史学科理论和概念做出了学术贡献。

相关思考与建议

近30年来，中国当代政治史学科建设在取得重要进展的同时，尚存在以下主要问题：

一是学科队伍相对分散，研究力量整合不够。近30年来，尽管中国当代政治史研究队伍在不断扩大，人员数量在不断增加，但这支队伍分散在各级各类相关研究机构中，彼此之间缺少机制化的交流与沟通渠道，没有形成研究合力。当前的现实情况是，虽然研究中国当代政治史的学者从总量上来看是越来越多，但单位之间存在不平衡现象，大部分单位本学科研究人员其实很少，有的甚至是在单兵作战。这种情况不利于中国当代政治史学科队伍的力量整合，也不利于本学科的进一步发展。

二是学科基本著作内容相对滞后，有的基本著作至今阙如。从前文梳理可以看出，中华人民共和国政治制度史、政治思想史这样的学科基本著作大多成书于20世纪末。例如，陈明显主编的《中华人民共和国政治制度史》出版于1998年，研究内容截止到1997年。翁有为等的《当代中国政治思想史》出版于1999年，研究内容截止到1992年。范小方等的《中国当代政治思想史》出版于1996年。这些著作的研究内容已相对滞后，而且至今缺乏一本按历史时序来编写的《中华人民共和国政治制度史》，诸如《全过程人民民主发展史》等学科基本著作更是长期阙如。这都给本学科的进一步发展提出了课题和任务。

三是缺少本学科专门的学术阵地和研究组织。近30年来，中国当代政治史研究交流平台尽管在不断拓展，但相对于本学科日益增长的实际需要来说还很不够，已成为制约学科发展的一个重要因素。当前的实际情况是，研究中国当代政治史的学者往往是在相关报刊的相关栏目发表学术文章，至今没有本学科专门的学术阵地。尽管当代所当代中国政治与行政制度史研究中心是中国当代政治史学科类的非实体性学术研究组织，但目前本中心成员多是本单位内部人员，还无法承担起联系和组织本学科研究队伍的职责，迫切需要成立专门的研究组织，以适应和促进中国当代政治史学科队伍的发展。

四是学科理论和概念还没有体系化。近30年来，尽管中国当代政治史学科理论在不断完善，关于本学科的研究对象和研究范围、学科性质和学科定位、研究方法和研究意义，以及其与中国当代经济史、文化史、社会史等相关学科的区别联系等基本理论和概念，学者们进行了深入探讨并已基本达成共识，但中国当代政治史作为一门新兴学科，其基本理论和概念的体系化程度还远远不够，诸如本学科的学术标准和规范要求等还需要进一步明确，构建成熟完备的中国当代政治史学科"三大体系"还有很长的路要走。

针对上述情况，笔者提出如下思考和建议：

一是增强学科队伍的组织化程度，整合学科队伍的研究力量。为此，笔者建议成立中国当代政治史学会，作为联系和服务本学科队伍的桥梁和纽带。具体方案可参照在中国中共文献研究会下设立毛泽东、周恩来、刘少奇、朱德、任弼时、邓小平、陈云思想生平研究分会的做法，适时在国史学会下设立中华人民共和国政治史学会、经济史学会、文化史学会、外交史学会等二级学会，以此来凝聚学科队伍，增强研究合力，促进学科发展。

二是推进学科基本著作的修订和编写，为本学科的发展提供成果支撑。对于中国当代政治制度史，需要在原有成果基础上修订补充21世纪的相关内容，尤其是新时代的制度发展，同时探索以历史时序为体例来编写中国当代政治制度史的新途径。对于中国当代政治思想史，同样需要修订补充最新内容，特别是要凸显习近平新时代中国特色社会主义思想在中国当代政治思想史上的地位和作用。对于全过程人民民主发展史、中国当代法治建设史、国防军事史、党的建设史等学科基本著作，则需要随着本学科的进一步发展，依靠中国当代政治史学界全体同仁的力量，在适当时机逐步提上编写日程。

三是适时创办本学科专门的学术刊物，为本学科的发展拓展研究和交流的平台。鉴于中国当代政治史是一门新兴学科，而且创办一份正式公开的学术刊物也有一个不断积累条件的过程，建议先在适当时机创办一份中国当代政治史研究集刊，作为本学科的一个专门学术阵地，待条件成熟时再以此为基础创办正式公开的刊物。但无论如何，这个问题已到了需要认真考虑和谋划的阶段。

四是进一步提高学科理论和概念的体系化程度,为本学科的发展提供理论支撑。学科理论和概念的完善既是学科发展的先导,也是学科不断走向成熟的标志。在当下,什么样的学术文章才算是专门研究中国当代政治史的文章,什么样的学者才算是专门从事中国当代政治史研究的学者,尚无一个明确固定的标准,而且本学科也处在与其他学科交叉融合的发展过程中,因此,完善中国当代政治史的学科理论和概念,特别是提高其体系化程度,是伴随本学科发展的一个永恒课题。广大中国当代政治史研究工作者要以习近平总书记致国史学会成立30周年贺信精神及关于党史国史的相关论述为指导,不断推进中国当代政治史学科"三大体系"建设,为本学科发展提供坚实的理论支撑。

关于新中国经济史三个问题的思考

武 力

中华人民共和国国史学会学术委员会主任、研究员

2024年是中华人民共和国成立75周年，是实现"十四五"规划目标任务的关键一年。新中国经济75年的发展历史，可谓波澜壮阔、成就辉煌，完成脱贫攻坚、全面建成小康社会的历史任务，实现第一个百年奋斗目标，并迈上了全面建设社会主义现代化国家新征程。回顾新中国75年的经济发展历程，总结历史经验，有利于我们更好地学习贯彻习近平经济思想和中共二十大有关经济发展的战略部署。新中国75年的经济发展成绩显著、内容丰富，这里笔者仅就贯穿75年始终、对经济发展影响重大并联系紧密的三个问题谈一些粗浅的认识。

中国特色的工业化道路

工业化是现代化的主要内容，是世界各国现代化的共同特征，是人类社会由古代农业文明转变到现代工业文明、由传统农业社会进入现代工业社会的根本力量。恩格斯曾指出："人们自己创造自己的历史，但他们是在既定的、制约着他们的环境中，在现有的现实关系的基础上进行创造的，在这些现实关系中，经济关系不管受到其他关系——政治的和意识形态的——多大影响，归根到底还是具有决定意义的，它构成一条贯穿始终的、唯一有助于理解的红线"。[①] 因此，要准确理解和把握新中国75年的历史，尤其是中国式现代化，就必须了解中国的工业化。

---

① 《马克思恩格斯选集》第4卷，北京：人民出版社1995年版，第732页。

1949年新中国成立时,党和政府面临的是被战火严重破坏的原来就很薄弱的工业基础。抗日战争前机器大工业产值仅占工农业总产值的10%左右,又遭受战争的破坏,1949年与抗日战争前的最高年份相比,工业总产值降低了一半,其中重工业约降低70%,轻工业约降低30%。1949—1952年国民经济恢复时期,党和政府出台相关举措,着重利用现有设备和生产能力,重点投资重工业和国防工业,促进地方工业的恢复和发展,鼓励私人投资工业等,使工业生产迅速得到恢复。1952年工业总产值343.3亿元,与1936年相比,增长了22.5%。1950—1952年年均增长34.8%。到1952年底,主要工业产品产量大大超过1949年的水平,也超过了新中国成立前的最高产量,其中钢产量增长最快,1952年比1949年增加7.54倍,比历史最高水平增加46.3%;生铁产量比1949年增加6.72倍,比历史最高水平增加7.2%。①

中国从1840年鸦片战争开始与资本主义列强正面接触,到新中国成立时,其经历是痛苦的。作为早期资本主义发展的受害者和中期帝国主义战争的牺牲者,新中国成立后,又先后经历朝鲜战争、台海危机、越南战争、中印边界和中苏边界冲突,必然对国家安全问题十分忧虑和不安,存在着强烈的防范心理。正如有学者指出的那样,近代以来所形成的民族"危机感",在1949年以后并没有消失,而是表现为对国际上的危机仍有着过高的估计。②因此,中国不仅要进行工业化,还要"首先集中主要力量发展重工业,建立国家工业化和国防现代化的基础"③。哪怕这种非均衡的发展代价很高,直接的经济效益并不明显。就像美国著名的经济史学家罗斯托在《经济增长的阶段》中所说的,"反抗更先进的国家的入侵——素来是从传统社会转变为现代社会的最重要的和最强大的推动力,其重要性至少与利润动因等量齐观"④。

---

① 参见吴承明等:《中华人民共和国经济史(1949—1952)》第1卷,北京:中国财政经济出版社2001年版,第537—554页。
② 邹谠:《二十世纪中国政治——从宏观历史与微观行动角度看》,香港:牛津大学出版社1994年版,第234—237页。
③《建国以来重要文献选编》第4册,北京:中央文献出版社2011年版,第306页。
④ 参见[英]杰拉尔德·迈耶等:《发展经济学的先驱》,谭崇台等译,北京:经济科学出版社1988年版,第243页。

正如经过毛泽东亲自修订的《关于党在过渡时期总路线的学习和宣传提纲》所说:"因为我国过去重工业的基础极为薄弱,经济上不能独立,国防不能巩固,帝国主义国家都来欺侮我们,这种痛苦我们中国人民已经受够了。如果现在我们还不建立重工业,帝国主义是一定还要来欺侮我们的。"①但是要优先发展重工业,就需要集中有限剩余,即通过具有强大动员能力的政府,调动国内资源来突破"贫困陷阱"。因此,我国选择了苏联创造的社会主义工业化道路,以实现优先快速发展重工业和工业化。社会主义工业化道路具有以下五个特点:一是以高速度发展为首要目标;二是优先发展重工业;三是以外延型的经济发展为主(外延型的发展是指实现经济增长的主要途径是靠增加生产要素);四是从备战和效益出发,加快内地发展,改善生产力布局;五是以建立独立的工业体系为目标,实行进口替代。在优先发展重工业战略的实施中,出于国家安全需要,建立现代国防工业又是重中之重。

以毛泽东同志为主要代表的中国共产党人同时也认识到不能忽视农业和轻工业的合理发展。1956年4月,毛泽东在《论十大关系》中明确提出:"我们现在发展重工业可以有两种办法,一种是少发展一些农业、轻工业,一种是多发展一些农业、轻工业。从长远观点来看,前一种办法会使重工业发展得少些和慢些,至少基础不那么稳固,几十年后算总账是划不来的。后一种办法会使重工业发展得多些和快些,而且由于保障了人民生活的需要,会使它发展的基础更加稳固。""我们现在的问题,就是还要适当地调整重工业和农业、轻工业的投资比例,更多地发展农业、轻工业。"②1957年1月,毛泽东在省市自治区党委书记会议上谈农业重要性时说:"在一定的意义上可以说,农业就是工业。要说服工业部门面向农村,支援农业。要搞好工业化,就应当这样做。"③2月,毛泽东在《关于正确处理人民内部矛盾的问题》讲话中专门论述了中国工业化的道路:"这里所讲的工业化道路的问题,主要是指重工业、轻工业和农业的发展关系问题。我国的经济建设是以重工业为中心,这一点必须肯定。但是同时必须充分注意发展农业

---

① 《建国以来重要文献选编》第4册,北京:中央文献出版社2011年版,第606—607页。
② 《毛泽东文集》第7卷,北京:人民出版社1999年版,第25、24页。
③ 《毛泽东文集》第7卷,北京:人民出版社1999年版,第200页。

和轻工业。""农业和轻工业发展了,重工业有了市场,有了资金,它就会更快地发展。这样,看起来工业化的速度似乎慢一些,但是实际上不会慢,或者反而可能快一些。"①10 月,毛泽东在中共八届三中全会上又提出:"讲到农业与工业的关系,当然,以重工业为中心,优先发展重工业,这一条毫无问题,毫不动摇。但是在这个条件下,必须实行工业与农业同时并举,逐步建立现代化的工业和现代化的农业。过去我们经常讲把我国建成一个工业国,其实也包括了农业的现代化。"②

经过前两个大规模的五年计划,特别是吸取"大跃进"的教训,中国共产党对如何发展工业的认识大大前进了一步。1963 年 9 月,中共中央办公厅发出通知,要求对中央草拟的《关于工业发展问题(初稿)》继续研究。文件提出我国工业发展的方针包括:一是工业和农业密切结合,发展工业和发展农业并举。二者的关系是以农业为基础,以工业为主导。二是生产资料和消费资料的生产密切结合,发展重工业和发展轻工业密切结合。二者的关系是重工业是建设的中心,但是,可用多发展一些轻工业的办法来促进重工业的发展。三是民用工业和国防工业密切结合,发展基础工业和发展尖端技术同时并举。二者的关系是基础工业为尖端技术创造广泛发展的条件,反之,尖端技术又为基础工业创造提高的条件。文件还指出,所谓独立的、完整的工业体系,就是要有能力为农业、工业、国防、交通运输业提供成套技术装备的基础工业体系。③

在和平时期市场经济运行中,产业经济的转移轨迹一般是农业—轻工业—重工业,而在特定历史背景下,当比较优势不能产生作用时,我国选择了当时并不具备比较优势的重工业优先发展,这使得我国需要进行超越常规的制度安排才能完成跨越式发展。围绕着重工业优先发展的目标,我国逐步形成脱离市场的产品和要素价格体系,建立起高度集中的资源计划

---

①《毛泽东文集》第 7 卷,北京:人民出版社 1999 年版,第 240—241、241 页。
②《毛泽东文集》第 7 卷,北京:人民出版社 1999 年版,第 310 页。
③《中华人民共和国国民经济和社会发展计划大事辑要(1949—1985)》,北京:红旗出版社 1987 年版,第 206 页。

配置体制和缺乏自主权的微观经营机制。①

改革开放前的29年,在重工业优先发展战略下,中国工业既取得了令人瞩目的成绩,同时也留下了诸多的问题。中共十一届三中全会以后,尽管中国工业发展出现过多次波动,但是40多年间工业的快速发展,不仅成为经济高速增长的首要因素,而且整个工业的规模、技术和主要产品的国际竞争力都有着质的飞跃。

1978年以后至2012年进入新时代之前的30多年里,中国的工业化呈现出以下三个特点:一是在改革开放、建立社会主义市场经济体制的基础上,呈现出以市场机制引导的多种经济成分共同发展格局,尤其是混合经济和民营经济最有活力。二是形成以市场与政府"双轮驱动"的均衡与非均衡发展并存的局面。在产业结构上,前期为市场导向的轻重工业均衡发展,后期为在政府导向下向重工业倾斜的"重化工业化";在区域工业布局和发展方面,1999年之前表现为非均衡发展倾向,1999年以后则表现为区域之间的均衡发展。三是充分利用国际资源和市场。这个时期的工业化是对世界全面开放的工业化,中国紧紧抓住和平发展的战略机遇期,发挥自己的劳动力资源优势和长期社会稳定环境,充分利用国际资源和市场,引进来、走出去,成为世界第一制造业大国和第一货物贸易大国。

经过改革开放以来30多年的快速工业化和经济高速增长,到2012年中国虽成为工业大国,但还不是工业强国。中国在500多种工业产品中有220余种产量位居世界前列,但核心产业的技术水平还比较低,总体上处于全球产业价值链的中低端环节:大型民航客机全部从国外进口,石化装备的80%、数控机床和先进纺织设备的70%依赖进口。②如果中国不在核心技术上实现突破,很容易被锁定在产业结构和价值链的低端,极易陷入"中等收入陷阱"。经济发展总是波浪式前进的。"十二五"期间,我国在经济实力、科技实力、国防实力、国际影响力等方面上了一个大台阶的同时,经济发展也开始进入增长速度相对放缓、结构调整紧迫、发展动力转换的新

---

① 参见林毅夫等:《中国的奇迹:发展战略与经济改革(增订版)》,上海:上海三联书店、上海人民出版社1999年版,第54页。

② 参见黄海洋等:《国家技术创新体系建设与创新政策的策略选择》,《毛泽东邓小平理论研究》2012年第9期。

阶段，又被称为"经济新常态"。中共十八大以来，中国紧紧抓住新一轮科技革命浪潮，大力推进新型工业化和新质生产力的发展，产业结构优化升级又上了一个大台阶，中国的工业化由高速度发展转入高质量发展，农业现代化也蹄疾步稳、扎实推进。

中国共产党领导下的政府与市场关系

新中国成立后，中国经济发展最突出的问题是实现赶超型工业化，以跨越"贫困陷阱"。为此，中国实施了政府主导型的重工业优先发展战略，建立了保障高积累以及"集中力量办大事"的单一公有制和计划经济体制，将非常有限的农业剩余资源集中到国家手中，以确保重工业建设的高积累和高投资。在政府主导型的重工业优先发展战略背景下，20世纪60年代中期至70年代，我国国防科技事业等取得多方面重大突破，为以后改革开放新时期科学技术赶超世界先进水平、实现现代化目标，奠定了坚实基础，积累了宝贵经验。正如邓小平1988年10月在视察北京正负电子对撞机工程时所指出的："如果六十年代以来中国没有原子弹、氢弹，没有发射卫星，中国就不能叫有重要影响的大国，就没有现在这样的国际地位。"① 就经济建设来说，1949—1978年，我国取得了很大的成就，在以美国为首的西方国家对我国实行封锁和禁运、中苏交恶的国际环境中，基本建立起相对独立完整的工业体系，除了在国防工业、尖端科学方面取得了巨大进展外，还在改善基础设施、缩小沿海与内地差距等方面取得了很大成就。1978年，我国国内生产总值达3679亿元，占世界经济的比重为1.8%，居全球第11位。②

1949—1978年，中国的资金、人才严重短缺，为加快工业化步伐，通过实行单一公有制，排除市场调节对优先快速发展重工业战略的妨碍，将资源配置集中在政府手中。这种经济发展战略和制度安排虽然保证了重工业的迅速发展，但是同时也带来了较严重的消极后果。一方面，这种发展造成全面"短缺"和经济运行紧张，使工业化缺乏后劲并引发周期性经济波

---

① 《邓小平文选》第3卷，北京：人民出版社1993年版，第279页。
② 《辉煌70年——新中国经济社会发展成就（1949—2019）》，北京：中国统计出版社2019年版，第2页。

动；另一方面，由此形成的单一公有制和计划经济体制，从长期来看，不利于调动各方面积极性，不利于国民经济的全面健康发展。从现代国家发展生命周期来看，新中国成立到改革开放之前，中国经济处于初步成长期和工业化初期，此时政府试图通过排除市场机制、高度集中配置资源来快速实现工业化，以及赶超发达国家的梦想是不可能实现的。

1978—1991年实行的经济体制改革，政府与市场的关系发生了显著变化：一是恢复了市场机制并且市场调节的范围和作用不断扩大；二是政府职能由过去的全能型逐步向效能型转变。计划经济体制改革先是以农村为重点，后来转向以城市为重点、城乡联动和全面改革。在这一阶段，原有的计划经济体制下全能型政府经济职能主要从两个方面化解：一是对国有企业放权让利，同时允许非公有制经济、"三资"企业存在和发展。随着市场需求不断扩大，民营经济成为工业化快速发展的重要生力军；"三资"企业随着外商投资领域的拓宽，也成为工业化的重要推动力量。二是宏观经济的行政控制逐步放松，市场机制的调节范围日渐扩大。这个时期政府的指导思想发生显著变化：由"计划为主，市场为辅"的主从结构，到"计划与市场相结合"的板块结构，再到"政府调控市场、市场引导企业"的上下结构，最后又回到"计划与市场相结合"的动态过程。① 这反映出政府直接管理经济的职能逐渐弱化，市场调节经济的职能逐渐强化。政府采取效益优先的收入分配公平政策和市场化经济体制改革，释放了受到压抑的需求，同时"短缺"的普遍存在，使经济在繁荣中多次出现过热，消费需求旺盛，不存在总需求不足问题，国民经济的曲折和波动主要是总供给内部结构失衡造成的，或称之为"供给约束型"的经济波动。政府整顿经济、稳定增长的重点是恢复供给侧内部平衡。

从1992年中共十四大提出建立社会主义市场经济体制到2012年中共十八大之前，中国基本建立起社会主义市场经济体制。经济体制改革在全面深入推进的基础上，城市改革重点由"增量改革"为主转变为"存量改革"为主，由"产品市场改革"为主转变为"要素市场改革"（资本市场和

---

① 魏静茹：《新中国政府与市场关系的历史和未来——访中国社会科学院当代中国研究所副所长、研究员武力》，《理论视野》2014年第4期。

劳动力市场）为主。1992年邓小平发表"南方谈话"和中共十四大召开以后，经济改革的三大主要任务包括：一是完成国企改革的攻坚任务；二是培育以金融、劳动力、房地产为重点的要素市场；三是转变政府经济职能（建立间接的宏观调控体系，市场在资源配置中发挥基础性作用）。促进市场化改革的主要动力则包括：一是加入世界贸易组织；二是财政转型（分税制改革、取消农业税）；三是科技进步、产业结构升级；四是所有制结构的多样化，民营经济比重不断扩大。这个时期，劳动力转移红利、国内外需求旺盛、资源供给充足、环境保护要求不高四个因素是经济高速增长的主要动力。外需扩大和国内消费升级（由"衣、食"为主升级到"住、行"为主）导致了市场需求旺盛；"土地财政"、城市基础设施建设、高速公路和铁路建设以及实行"反哺"政策，使中央和地方政府的支出有了充足的扩大空间。因此，政府调控宏观经济的手段与前两次有重大区别，政府运用经济手段、法律手段和必要的行政手段，在积极扩大内需的同时促进经济总量平衡。

中共十八大以后，中国特色社会主义进入新时代，面对经济发展的"三期叠加"问题和必须由高速度转向高质量发展的要求，以习近平同志为核心的党中央高瞻远瞩、审时度势，及时把握住中国社会主要矛盾发生变化这个重大历史转折，以改革为动力，抓住和解决政府与市场关系这个经济运行中的最关键问题，来化解"三期叠加"问题，实现高质量发展。2013年11月，中共十八届三中全会召开并通过《中共中央关于全面深化改革若干重大问题的决定》（以下简称《决定》），提出："经济体制改革是全面深化改革的重点，核心问题是处理好政府和市场的关系，使市场在资源配置中起决定性作用和更好发挥政府作用。市场决定资源配置是市场经济的一般规律，健全社会主义市场经济体制必须遵循这条规律，着力解决市场体系不完善、政府干预过多和监管不到位问题。""必须积极稳妥从广度和深度上推进市场化改革，大幅度减少政府对资源的直接配置，推动资源配置依据市场规则、市场价格、市场竞争实现效益最大化和效率最优化。政府的职责和作用主要是保持宏观经济稳定，加强和优化公共服务，保障公平竞争，加强市场监管，维护市场秩序，推动可持续发展，促进共同富裕，弥补市场失灵。"为此，《决定》要求："紧紧围绕使市场在资源配置中起决定性作用深化经济体制改革，坚持和完善基本经济制度，加快完善现代市场体系、宏观调控体系、开放型经济体系，加快转变经济发展方式，加快建设创新型国家，推动经济更有效率、更加公平、更可持续发展。"在更好发挥政府作用方面，《决定》提出："科学的宏观调控，有效的政府治理，是发挥社会主义市场经济体制优势的内在要求。必须切实转变政府职能，深化行政体制改革，创新行政管理方式，增强政府公信力和执行力，建设法治政府和服务型政府"，并做出以下三个方面的改革部署：一是健全宏观调控体系；二是全面正确履行政府职能；三是优化政府组织结构。①

《决定》表明中国共产党对政府与市场关系、社会主义市场经济规律的认识和把握达到了一个新的高度，从而为新时代改革和完善政府与市场关系提供了正确理念、发展目标和改革任务。中共十八大以来，在不断改革完善政府与市场关系的过程中，以习近平同志为核心的党中央明确提出坚持和加强党的全面领导。2022年10月，中共二十大报告明确指出："中国特色社会主义最本质的特征是中国共产党领导，中国特色社会主义制度的最大优势是中国共产党领导，中国共产党是最高政治领导力量，坚持党中央集中统一领导是最高政治原则，系统完善党的领导制度体系，全党增强'四个意识'，自觉在思想上政治上行动上同党中央保持高度一致，不断提高政治判断力、政治领悟力、政治执行力，确保党中央权威和集中统一领导，确保党发挥总揽全局、协调各方的领导核心作用"。②

总之，新中国75年经济发展和制度变迁的历史说明，在处理政府（计划）与市场关系方面，没有固定不变的制度、领域和办法。政府和市场各自发挥作用的领域、相互之间的边界以及办法和力度，不是固定不变的，而是随着发展阶段、内外环境、经济形势、所有制结构和具体问题，以及市场成熟程度和中国共产党治理国家能力的变化，因时、因地、因事、因所有制制宜而变动不居的。

从"乡村支持城市"到"融合发展"的城乡经济关系

从农业文明社会转为工业文明社会的过程，既是生产方式的变化，也

---

① 《中共中央关于全面深化改革若干重大问题的决定》，北京：人民出版社2013年版，第5—6、4、16—18页。
② 《中国共产党第二十次全国代表大会文件汇编》，北京：人民出版社2022年版，第6页。

是人口流动、居住环境和生活方式的变化,即城市化的过程。反过来,城市化又进一步推动了生产力的发展、人们物质生活和文化水平的提高以及交往的便利。城市化既是人类社会必然经历的进程,也是国家工业化、现代化发展程度的重要标志。新中国在从"站起来"到"富起来"再到"强起来"的经济发展过程中,是如何处理工业化、市场化与城市化的关系,有哪些经验教训,是一个非常重要的研究课题,直接关系到"以人民为中心"、经济可持续发展和社会长期稳定。

工业化一般是随着产业结构的变动,人口逐步由传统空间分散的农业向新兴空间集中的第二、第三产业转移,也就是城市化的过程。在单一公有制和计划经济体制时期,农村人口向城市流动被严格限制,并为此建立起严厉的户籍制度。这虽然可以保证国家优先发展重工业和国防工业的战略,却无助于"赶超"战略的实现:一是由于人力资源绝大部分长期被强制滞留在人均资源短缺、效益低的农业,农业必然成为制约经济发展的瓶颈,造成经济发展过程中出现周期性的"资源约束型"的波动;二是由于国家通过高积累政策将有限的剩余主要投到重工业,使得本来就稀缺的资本利用率降低,投资的机会成本大大增加,也不利于扩大工业就业,从而降低了社会总资本的积累速度。当然,这里没有包括保障国家安全和维护社会稳定等非经济的效益。

1950—1980 年,全世界城市人口的比重由 28.4% 上升到 41.3%,其中发展中国家由 16.2% 上升到 30.5%,而中国仅由 11.2% 上升到 19.4%。① 中国城市化的缓慢并不是建立在工业发展停滞或缓慢的基础上,正相反,改革开放前的 29 年,中国的工业和国民经济增长速度并不算慢。据英国经济学学者麦迪森计算,从 1950 年到 1973 年,世界 GDP 总量年均增长 4.9%,人均 GDP 增长 2.9%,其中中国 GDP 年均增长 5.1%,人均增长 2.9%,高于和等于世界平均水平,高于同期发展中国家平均水平。② 从 1953 年到 1978 年,我国城镇化率从 13.3% 提高到 17.9%,但工业化率由 19.8% 提高到了

---

① 《当代中国的人口》,北京:中国社会科学出版社 1988 年版,第 294—295 页。
② [英] 麦迪森:《世界经济二百年回顾》,李德伟等译,北京:改革出版社 1997 年版,第 44、51 页。

44.3%。①

由于人口流动受到严格限制，农村人口进入大中城市的可能性很小，因此发展小城镇的数量和规模成为1978年以前城市化的一个重要途径，即通过建立和发展小城镇来实现城市化。由于大城市土地资源昂贵等问题，许多发达国家的城市化也呈现出小城市化的特点。在社会主义计划经济体制下，由于农业剩余非常有限、农村商品生产和集市贸易的萎缩，我国镇的人口增长很慢。据统计，1953年全国镇人口为3372万人，1976年为5040万人，②1976年仅比1953年增长了约49.47%。同时，镇的数量不但没有增加，反而有所下降。1954年全国共有建制镇5400多个③，1978年则降至2850个④。由此可见，在1978年以前，"镇"并没有成为我国推动城市化发展的基地。

改革开放以前，中国的城市化呈现出以下五个显著特点：一是政府是城市化动力机制的主体；二是城市化对非农劳动力的吸纳能力很低；三是城市化的区域布局发展受高度集中的计划体制的制约；四是劳动力的职业转换优先于地域转换；五是城市运行机制具有非商品经济的特征。这种城市化导致城乡之间形成了相互隔离的二元社会，既阻止了农村人口向城市的自由流动，也阻碍了社会经济的全面发展。不过，我们也应看到这种二元体制在历史上所产生的积极作用：一方面，就当时来看，这种城市化滞后，既维持了高积累下的工业体系早日建成，又避免了发展中国家普遍出现的"过度城市化"（高失业率、第三产业过度膨胀和城市贫民窟）。另一方面，作为1978年以后改革发展的起点条件，对工业化和城市化的推进都起到了"蓄之既久，其发必速"的作用，大大降低了经济发展的人力成本，这也是乡镇企业"异军突起"的主要制度因素。近30年的优先发展重工业，为改革开放以来轻工业和第三产业的迅速发展创造了来自供需两个方面的有利条件。而城乡壁垒又使农村优秀人才不得不就地发展非农产业，并为

---

① 城镇化率来自《中国统计年鉴（1983）》，北京：中国统计出版社1983年版，第104页；工业化率来自《中国统计年鉴（1999）》，北京：中国统计出版社1999年版，第56页。
② 《当代中国的人口》，北京：中国社会科学出版社1988年版，第288页。
③ 《中华人民共和国行政区划手册》，北京：光明日报出版社1986年版，第15页。
④ 《中国人口年鉴（1987）》，北京：经济管理出版社1988年版，第626页。

此后走上以小城镇为主要依托的城市化道路打下了基础。

1979年9月，中共十一届四中全会通过《中共中央关于加快农业发展若干问题的决定》，提出"有计划地发展小城镇建设和加强城市对农村的支援"，①以推动农业农村现代化。根据这一部署，1980年10月，全国城市规划工作会议明确我国城市发展方针为："控制大城市规模，合理发展中等城市，积极发展小城市"。②此后，党和政府出台了放宽建镇标准、就业限制和落户限制等一系列推动城镇化发展的政策措施，我国的城镇化进入快车道。到2002年，第一产业在我国GDP中的比重已经大为降低，因此，中共十六大报告明确提出："统筹城乡经济社会发展，建设现代农业，发展农村经济，增加农民收入，是全面建设小康社会的重大任务。"③这是中共中央第一次从国民经济社会发展全局提出统筹城乡发展战略。此后，中央又明确提出"两个趋向"的重大论断："综观一些工业化国家发展历程，在工业化初始阶段，农业支持工业、为工业提供积累是带有普遍性的趋向；但在工业化达到相当程度以后，工业反哺农业、城市支持农村，实现工业与农业、城市与农村协调发展，也是带有普遍性的趋向。"④我国初步建立起"反哺"的制度和政策框架，加大了"反哺"力度。至2012年中共十八大前，我国的城乡关系突破了城乡二元结构，逐步由农业支持工业、乡村支持城市转变为工业支持农业、城市支持乡村的"反哺"和"城乡融合发展"。

中共十八大以后，我国城乡关系发展进入一个新的发展阶段。中共十八大报告明确提出："推动城乡发展一体化。解决好农业农村农民问题是全党工作重中之重，城乡发展一体化是解决'三农'问题的根本途径。要加大统筹城乡发展力度，增强农村发展活力，逐步缩小城乡差距，促进城乡共同繁荣。坚持工业反哺农业、城市支持农村和多予少取放活方针，加大强农惠农富农政策力度，让广大农民平等参与现代化进程、共同分享现代化成果。""加快完善城乡发展一体化体制机制，着力在城乡规划、基础设施、公共服务等方面推进一体化，促进城乡要素平等交换和公共资源均衡配置，形成以工促农、

---

① 《三中全会以来重要文献选编》（上），北京：人民出版社1982年版，第198页。
② 《国务院批转全国城市规划工作会议纪要》，《中华人民共和国国务院公报》1980年第20号。
③ 《中国共产党第十六次全国代表大会文件汇编》，北京：人民出版社2002年版，第22页。
④ 《胡锦涛文选》第2卷，北京：人民出版社2016年版，第247页。

以城带乡、工农互惠、城乡一体的新型工农、城乡关系。"①

2017年10月，中共十九大报告明确提出，要"建立健全城乡融合发展体制机制和政策体系，加快推进农业农村现代化"。②2020年10月，中共十九届五中全会进一步提出，要"全面实施乡村振兴战略，强化以工补农、以城带乡，推动形成工农互促、城乡互补、协调发展、共同繁荣的新型工农城乡关系，加快农业农村现代化"，并特别强调要"健全城乡融合发展机制，推动城乡要素平等交换、双向流动，增强农业农村发展活力"。③2022年10月，中共二十大报告明确指出："全面建设社会主义现代化国家，最艰巨最繁重的任务仍然在农村。坚持农业农村优先发展，坚持城乡融合发展，畅通城乡要素流动"；同时强调，"推进以人为核心的新型城镇化，加快农业转移人口市民化。以城市群、都市圈为依托构建大中小城市协调发展格局，推进以县城为重要载体的城镇化建设"。④

在党和政府的领导擘画、大力推动下，我国城镇化率稳步提升，成就显著，从1978年的17.9%提升到2012年的53.1%，再到2023年的66.16%。⑤与此同时，城乡关系日益密切，城乡融合发展也取得了丰硕成果，尤其是2021年如期实现第一个百年奋斗目标——全面建成小康社会，我国迈上全面建设社会主义现代化国家新征程。

以生产力发展和产业结构升级为标志的工业化，是世界各国现代化的共同特征和现代化的核心。伴随着工业化的经济运行和社会发展，又形成了市场化和城市化。可以说，三者是经济现代化的方向和必然趋势。新中国75年的经济发展正是朝着这个方向前进的，并且取得了历史性的成就：完成了传统意义的工业化，正开展后工业时代的新型工业化；建立起社会

---

① 《胡锦涛文选》第3卷，北京：人民出版社2016年版，第631页。
② 《中国共产党第十九次全国代表大会文件汇编》，北京：人民出版社2017年版，第26页。
③ 《中国共产党第十九届中央委员会第五次全体会议文件汇编》，北京：人民出版社2020年版，第42、44页。
④ 《中国共产党第二十次全国代表大会文件汇编》，北京：人民出版社2022年版，第25—26、27页。
⑤ 史育龙：《新型城镇化是中国式现代化的必然选择》，《人民日报》2022年10月10日；《中华人民共和国2023年国民经济和社会发展统计公报》，《人民日报》2024年3月1日。

主义市场经济体制；消除了整体性贫困。形成了自己的特点：全体人民共同富裕、物质文明与精神文明相协调、人与自然和谐共生、走和平发展道路。这一切都值得中华民族自豪，既是我们能够做到"四个自信"的根本原因，也是中华民族对世界文明的重要贡献。

当代中国经济史研究的进展与前瞻

赵学军

中国社会科学院经济研究所研究员、中国社会科学院大学教授

当代中国经济史（以下简称当代经济史）学科虽然形成较晚，但具有独特的自主知识体系，其"三大体系"建设成绩显著。近30年来，当代经济史学科对改革开放史、经济发展道路、中国共产党百年经济思想与实践等热点问题进行了系统研究，推进了20世纪50年代经济史、计划经济体制、"三农"问题、工业化等重大问题的研究。展望未来，当代经济史学科需要进一步加强"三大体系"建设，开展重大问题研究，创新研究方法与手段，资政育人、服务社会，在建构中国自主知识体系中发挥学科的独特作用。

"三大体系"建设成效显著

2016年5月17日，习近平总书记在哲学社会科学工作座谈会上的讲话，全面阐释了加快构建中国特色哲学社会科学学科体系、学术体系、话语体系应当遵循的基本原则。[①] 近30年来，当代中国经济史"三大体系"建设稳步推进，取得了很大成绩，积累了丰富的经验。

（一）学科体系建设

按照目前学科目录的划分，中国现代经济史与中国古代经济史、中国近代经济史及外国经济史并列。中国现代经济史的主体是当代经济史，同时还包括中华人民共和国成立前中国共产党领导的革命根据地、抗日根据地、解放区的经济史。与此同时，当代经济史学也是经济学与历史学、经

---

① 习近平：《在哲学社会科学工作座谈会上的讲话》，北京：人民出版社2016年版。

济学与中共党史党建（以下简称党史）学的交叉学科，是中华人民共和国史（以下简称国史）学、党史学及中国现代史学的分支学科。

当代经济史学奠基于国民经济恢复时期。1952年底恢复国民经济的任务完成之后，与之相关的学术成果大量涌现；社会主义"三大改造"完成之后，也有大量相关研究成果推出；到中华人民共和国成立十周年时，同样有不少与之相关的经济史论著面世。"文化大革命"开始后，经济研究工作受到冲击，探讨新中国经济建设规律的学术研究几近中断。直到"文化大革命"结束，相关研究才逐渐回归正轨。1977年，中国科学院经济研究所成立"新中国经济史研究组"，组建了当代经济史研究团队。20世纪70年代末80年代初，国家计划委员会、中南财经学院、北京大学、中国人民大学等纷纷开展新中国经济建设史的研究，相关课程、教材等不断涌现，当代经济史教学与研究兴起；学者们解放思想，运用多种理论方法，对新中国成立30多年来经济建设的经验教训做了科学总结。1986年中国经济史学会成立，中国现代经济史专业委员会也同时成立，当代经济史学科形成。

近30年来，当代经济史学科建设取得长足进展。研究队伍不断壮大，越来越多的理论经济学学者、国史学者、党史学者投入当代经济史研究。他们一部分是来自中国社会科学院，如经济研究所、当代中国研究所；一部分来自国家部委下属的研究机构，如国家发展和改革委员会（以下简称国家发展改革委）宏观经济研究院、财政部财政科学研究院、中国人民银行研究局、农业农村部农村经济研究中心等；一部分来自党校系统，如中共中央党校、地方各级党校；一部分来自党史和地方志部门；一部分来自高等院校，如中南财经政法大学、北京大学、中国人民大学等。结合时代发展，相关课程及时更新，教材编写成绩显著，高质量学术会议不断召开，如中国现代经济史专业委员会经常组织召开当代经济史学术讨论会。与此同时，《中国经济史研究》《当代中国史研究》《中共党史研究》等主要学术期刊也开设当代经济史研究栏目，刊登了大量优质论文。从学科建设、学科理论和学科支撑等方面来看，当代经济史学科取得了巨大进展。

（二）学术体系建设

近30年来，当代经济史学术体系建设的主要成绩包括：形成多元化的研究范式；积累基础史料，形成系统的知识体系。

每个独立学科都有自己的研究范式。吴承明曾指出，中国经济史学大体有三大学派，一派偏重从历史本身来研究经济发展，一派偏重从经济理论上来解释经济的发展，一派兼重社会变迁，即社会经济史学派。①当代经济史学也大体分成了这三个学派。赵德馨认为，历史学和经济学都形成了各自的经济史学，经济史学是由历史学和经济学两个"妈妈"生的，始终脱离不了母胎的斑痕。②国内当代经济史研究团队主要由历史学出身的学者与经济学出身的学者构成。在董志凯等人看来，当代经济史研究者分别从不同的研究选题踏入相关领域，采用经济学和历史学的方法几乎各占一半。③不同学派的研究范式存在显著差异。历史学派的研究重心和优势是史料的收集、整理及分析，体现了研究问题的"中国化"；经济学派的研究重心和优势则是分析工具和经济理论，强调问题的"西方化"。两个学科在研究同一个经济史问题时往往存在一定的冲突，经济学往往简化个体特征，在某些假设前提、理论框架基础上，通过抽象、演绎寻求样本共性，而历史学则更注重还原研究对象真实的一面，突出研究对象的个性和差异。当前国内经济史研究中经济学和史学范式在各自期刊刊载的文章中占据了绝对主导地位。④

除上述研究范式外，当代经济史研究还存在国史研究范式与党史研究范式。其中，国史研究范式侧重于对国家或政府的研究，党史范式则侧重于对中国共产党的研究。以改革开放史研究为例，国史研究关注的是政府政策与改革开放之间的关系、政府主导的社会事业与改革开放之间的关系，党史研究更多则是分析作为执政党的中国共产党的行为如何与改革开放进程发生关联。⑤但总体而言，当代经济史研究的主流范式仍然是马克思主义经济史研究范式，即用生产力、生产方式、社会经济结构等来描述整个历史变迁。⑥正是在这一范式的引领下，当代经济史研究得以日益繁荣。

---

① 吴承明：《经济史学的理论与方法》，《中国经济史研究》1999年第1期。
② 赵德馨：《经济史学科的分类与研究方法》，《中国经济史研究》1995年第1期。
③ 董志凯等：《中国现代经济史学科发展趋势》，《中国社会科学院院报》2005年10月25日。
④ 孙圣民：《对国内经济史研究中经济学范式应用的思考》，《历史研究》2016年第1期。
⑤ 郭若平：《党史范式中的改革开放史》，《中共党史研究》2016年第11期。
⑥ 董志凯：《中国经济史学：注意长期增长　多种研究工具融合》，《中国社会科学报》2010年9月21日。

通过积累基础资料、研究重大问题，当代经济史系统的知识体系日渐形成。吴承明曾指出，经济史研究的根据是经过考证的史料。① 从20世纪80年代开始，当代经济史资料的收集、整理工作启动，一大批学术资料相继出版，其中突出代表就是中国社会科学院与中央档案馆合作整理、编辑、出版的《1949—1952中华人民共和国经济档案资料选编》（12卷）、《1953—1957中华人民共和国经济档案资料选编》（9卷）以及《1958—1965中华人民共和国经济档案资料选编》（10卷）。此外，一些经济管理部门也相继整理并出版了各类经济统计资料。近年来，当代经济史资料的收集与整理越来越为学界所看重，国家社会科学基金对此也给予了大力支持，如常明明主持的"1950—1956年中国农村经济调查资料收集、整理与研究"、赵学军主持的"'156项'建设工程资料整理与相关企业发展变迁研究"等项目，都获得了国家社会科学基金重大项目的立项。近30年来，在资料不断扩充的基础上，当代经济史研究的领域不断延展、议题更加丰富，大量专史、通史成果不断涌现，为形成系统的当代经济史知识体系提供了重要支撑。

（三）话语体系建设

当代经济史话语体系建设成效显著。在马克思主义理论指导下，不论是用经济学的理论框架，还是用历史学、党史学的概念逻辑，既有研究成果都为当代经济史话语体系建设做出了重要贡献。

当代经济史学具有资政育人的功能，其话语体系兼具学术话语、宣传话语与大众话语的特色，此类话语体系建设近些年比较突出。每逢重大历史事件纪念周年，当代经济史学科的学者们积极撰写文章，比如，在国庆35周年、40周年、50周年、60周年、70周年，在改革开放30周年、35周年、40周年、45周年，以及新时代十年，都有大量成果发表或出版，且兼具学术性与通俗性。《中国经济这十年（2012—2022）》就是其中的典型代表之一，该书以习近平经济思想"七个坚持"为纲，客观记录了在新发展阶段全面贯彻新发展理念，构建新发展格局，推动高质量发展，推进经济治理现代化的重大理论创新与成功经验。②

---

① 吴承明：《经济史：历史观与方法论》，《中国经济史研究》2001年第3期。
②《中国经济这十年（2012—2022）》，北京：经济科学出版社2022年版。

在国际话语体系建设方面，当代经济史学也迈出了新步伐。习近平总书记明确提出，要"讲好中国故事、传播好中国声音，向世界展现真实、立体、全面的中国，提高国家文化软实力和中华文化影响力"。①当代经济史学界努力作为，大量相关学术著作走向海外，在讲好中国故事、传播好中国声音方面发挥了重要作用。例如，波兰马尔沙维克出版集团出版了贺耀敏的《简明中国经济史》英文版，蔡昉主编的《新中国经济建设70年》法文版将由法国阿尔玛丹出版社出版。近些年，越来越多的中国学者的著作走向海外，对于扩展中国国际话语影响力很有益处，不断推动当代经济史"三大体系"建设向纵深发展。

热点问题研究

近30年来，当代经济史研究对大量热点问题给予了高度关注，主要集中在通史、改革开放史、发展道路等方面。

（一）通史研究

通史研究一直是当代经济史学科的重要工作之一。赵德馨、苏少之从20世纪80年代起就组织队伍编写《中华人民共和国经济史》，并不断续写，苏少之还承担了国家社会科学基金重大项目"中华人民共和国经济史"。1999年中华人民共和国成立50周年之际，多种版本的《中华人民共和国经济史》出版，其中颇具代表性的包括董辅礽主编的《中华人民共和国经济史（上下卷）》（经济科学出版社）和武力主编的《中华人民共和国经济史（1949—1999）》（中国经济出版社），这些著作系统全面叙述了中华人民共和国经济50年的发展历程。2009年中华人民共和国成立60周年之际，学界也推出了一大批研究成果，其代表性著作包括邹东涛主编的《中国道路与中国模式（1949—2009）》（社会科学文献出版社）、杨德才的《中国经济史新论（1949—2009）》（经济科学出版社）等，同时还有大量相关论文从不同角度分析了新中国成立60年间中国经济体制的发展与变革。2019年中华人民共和国成立70周年之际，又有一大批相关学术成果涌现，如蔡昉主编的《新中国经济建设70年》（中国社会科学出版社）、郑有贵主编的《中

---

① 《习近平著作选读》第2卷，北京：人民出版社2023年版，第194页。

华人民共和国经济史（1949—2019）》（当代中国出版社）等，这些著作全面论述了中华人民共和国成立 70 年间的经济发展。此外，大量专题论文也就其间经济发展做了深入探讨。

（二）改革开放史研究

改革开放史研究是在改革开放 30 周年之后兴起的，特别是在改革开放 40 周年、45 周年前后，学界推出了大量研究成果。在改革开放史研究领域，一个重要议题是前后两个时期的关系。习近平总书记明确指出："虽然这两个历史时期在进行社会主义建设的思想指导、方针政策、实际工作上有很大差别，但两者决不是彼此割裂的，更不是根本对立的。不能用改革开放后的历史时期否定改革开放前的历史时期，也不能用改革开放前的历史时期否定改革开放后的历史时期。"①学界对改革开放前后两个历史时期的关系做了深入研究，对其辩证关系做了深入的学理阐释，进一步推动了改革开放史研究的繁荣发展。

2008 年改革开放 30 周年之际，学界推出了一大批改革开放史研究成果，其中以 9 卷本《中国经济改革开放 30 年研究丛书》（经济管理出版社）为典型代表。丛书被纳入中国社会科学院文库，该院相关研究团队从理论和实践两方面系统阐述了改革开放 30 年来中国经济的发展变迁。与此同时，国家发展改革委经济体制综合改革司等编写的《改革开放三十年：从历史走向未来》（人民出版社）、陈锡文等人的《中国农村改革 30 年回顾与展望》（人民出版社）等对经济体制、农村等领域的改革开放史做了较全面的梳理。此外，大量专题论文更是从全方位、多角度对 30 年的改革开放史做了深入探讨。2018 年改革开放 40 周年前后又有一批论著问世，其中，以国家社会科学基金重大委托项目"改革开放历史经验研究"的最终成果——《改革开放 40 年：历程与经验》为典型代表之一。②与此同时，大量论文发表，对改革开放 40 年来经济周期与长期经济增长的经验和特点、中国"奇迹"的原因、家庭联产承包责任制改革等做了全面深入讨论。2023 年改革开放 45 周年，武力、贺耀敏组织编写的《中国经济改革简史（1978—

---

① 《习近平谈治国理政》第 1 卷，北京：外文出版社 2018 年版，第 22—23 页。
② 武力：《改革开放 40 年：历程与经验》，北京：当代中国出版社 2020 年版。

2023）》由经济科学出版社出版，受到学术界关注。该书以清晰的历史脉络、扼要的事件和人物，叙述了经济体制改革45年的历史过程和取得的辉煌成就，阐明了改革前后两个历史时期的关系，总结了经济体制改革开放的特点与经验。

（三）发展道路研究

近些年，国内外学界都极为关注中国的发展道路，一些学者提出了中国模式。中国道路或中国模式的本质就是中国特色社会主义。有学者认为，中国的现代化进程是一场中国人应付内外挑战的主动奋斗，中国特色社会主义发展道路铸就了今天的伟大成就。① 中国共产党依靠市场调节和政府调控并举的"双轮驱动"，引导中国走上了中国特色社会主义市场经济发展道路。② 与此同时，学者们还对中国道路的探索历程做了相应探讨。董志凯提出，中国特色社会主义发展道路是顺应客观条件的结果，其基础是独特的资源禀赋、后发国家，既突破了苏联模式，又有别于西方发达资本主义国家的模式。③ 萧国亮认为，20世纪50年代初期，为了国家安全和突破"贫困陷阱"，中国选择了社会主义计划经济体制，70年代末为加快发展和人民富裕而选择了社会主义市场经济体制，选择的都是社会主义，不变的是保持着制度与发展模式的自主选择权。④ 赵凌云认为，中国道路包括中国特色社会主义道路和中国式现代化道路两个方面，建基于中国共产党百年奋斗的前两个时期，开创、成型、发展于后两个时期，中国道路拓展了人类社会新的发展前途和路径。⑤ 徐勇提出，中国道路的鲜明特点是历史延续性而不是断裂性，历史延续性为近代以来的中国以创新性的革命和发展提供了基础，并由此最终形成中国特色社会主义发展道路。⑥ 于沛认为，中国的现代化经历了"效法欧美""走俄国人的路""中国特色"的道路选择和转换，既克服了资本主义现代化的天生弊端，也破除了阻碍国家和民族发展的一

---

① 武力：《中国发展道路》，长沙：湖南人民出版社2012年版。
② 武力：《"双轮驱动"：中国经济体制改革的最大成就》，《中国经济史研究》2013年第3期。
③ 董志凯：《中国发展道路的经济史思索》，《中国经济史研究》2015年第2期。
④ 萧国亮：《矢志不渝地探索中国经济发展的道路》，《中国经济史研究》2013年第3期。
⑤ 赵凌云：《科学认识和把握"中国道路"命题》，《华中师范大学学报（人文社会科学版）》2022年第1期。
⑥ 徐勇：《历史延续性视角下的中国道路》，《中国社会科学》2016年第7期。

切思想与体制障碍,创造了人类文明新形态,具有深刻的时代价值和世界历史意义。① 近年来,学界对中国式现代化道路做了大量深入研究,拓展了发展道路研究的议题和边界,成绩显著。

(四)中国共产党百年经济思想与实践研究

2021年是中国共产党成立100周年,学界掀起对中国共产党百年经济思想与实践的研究热潮,出版了一批研究中国共产党领导经济建设的学术著作,如赵凌云等人的《为了人民的利益:中国共产党经济工作100年》(北京大学出版社),顾海良、邹进文总主编的《中国共产党经济思想史(1921—2021)》(经济科学出版社),闫坤主编的《中国共产党百年财政史:思想与实践》(中国社会科学出版社)等,均有较大篇幅涉及中华人民共和国成立后中国共产党的经济思想与实践。与此同时,大量论文也对这一议题做了深入探讨,如中国共产党领导经济建设取得的伟大成就、对中国社会主要矛盾判断的变化、"三农"政策与实践变迁等。

受不同时期热点问题影响,当代经济史学界积极从历史中寻找答案,为党和政府解决相关问题提供智力支撑。以新冠疫情为例,学界对当代中国历史上重大疫情防治做了及时研究,如王梅梅等回顾了中国应对SARS疫情冲击的经济政策及其启示②,彰显了当代经济史学界的责任意识与使命担当,推进了学界对相关问题的认识。

重大问题研究

近30年来,学界对当代经济史领域的一些重大问题做了长期研究,集中于20世纪50年代经济史、计划经济体制、"三农"问题等方面。

(一)20世纪50年代经济史研究

20世纪50年代经济史是当代经济史研究的重点。立足于丰富的经济档案资料,学界比较深入地探讨了这段历史。例如,董志凯等主编的《中华人民共和国经济史(1953—1957)》一书,对"一五"时期经济史做了全面的分析。③ 赵学军从多个视角分析了这一时期的金融问题,认为混合所有制

---

① 于沛:《中国式现代化道路的时代价值与世界历史意义》,《当代中国史研究》2022年第5期。
② 王梅梅等:《应对SARS疫情冲击的经济政策及其启示》,《经济研究参考》2020年第7期。
③ 董志凯等:《中华人民共和国经济史(1953—1957)》,北京:社会科学文献出版社2011年版。

是私营企业改造的手段与桥梁。① 曲韵、肜新春等人则对这一时期对外贸易、交通等方面做了研究。② 这一时期农村与农业问题是学界研究的重点领域之一。例如，苏少之等探讨了新区土地改革"保存富农经济"政策，认为是新民主主义理论在农村经济政策方面的具体化。③ 常明明研究了新中国成立初期农村私人借贷关系处于停滞状态的原因以及人民政府采取的措施，同时还对土地改革中山林分配、农村土特产品购销问题等做了探讨。④ 王飏等则探讨了海南黎族地区的"合亩""峒"等社会组织的改造过程及其历史作用。⑤ 私营工商业问题是学界研究的又一重点，其中涉及劳资关系、手工业社会主义改造等诸多议题。⑥

随着时间推移，学界对这段历史的认识不断深化，既能更好地起到以史为鉴的作用，也有助于当代经济史"三大体系"建设。例如，董志凯对新中国成立初期应对封锁禁运历史经验的科学总结，⑦ 为我们应对百年未有之大变局提供了历史借鉴。裴长洪认为，20世纪50年代的实践是中国特色社会主义政治经济学的逻辑起点，已经产生或提出了许多中国特色社会主义政治经济学的理论命题。⑧

---

① 相关研究成果主要有赵学军：《略论"一五"时期信贷资金的计划配置》，《中国经济史研究》2010年第4期；赵学军：《经济体制变革中的"混合所有制"——20世纪50年代私营工业企业"公私合营"再探讨》，《中国经济史研究》2016年第6期；等等。
② 参见曲韵：《新中国成立初期封锁禁运对私营进出口业的影响分析（1950—1952）》，《中国经济史研究》2016年第6期；肜新春：《我国公路、铁路投融资结构变迁分析》，《中国经济史研究》2016年第6期。
③ 苏少之等：《"保存富农经济"政策新论》，《中国经济史研究》2014年第1期。
④ 参见常明明：《建国初期农村私人借贷的停滞及缓解措施的历史考察》，《中国农史》2010年第1期；常明明：《土地改革中山林分配问题研究——以中国南方地区为中心》，《中国经济史研究》2017年第1期；常明明：《新中国成立初期农村土特产品购销探析》，《当代中国史研究》2022年第3期。
⑤ 王飏等：《新中国成立初期海南黎族地区社会组织的改造及其历史作用》，《当代中国史研究》2020年第3期。
⑥ 相关研究成果主要有霍新宾：《建国初期劳资关系的国家整合——以上海劳资协商会议为中心》，《中国经济史研究》2010年第3期；韩晓青：《20世纪50年代中共对手工业社会主义改造对象认识演进探析》，《安徽史学》2020年第5期；等等。
⑦ 董志凯：《应对封锁禁运——新中国历史一幕》，北京：社会科学文献出版社2014年版。
⑧ 裴长洪：《论中国特色社会主义政治经济学的逻辑起点》，《经济学动态》2022年第1期。

（二）计划经济体制研究

计划经济体制在我国存在了相当长时间，发挥过重要作用，正如有学者所指出的："能否正确看待计划经济和经济计划在历史上的作用，不仅涉及当代中国历史上的理论问题，而且对于更好发挥社会主义市场经济体制下的政府作用、破解政府与市场关系这道经济学上的世界性难题，也具有十分重要的现实意义"。① 近年来学界对这一体制的评价趋于客观。例如，武力概括了中国实行计划经济体制的历史条件及其成就，客观中肯地分析了存在的问题。② 钟祥财用奥尔森集体行动理论解释计划体制，认为在常态条件下，集体行动一般是缺乏效率的，而在特殊压力下，集体行动可以具有效率。③ 李文认为改革开放前建立的独立的比较完整的工业体系和国民经济体系，提高的人口素质，为中国的发展进步打下了坚实的制度、物质技术、人力资源等基础。④

与此同时，一些学者还从多个角度讨论了计划经济体制的运行情况。例如，徐建青通过计算农户的成本与收益，分析了计划经济体制时期农民家庭棉纺织业为何能够长期存在。⑤ 焦连志研究了计划经济体制下的票证制度，认为在计划票证的背后是复杂的制度、意识形态的安排以及相互交织的权利与义务关系的网络。⑥ 张学兵则论述了计划经济体制时期的"地下经济"，认为"地下经济"现象不曾中辍，并呈现出一定的周期性起伏之势。⑦ 特别需要关注的是，"文化大革命"时期的经济史是学界研究的薄弱环节，陈东林主编的《1966—1976 年中国国民经济概况》则填补了这方面的空白。⑧

---

① 朱佳木：《正确认识中国计划经济体制的历史作用　坚定新中国的历史自信》，《当代中国史研究》2023 年第 5 期。
② 武力：《对毛泽东时代计划经济的再认识》，《经济导刊》2014 年第 12 期。
③ 钟祥财：《特殊压力下集体行动的逻辑——对计划体制的一个经济学解释》，《上海经济研究》2010 年第 3 期。
④ 李文：《新中国改革开放前打下的坚实基础》，《当代中国史研究》2019 年第 5 期。
⑤ 徐建青：《统购统销制度下农民家庭棉纺织成本收益探析》，《中国经济史研究》2010 年第 4 期。
⑥ 焦连志：《论中国计划经济年代的"票证社会"——中国传统社会主义社会的一种解读视角》，《求实》2009 年第 11 期。
⑦ 张学兵：《中国计划经济时期的"地下经济"探析》，《中共党史研究》2012 年第 4 期。
⑧ 陈东林：《1966—1976 年中国国民经济概况》，成都：四川人民出版社 2016 年版。

（三）"三农"问题研究

总体来看，在当代经济史领域，"三农"问题研究成果最多。

农民问题研究 武力等人认为，中国共产党对农民认识的第一次转折发生在民主革命时期，形成以农村包围城市的中国革命道路；第二次转折发生于20世纪50年代初期，户籍制度和人民公社制度将农民束缚于土地之上；第三次转折发生于1978年以后，充分肯定了农民的首创精神，充分肯定了家庭经营和乡镇企业。① 常明明研究了人民公社体制下农民的思想动向和经济行为的变化过程。② 温锐的《动态开放小农：现代化与中国农民的主体性讨论》一书，则论述了传统小农社会经济体制的开放性，提出重构农民的自我表达机制与利益博弈机制，转变传统"重农"政策等主张。③

农业合作化研究 农业合作化研究主要集中在以下三个方面：一是农业合作化迅速推进的原因；二是评价农业合作化；三是党和国家领导人的农业合作化思想及其异同。例如，有学者提出，农业合作化提速，是工业化对粮食与原料需求增加等多种因素综合作用的结果，是农村生产力发展和社会稳定、中国共产党社会主义道路选择的必然要求；发展农业生产合作组织具有一定的合理性，但也存在过分强调集体化和公有化程度、忽视农户的独立产权和经营自主权、违背了自愿原则等问题。④

农村人民公社研究 在农村人民公社研究方面，学者们主要分析了其起因和失败原因。例如，有学者认为，农村人民公社化运动起因是多方面的，如中国传统文化、国际共产主义运动的理论和实践以及中苏交恶等。⑤ 有学者认为人民公社的最终失败之因，是超越现实条件的空想以及财富的绝对平均分配，也有人指出失败之因不仅仅在于产权制度的不成熟，更是

---

① 武力等：《中国共产党"三农"思想政策史（1921—2013年）》，北京：中国时代经济出版社2013年版。
② 常明明：《人民公社体制下农民经济行为研究》，《中国农史》2020年第4期。
③ 温锐：《动态开放小农：现代化与中国农民的主体性讨论》，南昌：江西人民出版社2013年版。
④ 参见蒋云龙：《20世纪50年代我国农业生产合作组织发展回顾与评析》，《财贸研究》2008年第3期；李建忠：《20世纪50年代农业生产合作化提速原因探析》，《学术论坛》2008年第5期；等等。
⑤ 宋银桂：《简论农村人民公社化运动的原因》，《湘潭大学学报（哲学社会科学版）》2008年第5期。

因为合作化进程中人们之间的信任模式转化出现问题。① 郑有贵提出要客观评价人民公社,认为人民公社是特定历史条件下的产物,是极具特定功能性的组织,服务于国家工业化战略的实施,并在农业养育工业政策体系下推进农业和农村建设,不能对其历史作用完全否定。②

农地制度变迁研究 有学者认为,中国农地制度经历了从封建地主土地所有制到农民土地所有制,再到集体所有、集体统一经营制度,最后到集体所有、家庭承包经营责任制三次重大变迁。③ 王敬尧等用"黏性生成—黏性稀释"分析框架,阐释了当代中国农地制度的变迁。④ 程漱兰等认为,中国农村集体土地制度,不仅适应于、服务于中国现代化的起步和起飞,支撑中国人民"站起来"和"富起来",而且正在以其内在规定性弥补发展不平衡不充分中的"三农"短板,助推中国人民"强起来"。⑤

村庄个案研究 村庄是考察"三农"问题的重要窗口,因此学界对村庄个案做了较多探讨。例如,朱文强的《李罗侯村七十六年的变迁》利用中国社会科学院经济研究所无锡、保定农村调查资料及李罗侯村村情调查历史资料,分析了该村社会经济的发展变化。⑥ 隋福民的《干沟子村的发展与变迁——辽西农民生产和生活的历史缩影》则叙述了辽宁阜新蒙古族自治县一个村庄农户经济的变迁。⑦

(四)工业化问题研究

近年来,对新中国工业化问题的研究集中于"156项"建设工程和三线

---

① 参见岳成浩等:《新中国合作化运动的信任模式研究——基于社会资本的视角》,《天津社会科学》2008年第2期;辛逸:《对大公社分配方式的历史反思》,《河北学刊》2008年第4期;等等。
② 郑有贵:《对人民公社的评价不能偏废——从"废除人民公社"说起》,《北京党史》2016年第6期。
③ 相关研究成果主要有曾宪明:《我国农地制度的变迁轨迹及其现实功用》,《改革》2010年第2期;李继刚:《中国农地制度变迁:复归抑或常态——一个经济解释》,《经济地理》2010年第4期;等等。
④ 王敬尧等:《当代中国农地制度的存续与变迁》,《中国社会科学》2016年第2期。
⑤ 程漱兰等:《新中国农村集体土地制度形成和演进的历史逻辑以及若干热点问题探究》,《中国农村观察》2022年第3期。
⑥ 朱文强:《李罗侯村七十六年的变迁》,北京:中国社会科学出版社2011年版。
⑦ 隋福民:《干沟子村的发展与变迁——辽西农民生产和生活的历史缩影》,北京:中国社会科学出版社2015年版。

建设。

"156项"重点建设项目研究　2019年，国家社会科学基金重大项目"'156项'建设工程资料整理与相关企业发展变迁研究"被批准立项。该项目立项以来，其团队发表了大量研究成果。例如，赵学军研究了"156项工程"对中国工业化的历史贡献，认为其启动了重工业优先发展的工业化模式，促进了技术进步与经济发展，奠基了基础工业体系，催生了国防工业体系，形成了全国若干重要的工业基地，成为后发国家推进工业化发展的成功案例。① 易棉阳等以湖南为例，概述了"156项工程"的落地过程，论述了项目地址的筛选，项目的设计、施工与验收，项目的投产及投产后的经济效益，总结了项目建设积累的经验。② 林盼探讨了上海和工业建设重镇洛阳之间资源横向转移，认为上海在重点工程和工业城市的建设过程中，时时处于"在场"状态，体现出"全国一盘棋"的特征，展现了"集中力量办大事"的制度优势。③

三线建设研究　三线建设研究主要集中在以下两方面：一是三线企业相关研究。例如，郑有贵分析了攀枝花钢铁生产基地建设及转型，透视了中国如何处理政府与市场的关系，揭示了中国国家制度和国家治理体系具有显著优势。④ 徐有威通过档案资料、口述史料、民间文献等资料，梳理、分析和探讨"后小三线建设"的得失经验。⑤ 李德英等梳理了三线建设初期"厂社结合"模式的原则与措施、成效与困境，反思了"厂社结合"模式最终走入困境的深层因素。⑥ 二是三线建设的贡献研究。例如，王鑫等认为三线建设对地区长期经济绩效有正向影响，但随着时间的推移在逐渐减弱。⑦

---

① 赵学军：《"156项"建设项目对中国工业化的历史贡献》，《中国经济史研究》2021年第4期。
② 易棉阳等：《"156项工程"项目是怎样落地的？——以湖南为例》，《当代中国史研究》2022年第1期。
③ 林盼：《资源集聚与城市再造——156项工程建设时期上海与洛阳的共振》，《当代中国史研究》2023年第2期。
④ 郑有贵：《嵌入式开展三线建设的历史逻辑和转型发展——以攀枝花钢铁生产基地为例》，《当代经济研究》2022年第8期。
⑤ 徐有威：《开拓后小三线建设的国史研究新领域》，《浙江学刊》2022年第2期。
⑥ 李德英等：《三线建设初期"厂社结合"模式检视（1965—1966）》，《史林》2020年第5期。
⑦ 王鑫等：《三线建设的地区经济效应：历史逻辑与实证检验》，《中国经济史研究》2022年第5期。

而张皓辰等则认为，一个地区某个行业在改革开放前的工业投资规模对本地区同行业的长期规模具有显著的正向影响。① 周明长利用四川江油三线建设档案等资料，透视了当地三线建设的成效，分析了三线建设对内陆农业地区现代化发展的多种作用。② 可见，三线建设研究呈现出全面推进的态势。

此外，工业化问题研究方面还涌现出大量其他代表性成果，如政府在工业化中的作用、工业化进程等。

（五）其他方面研究

近年来，随着资料不断拓展和视野日益打开，生态环境史、数字经济史、消费史等方面的研究多有所推进，涌现出一大批高质量研究成果。例如，范金等人探讨了改革开放40年中国环境污染和治理，认为其经历了环境污染蔓延和初步治理、环境污染加剧和规模化治理、环境污染恶化和综合治理、环境污染适度控制和生态文明建设四阶段。③ 张连辉则研究了农业病虫害综合防治问题，认为20世纪50年代初期在推广应用化学农药时提出了病虫害"综合防治"理念，并将其付诸实践。④ 又如，在消费史研究方面，朱高林作为首席专家申报的国家社会科学基金重大项目"中华人民共和国居民消费史（1949—2019）"于2019年立项，并发表了多篇论文。再如，在数字经济研究方面，易棉阳等论述了中国数字经济成长史。⑤

学科发展前瞻

近30年来，当代经济史研究取得了重大进展，无论是在学科建设、人才培养方面，还是在学术研究、话语体系建设等方面，都有不俗表现。展望未来，当代经济史"三大体系"建设既需要稳步推进，更需要紧密结合党和国家工作大局，为繁荣我国哲学社会科学贡献力量。

---

① 张皓辰等：《要素禀赋结构与早期工业建设的长期影响》，《经济学（季刊）》2023年第4期。
② 周明长：《三线建设时期中国内陆农业县域现代化研究——以四川省江油县为例》，《宁夏社会科学》2022年第5期。
③ 范金等：《改革开放40年中国绿色增加值演化趋势与结构分解》，《中国人口·资源与环境》2019年第10期。
④ 张连辉：《20世纪50—70年代中国农业病虫害"综合防治"理念的演进历程》，《当代中国史研究》2022年第3期。
⑤ 易棉阳等：《数字经济史》，北京：经济科学出版社2023年版。

（一）稳步推进"三大体系"建设

当代经济史在"三大体系"建设中取得丰硕成果，成长空间广阔，建设任务艰巨。当前，我国哲学社会科学各学科都在推进自主知识体系建设，当代经济史学科有其自身的优势。根据中国社会科学院科研局"三大体系"建设研究课题组设计的"三大体系"建设评价指标体系，学科体系建设的二级指标有学科布局、学科发展、研究力量、平台支撑、教材建设五项指标；学术体系建设二级指标有命题观点、理论成果和学术方法三项指标；话语体系建设二级指标有宣传话语、政策话语、大众话语和国际话语四项二级指标。

当代经济史学科体系建设方面，学科布局、学科发展、研究力量、平台支撑、教材建设等方面均需要进一步加强。当代经济史学对于理论经济学、党史学、国史学等学科的建设均很重要，应推动相关学科的发展，扩大学科布局。学界同仁应该考虑办一个《中华人民共和国经济史研究》期刊，加强当代经济史资料的收集、整理与出版工作；要加强当代经济史的教学，编写高质量的教材。目前，教育部公布的首批 9 种经济学教材中，《中华人民共和国经济史（1949—1978 年）》[①]已经比较成熟，这是一个好的现象。

当代经济史学术体系建设方面，创新标识性概念命题、学术观点等还比较欠缺，使用的概念命题多是政治经济学、党史学学科的，从本学科抽象出的概念命题不多，高质量的成果也有待提高。另外，科研信息化、网络化、数据库及社会调查基地建设等也是努力的方向。

当代经济史话语体系建设方面，需要加强宣传、阐释、研究习近平新时代中国特色社会主义思想，加强中国经济学自主知识体系建设，以专业研究成果资政建言，为社会服务，并要增强中国国际话语权，积极提出中国议题，扩大国际学术交流，推进对外学术宣传。

（二）进一步拓宽当代经济史研究范围

当代经济史研究可在以下方面做深做实：

[①]《国家教材委员会办公室关于公布首批中国经济学教材编写入选学校及团队的通知》，教育部网，http://www.moe.gov.cn/srcsite/A26/s7054/202111/t20211105_577949.html，2023 年 12 月 21 日。

一是用新发展理念研究当代经济发展史。绿色发展理论观要求保护生态环境。人们越来越关注生态环境问题，生态环境经济史是新的学科增长点。创新发展理念是经济发展的方向与钥匙，科技与产业经济史越来越受到关注。共享发展理念，要求发展成果惠及人民。民生史、消费史的研究逐渐升温，住房、医疗、教育、社会保障等方面的研究成果令人瞩目。此外，开放发展理念、协调发展理念，在中外经济关系、产业链自主发展、国家治理等问题的研究方面，都有启发性。

二是深入中国式经济现代化道路的研究。中共二十大明确提出"以中国式现代化全面推进中华民族伟大复兴"[①]，研究中国式经济现代化是当代经济史研究的题中应有之义。新中国 70 多年的经济建设史蕴藏着中国式经济现代化的历史逻辑，挖掘、总结与提炼其历史逻辑是当代经济史学者的重要任务之一。

三是以历史眼光研究经济高质量发展、双循环新发展格局的历史逻辑。对于经济高质量发展、双循环新发展格局的研究，并非研究现实经济问题学者的专属题目。因为如果离开新中国经济 70 多年的发展历程来讨论这些问题，势必是知其然而不知其所以然。

四是从发展与安全的关系分析中国的工业化道路，特别要从保障产业链供应链安全的新视角，研究中国工业化的经验与不足。

五是从中华文明的五大突出特征特别是连续性特征，研究新中国经济 70 多年的发展道路。这是新的研究课题，可拓展的空间很大。

六是关注重要时间节点的重大问题。例如，2024 年是中华人民共和国成立 75 周年，2025 年是"一五"计划正式公布 70 周年，2026 年是社会主义改造完成、社会主义公有制经济体制建立 70 周年。在这些时间节点，当代经济史研究者都应该贡献出一大批高质量的研究成果。

（三）创新研究方法与手段

当代经济史研究方法的创新途径在于学科交流与交融。历史学背景的学者要学习经济学的理论与方法，经济学背景的学者也需要学习历史学的理论与方法。既要提倡以计量分析方法开展定量研究，更要把社会学、法

---

① 《中国共产党第二十次全国代表大会文件汇编》，北京：人民出版社 2022 年版，第 18 页。

学、地理学、政治学等社会科学的理论方法引入当代经济史研究领域。多元融合的研究范式是当代经济史研究创新的出路。此外，还要积极利用大数据、人工智能作为科研辅助工具，创新研究手段。

（四）亟须推进资料收集整理工作

整理与运用档案资料进行研究是创新当代经济史研究的重要途径之一。尽管受制于多种因素，查阅与利用当代经济史资料存在许多困难，但这一基础工作仍应该尽力推进。民间的经济史资料如乡村档案、居民收支日记等，正在陆续被挖掘出来。一些大型企业的档案资料也在整理与开发。学界要抓住机会推动资料的收集与整理，推动当代经济史研究走深走实，推出更多高质量研究成果，为建设社会主义现代化国家做出应有贡献。

国企发展史研究三题

龙登高

清华大学社会科学学院长聘教授

国企（本文国企包括新中国成立以来不同历史时期的国营企业、国有企业和国有资本，以下不再一一注明）在当代中国史（以下简称国史）中的重要性无论怎么强调都不为过，其独有价值使之成为建构中国自主知识体系不可缺少的内容。尽管国企相关研究成果丰硕，但仍存在诸多不足，具有很大的理论拓展空间，主要表现为如下几方面：一是需要贯通考察国企的历史，二是需要加强对各阶段国企发展经验教训的总结，三是需要推进国企发展史研究的理论方法特别是话语体系与自主知识体系的建构。

国企体系的形成与计划经济体制下的困境

当代国企体系的形成是一个自然演进过程，具有历史必然性，同时又是一项重大制度变革，其经验总结还远不够系统和深入。

新中国成立前后，国营经济数量虽不多，但在国民经济中起主导作用，引领着新民主主义经济向社会主义经济发展的方向。[①] 新中国成立前，占中国国民经济总产值10%左右的现代工业的最大的和最主要的资本集中在帝国主义者和官僚资产阶级手里，"没收这些资本归无产阶级领导的人民共和国所有，就使人民共和国掌握了国家的经济命脉，使国营经济成为整个国民经济的领导成分"。[②] 新中国成立后，新生人民政权的接管工作稳步推进，

---

① 柳建辉等：《中国特色社会主义道路的制度根基和根本保障——对毛泽东筹建中华人民共和国基本构想的再认识》，《当代中国史研究》2023年第6期。

② 《毛泽东选集》第4卷，北京：人民出版社1991年版，第1431页。

力求保证企业平稳过渡，档案显示，企业的接管工作细致入微，其成绩可圈可点，①值得系统整理。接管工作涉及方方面面，基本原则为"原封不动、整套接收"，②并逐步在企业内部积极发展新生力量，学习经营管理。例如，鞍山钢铁厂1948年接管时仅有共产党员8名，一年后党员人数便增加到2722人，至1958年则增加到20332人。③进而，各地分散零乱的机构与企业得以统合，全国统一的行业组织体系逐渐形成。④与此同时，新中国成立初期，不少企业生存日益困难，纷纷向政府表达"救业"期许，希望获得帮助。例如，1950年3月至5月中旬，北京商业歇业1411户，工业歇业215户；与1949年12月相比，粮栈业减少了29.5%，布业减少了27.9%，银钱业减少了29%，米面粮业减少了20%。⑤因此，政府在企业中的公股不断增加，派驻干部（公方代表）领导企业，并同私方代表一起负责企业经营管理。公私合营后，国企迎来了大发展。⑥

计划经济体制下政府全面控制和配置资源，经济主体如何运行，对研究者而言，这是难得的"自然实验"，但目前来看深入研究者鲜少。不少人认为，国企没有搞好，出现了政策错误与经营不善。如以运动方式"办大事"模式的计划经济频繁出现中途调整、整顿、中断、延迟等问题，规划和建设都缺乏连续性，造成"胡子工程""癫痫头工程"几近半数。⑦其实，计划经济体制下的国企与社会主义市场经济体制下的国企，其经济逻辑形成了对照和比较，对于深刻理解国企与社会主义市场经济具有很强的理论意义和实践价值，仍有待学界在以往的基础上继续开展深入系统的研究。

计划经济体制下政府全面控制和配置资源有其历史必然性并产生过巨

---

① 参见龙登高等：《国之润，自疏浚始：天津航道局120年发展史》，北京：清华大学出版社2017年版，第70页。

② 李良玉：《建国前后接管城市的政策》，《江苏大学学报（社会科学版）》2002年第3期。

③ 《峥嵘岁月从这里开始——访鞍钢老领导石树林》，《鞍钢日报》2021年5月24日。

④ 参见龙登高等：《公共品供给的微观主体及其比较——基于中国水运基建的长时段考察》，《管理世界》2020年第4期。

⑤ 《中国资本主义工商业的社会主义改造（北京卷）》，北京：中共党史出版社1991年版，第57页。

⑥ 参见赵学军：《经济体制变革中的"混合所有制"——20世纪50年代私营工业企业"公私合营"再探讨》，《中国经济史研究》2016年第6期。

⑦ 钱永昌：《轻舟已过万重山》，北京：人民交通出版社2008年版，第262页。

大作用，但其同时也存在这样或那样一些问题。

例如，在一段时间里，中国经济发生过多次大起大落，存在投入多、产出少和市场供应紧张、商品品种单一等现象；尤其"大跃进"运动后，计划更是越统越多、越统越死，指令性计划管理不断加强，间接计划、指导性计划逐渐消失，计划多变、相互脱节的情况频频出现。如果把这些问题放到当时的历史条件下，并用今天的眼光总结，可以看到，问题主要出在单一公有制和高度集中的计划经济体制。计划经济体制虽然有利于把有限资源集中使用到最需要的地方，避免浪费，但在信息传递不畅、统计手段落后、监督成本过高的情况下，也不可避免地会带来计划不准、活力不强、某些方面效率不高的弊病。①

在计划经济体制下，国企既不能自主经营，也不需要自负盈亏，其生产数量、品种、价格以及企业的生产要素供给与生产成果的销售都处于政府计划部门和有关行政主管机构的控制之下。有学者指出，"预算软约束"是计划经济体制的痼疾。②但笔者认为，计划经济体制下国企经济主体独立性缺失，才是阻碍其进一步发展的主要原因。因此，国企发展困境日益凸显。以钢铁工业为例，到改革开放前夕，我们与发达国家仍存在较大差距。1978年春，以中共上海市委书记、国家计划委员会副主任林乎加为团长的赴日经济代表团访问了东京、大阪等地。在日本，他们看到：日本工厂的生产过程高度自动化，劳动生产率很高。其中，新日铁君津钢铁厂职工不到1万人，年产粗钢1000万吨，一座4000立方米的大高炉一班只有4人。③

社会主义市场经济体制是对社会主义计划经济体制的继承发展，全面认识市场经济规律，计划经济是一面难得的镜子。同样，对计划经济体制下国企全面深入研究，探究其成绩与不足，也有利于我们更好认识改革开

---

① 朱佳木：《正确认识中国计划经济体制的历史作用　坚定新中国的历史自信》，《当代中国史研究》2023年第5期。

② J. Kornai, "Resource-Constrained versus Demand-Constrained Systems", *Econometrica*, Vol. 47, No. 4 (Jul., 1979), pp.817–818. "预算软约束"是指向企业提供资金的机构（政府或银行）未能坚持原先的商业约定，使企业的资金运用超过了它的当期收益的范围。

③ 曹普：《当代中国改革开放史》上卷，北京：人民出版社2016年版，第89页。

放后国企的改革发展。因此，这一课题值得深入探讨。

国企改革的艰难探索与经验总结

改革开放是一场前所未有的制度变革与创新。在此过程中，国企日渐从政府生产单位向独立市场主体转变。这离不开计划经济体制向社会主义市场经济体制转型。中国的经济体制改革是一个全方位配套的进程，其中国企改革是中心环节之一。学界的相关探索与国企改革可以说亦步亦趋，前者推动了后者深入发展，后者也构成前者的重要研究内容。因此，国企改革的巨大成就和丰富的历史经验，理应成为我们建构自主知识体系的精彩篇章，经济史、企业史等相关研究在这方面大有可为。

改革开放后，国企改革稳步推进。从20世纪80年代中后期到90年代初期可看作国企改革的第一个阶段，主要目标是逐步实现独立核算、自主经营、自负盈亏。其标志是1988年1月《中华人民共和国全民所有制工业企业法草案》的颁布[1]，国企纷纷注册为法人企业，实现了从政府生产车间到独立市场主体的转变。所有权与经营权分离，政企分开，国营企业演化为国有企业。

1992年10月，中共十四大确立了建立和完善社会主义市场经济体制的改革目标，[2]国企明确要建立现代企业制度，其改革进入第二个阶段。当时许多国企都存在下属法人多、组织层级多等通病，一方面是由于国企"办社会"，无所不包，另一方面则是由于其转型困境中病急乱投医，多方出击试图寻找盈利增长点。实践证明，上述行为损害了国企的主营业务与核心竞争力，新一轮的改革势在必行。20世纪90年代后期，国企改革逐渐进入深水区，开始了艰难的攻坚战。截至1997年底，国有及国有控股大中型企业总计16874户，其中亏损的为6599户，占39.1%。因此，当年党和政府提出帮助国企脱困的任务，其目标是：从1998年起，用3年左右的时间，使大多数国有大中型亏损企业摆脱困境，力争到20世纪末大多数国有大中型骨干企业初步建立现代企业制度。到2000年底，这一目标已基本实现：

---

[1]《中华人民共和国全民所有制工业企业法草案》，《人民日报》1988年1月12日。
[2]《十四大以来重要文献选编》（上），北京：人民出版社1996年版，第11页。

亏损企业减为 1800 户，减少近 3/4。①

　　2001 年 12 月，中国正式加入世界贸易组织，国企逐渐聚焦现代公司治理，其改革进入第三个阶段。2003 年 3 月，十届全国人大一次会议批准设立国务院国有资产监督管理委员会（即国资委），②标志着国有资本管理和深化产权制度改革的开始，国企改革全面推进。现代公司治理为国企带来了激励与约束，其活力日益得到释放，社会主义市场经济体制也激发了国企根本性、内生性的创新动能，国企迎来了超预期的高增长期。1996—2022 年，世界 500 强的中国企业上榜数量从 4 家增加到 145 家，营业收入规模从 0.1 万亿美元增加到 11.5 万亿美元，上榜数量和营业收入规模均位居全球第一。其中，国企自 1996 年起上榜数量保持上升趋势，③并在总量和主要指标上占主导地位。

　　国史研究尤其是国企史研究一定要贯通，要打通历史与现实，因为国企改革发展是一个长期的过程，是正在进行时，不立足于当下、不着眼于未来，就难以完整总结其改革的经验。从宏观的视野看，国企改革的成功，与中国特色社会主义市场经济体制日渐成熟相伴始终。从提出建立社会主义市场经济体制到发挥市场在资源配置中的基础性作用，再到明确市场在资源配置中起决定性作用，④中国特色社会主义市场经济体制基础逐渐夯实，并在互联网技术与数字经济的推动下不断完善。

　　国企改革是中国特色社会主义市场经济体制改革的重要组成部分，其经验总结至关重要，其阶段性研究成果很多，但贯通性和理论高度的总结还可继续加强，以下基础性、根本性的两点值得重点关注：

　　其一，在现代公司治理体系之下，国企上市使之成为"公众公司"，必须披露各种信息和报告，经营透明公开，证券交易所、社会公众和媒体的监督作用得以发挥；同时还有利益相关者的监督约束，作为市场微观主体

---

① 张卓元等：《中国国有企业改革 30 年回顾与展望》，北京：人民出版社 2008 年版，第 3 页。
② 《中华人民共和国第十届全国人民代表大会第一次会议文件汇编》，北京：人民出版社 2003 年版，第 97 页。
③ 李伟阳等：《从世界 500 强历程看中国式现代化道路——大踏步赶上时代的中国经济与中国企业》，《企业观察报》2023 年 2 月 20 日。
④ 参见武力等：《新中国 70 年的经济发展与体制改革》，《当代中国史研究》2019 年第 5 期。

与其他公司的差异越来越小。另外，国企还接受国资委和企业党委（党组）的监管，这又是一般上市公司所不具备的。2013年以来国有资产监管机构职能转变、国有资本授权经营体制改革也逐渐推进，更使得竞争性国企及国有资本不断焕发生机。

其二，在开放与国际竞争的大风大浪中，"引进来"以开放促改革、促发展、促创新，跨国公司与海外华商企业成为国企从学习借鉴到平等竞争的对象[①]，进而国企"走出去"在全球范围内配置资源，从有限的国内市场走向无限的海外市场，获得更大的成长空间，在国际市场上逐渐具备了相应的竞争力。

目前，国企改革的成就尤其是其背后的逻辑，尚未得到系统性总结和理论解释，因此仍不为外界所理解，不能使之心服口服。一些西方媒体更是断言中国国企是在政府补贴与扶持之下才获得成长，无视我们绝大多数国企已基本成为市场主体并具备了国际竞争力的事实。由此可见，国企的成就不仅要从数据上强化分析与宣传，而且要从理论逻辑上增强解释力。国企改革的理论阐释具有很强的现实意义，同时其潜在的理论价值也是非常重大的，因此需要学界继续加强对相关问题的研究。

理论方法启示与自主知识体系建构

对国企源流及其研究问题的梳理，不仅能够为国史研究提供相应的学术理论和研究方法启示，做出应有的学术贡献，而且为国史的"三大体系"建设、建构自主知识体系提供新的思路。

（一）理论探讨与拓展

国企边界的争论　国企具有的边界与约束条件存在一个认识不断深化的过程，但也一直争议不断。从政府直接经营的企业，到市场化的国有企业，进而到国有资本，政府日益脱离对微观主体的直接控制与干预。作为现代企业理论中的基础问题，企业边界相关研究曾长时间是海外主流经济学的研究重点，国企边界研究能为这一理论的拓展做出应有贡献，也将深

[①] 参见龙登高等：《海外华商投资中国40年：发展脉络、作用与趋势》，《华侨华人历史研究》2018年第4期。

化对国企的认识与改革。在国企数十年的发展史上,企业边界的具体问题,如工业改组、试办托拉斯、建立街道工厂、订单外包等,已得到历史学界较多关注。作为"公众公司",国企具有提供公共物品的重要职能,同时兼具经济利益最大化的目标,何者为重就使得企业边界理论问题尤为重要,值得展开深入探讨。

  当前研究误区 与国企成就与经验相对照,当前研究存在一些新的认识误区,值得警醒。例如,无视长期改革之后国企脱胎换骨的变化,仍以此前数据与状况对其展开研究,否定国企存在的价值和改革成就;不能及时面对新变化、分析新形势,理论分析滞后于国企的实践与发展,对国企缺乏信心。因此,对数十年来国企改革经验开展正本清源式的研究就既显珍贵,又有必要。当然,对国企的经验总结并不能简单地对既有成果进行机械重复,而是要在过去的基础上得到新的理论启示和研究方法。

(二)研究方法探讨

  活用国企档案 保留系统完整的档案是国企良好的制度传统,也为其发展史研究提供了丰厚的资源。在选定具体的国企作为研究对象后,档案是深入剖析其经营模式、管理体制和改革发展等方面的必要工具。然而,由于种种原因,目前国企档案的获取并非易事,因此,研究者需要活用档案,从特定的、公开的、可提供的企业档案中总结出独特的经验教训,以推进对相关问题的研究。例如,有学者以天津航道局企业档案为例,就如何深入推进国企改革史研究做了很好的探讨。①

  强化口述访谈 口述访谈是开展国企发展史研究的重要途径之一。这既可以弥补档案文献的不足,而且随着时间的推移,经历过国企重大改革发展的老职工也越来越少,抢救性访谈很有必要。在口述访谈的过程中,需要研究者循序推进,不断扩充口述的样本,同时结合相关资料去伪存真,稳步拓展国企发展史的研究空间。

  注重贯通性研究 国企发展史研究大体可分为两类:一类是历史学界的研究,即基于各种文献对国企发展史的细致勾勒;一类是经济学界、管

---

 ① 常旭:《国有企业改革史研究中的企业档案利用——基于天津航道局企业档案的考察》,《当代中国史研究》2017年第3期。

理学界的研究,即着眼于理论分析、宏观数据、构造模型等对国企发展史的相关探讨。上述两种研究范式有共性,亦有诸多差异,如前者多集中于改革开放之前或改革开放初期,对社会主义市场经济体制下国企发展改革关注较少;后者往往更集中于改革开放以来的40余年,对计划经济体制下国企发展史缺乏了解。国企的演进是不断延续的,既有历史际遇,也有经济要素,因此,我们需要正确处理改革开放前后两个历史时期的关系,打通彼此的界限,推进整体视野下的国企发展史研究。这种整体不仅强调研究对象的完整性,而且还应强调研究方法和范式的包容、完整。

推进国际比较研究 国企进入国际市场,备受所谓西方标准的非议。国企发展史研究应强化国际比较研究,在厘清国企探索国际竞争与合作历史的过程中,更好地把握国际规则,并分析总结国企提高建设、管理、创新、营利能力的历史经验。正如有学者所指出的:"国际经济竞争趋于激烈,中国经济和科技正从'跟跑者'向'并跑者'和'领跑者'转变,竞争对手主要转向经济发达国家"。[①] 面对复杂严峻的国际形势和前所未有的外部风险挑战,如何突围是中国国企面临的重大问题之一,这可以在其发展史中寻找相关答案。

(三)自主的国企发展史知识体系建构

国企不同于一般经济主体,在中国更是经历了独特的演进过程,苏联国企在休克疗法后不再延续,西方发达国家的国企为数甚少,而其他发展中国家的国企则缺乏中国国企所具有的竞争力。中国国企在摸索中前行,在中国特色社会主义市场经济体制下不断发展壮大,形成了其独特的发展模式。国企的成就来之不易,其改革仍在推进,社会主义市场经济体制仍在深化,其波澜壮阔的实践可为下一步发展提供宝贵经验。我们开展国企发展史研究,目的不仅在于书写其历史,更在于总结其独特的发展模式,更好地推动我国经济高质量发展。随着国企发展史研究的深入,其自主的知识体系也开始建构,从而有利于推动其相关学科的"三大体系"建设,繁荣我国哲学社会科学。

---

① 武力:《新中国经济发展的历史与逻辑》,《经济导刊》2022年第Z1期。

"公私合营"及其相关问题研究的回顾与思考

张忠民

上海社会科学院经济研究所研究员

20世纪50年代，新生人民政权通过国家资本主义形式对资本主义工商业实行社会主义改造（以下简称"对资改造"）是中国历史上旷古未有的重大变革。在"对资改造"过程中，"公私合营"作为国家资本主义的高级形式，加速推进了"对资改造"的完成，[①]为社会主义革命和建设发挥了突出作用。近30年来，"公私合营"以及"对资改造"研究呈现多元化的纵深发展，其研究对象、成果数量、研究方法、研究队伍等都有很大进展。既有研究涉及不同视角、不同方法、不同风格，在呈现研究成果的同时也积累了可贵的研究经验。在此基础上，要进一步推动相关课题的研究，除了需要继续保持严谨求实的学风之外，还需要不断发掘新的史料，拓宽研究视野，将其与60—70年代的中国企业、中国经济以及改革开放历史进程联系起来，进行企业制度、经济制度等长时段考察。因此，"公私合营"及其相关问题研究不仅具有极大的拓展空间，而且对于我们更好理解历史、现实与未来的关系，推动经济高质量发展等都具有极为重要的理论和实践意义。

"公私合营"研究的进展

早在20世纪50年代"公私合营"及"对资改造"展开的同时，相应的研究已经开始，并且陆续有一些重要研究成果问世。如吴江的《从资本

[①] 参见《中国共产党的一百年（社会主义革命和建设时期）》，北京：中共党史出版社2022年版，第423页。

主义经济转变到国家资本主义经济》(《经济研究》1956 年第 2 期)等相关著述是其中的典型代表,其研究的重点是总结中国共产党和平赎买政策的伟大功绩、历史经验等。

近 30 年来,"公私合营"及"对资改造"研究成果丰赡,其中,以 90 年代初由中共中央统战部、中共中央党史研究室联合组织编纂、中共党史出版社陆续出版的《中国资本主义工商业的社会主义改造》资料丛书、1997 年当代中国出版社出版的《当代中国》丛书之一的《中国资本主义工商业的社会主义改造》等为典型代表。这些研究成果大体呈现出以下特点:研究面不断扩大,涉及各地的研究层出不穷;个案研究持续深入,一些跨学科研究成果相继涌现;大历史观视野下的研究增加,长时段的研究成果与日俱增;等等。

总体层面研究 在推进落实"公私合营"及"对资改造"的过程中,党和国家领导人倾注了大量心血,因此,学界围绕毛泽东、刘少奇、陈云等人做了较多研究。[①] 与此同时,学界对"公私合营""对资改造"的推进过程、关键环节以及总体评价等做了相应的探讨。[②] 20 世纪 50—60 年代,学界对"公私合营""对资改造"的评价持高度肯定态度,其中最重要的原因就是在当时条件下,党和政府推行此项历史性的企业制度变革,是因为坚信以"公私合营"建立起来的国家资本主义绝对优于以私有产权为基础的私人资本主义,这不仅反映在政策文件、宣传材料中,而且也集中体现在学者的各类有关著述中。改革开放以来,学界开始逐渐辩证地看待这项重大的企业制度变革,既重视其显著成就,同时也评析其存在的不足。例如,薄一波在《若干重大决策与事件的回顾》一书中所言:"在实行全行业公私合营的进程中,也有缺点和偏差。实事求是地清理这些缺点和偏差,是实

---

① 参见杨卫:《毛泽东关于改造利用资本主义的思想和实践——和平赎买私人资本主义的理论建树》,《毛泽东邓小平理论研究》2012 年第 11 期;迟爱萍:《陈云对国家资本主义问题的理论认识和解决方案》,《党的文献》2015 年第 3 期;等等。

② 参见邵纬生:《中国共产党对资本主义工商业社会主义改造的历史经验》,《中共党史研究》1992 年第 2 期;王光荣:《关于建国后对资改造之我见》,《中共党史研究》1994 年第 4 期;李力安:《对中国社会主义改造问题再认识的认识》,《当代中国史研究》1999 年第 Z1 期;罗平汉:《关于社会主义改造的几个问题》,《毛泽东邓小平理论研究》2012 年第 12 期;等等。

事求是地评价全行业改造高潮的重要一环"。① 这些再探讨和再认识,为我们进一步深化对"公私合营""对资改造"的认识无疑起到了更为积极的作用。

区域个案研究 研究面的扩大以及个案研究的深入集中体现在对某地的研究,其中不仅有省一级层面的总体探讨,也有对具体城市个案的分析,且总体呈现层层推进的趋势,一些中小城市的个案研究也日益增加。与此同时,学界对"公私合营""对资改造"中个别行业、企业做了较多研究,其中既有对较早全面实行"公私合营"的诸如银行、钱庄等金融行业的研究,也有对一些全国知名的工商企业的个案研究,如上海的荣氏企业、大生企业、章华毛纺公司等,以及北京的瑞蚨祥绸布店、同仁堂、东来顺等。② 这些区域个案研究循序推进,逐渐搭建起"公私合营""对资改造"研究的体系,有利于我们更好理解其在当代中国发展进程中所发挥的巨大作用。

新闻出版业等领域的新探讨 近年来,学界对新闻传播、图书出版等领域的"公私合营""对资改造"研究成果大量涌现。例如,有研究集中探讨了上海的《展望》、汉口的《大刚报》等报刊"公私合营"的历史过程③,也有研究对某一城市或地区新闻出版业"公私合营""对资改造"做了探讨④。与此同时,除此前关注较多的涉及国家发展大计的相关行业外,学界还陆续关注涉及城市居民日常生活的相关行业,如典当、影院、酱菜、航运等。⑤ 由此可见,近30年来"公私合营"的研究范围日益拓展,研究内容

---

① 薄一波:《若干重大决策与事件的回顾》上卷,北京:中共中央党校出版社1991年版,第430页。

② 参见张徐乐:《公私合营:制度变迁中的上海私营金融业》,《史学月刊》2007年第11期;赵晋:《私营工商业的公私合营——以上海刘鸿生章华毛纺公司为中心》,《史林》2015年第4期;等等。

③ 杨华:《解放初期〈展望〉周刊实行公私合营的历史考察》,《出版发行研究》2011年第4期;李理:《建国初期汉口〈大刚报〉公私合营模式研究》,《湖北社会科学》2012年第9期。

④ 参见曾宪明:《解放初期大陆私营报业消亡过程的历史考察》,《新闻与传播研究》2002年第2期;杨凤城:《商务印书馆与私营出版业的社会主义改造》,《中共党史研究》2010年第10期;郑宇丹:《建国初期报纸行业的公私合营与股息分配》,《新闻与传播研究》2016年第4期;等等。

⑤ 参见海鸥:《从电影票价定价权的转移看上海私营电影院的社会主义改造》,《当代电影》2016年第6期;赵伟:《从典当到小额质押贷款营业所:1949—1966年上海典当业的变迁》,《中国经济史研究》2018年第3期;郭玮:《1949—1958年卫运河船民融入集体的历史进程》,《当代中国史研究》2020年第2期;等等。

更加深入。

传统议题深入推进 在此前研究成果的基础上，各类传统议题也得到了深入推进。例如，学界加强了对"公私合营"企业定息、薪资福利、私营工商业者的心路历程和思想动态等诸多问题的考察。① 从这些研究可以看出，"对资改造"的剩余分配制度变革从最初的"四马分肥"②到最终的"定息"，是当时情况下十分有效的制度安排。同时，企业薪资福利的变动，也有利于我们进一步理解私营企业向"公私合营"转变、社会主义计划经济体制建立等相关问题。③ 总体来看，随着"公私合营""对资改造"的推进，企业职工的薪资及福利的核定逐渐完全在国家集中计划下统一实施。对私营工商业者心路历程和思想动态的考察，则有利于我们更加完整地理解"公私合营""对资改造"的全过程，因为"公私合营"并不是国家单方面行为，而是公私双方的共同行为。换言之，对于"公私合营"之实现，我们在看到中国共产党路线方针政策正确以及工人阶级的地位和作用的同时，也应看到在党领导下私营工商业者所表现出来的历史作用。总之，私营工商业者最终选择了与中国共产党"对资改造"和平赎买共行的道路，这对于20世纪50年代中国企业制度历史巨变具有极为重要的意义。

多元的研究视角和方法 近30年来，学界试图吸收和融合更多学科的研究方法，从历史学、政治学、社会学、经济学等学科领域对"公私合营"展开了深入探讨。其中，历史学、政治学等学科领域的研究成果较集中地体现在各高等院校和科研机构的学位论文中，这些论文主要立足地方，以典型企业的"公私合营""对资改造"为研究对象，比较深入完整地呈现了

---

① 参见陆和健：《社会主义改造中上海资本家阶级的思想动态》，《华中师范大学学报（人文社会科学版）》2007年第2期；刘岸冰：《上海市公私合营企业定息研究》，《当代中国史研究》2013年第2期；王毅：《全行业公私合营后定息息率统一过程探析》，《中共党史研究》2023年第3期；等等。

② "四马分肥"，即企业利润分为国家所得税、企业公积金、职工福利奖金、资方股金红利四个部分。

③ 参见宋学勤：《社会主义改造与工人福利问题探析——以北京市为中心的考察》，《当代中国史研究》2017年第3期；严宇鸣：《新中国成立初期上海首轮工资改革运动的历史考察》，《中共党史研究》2017年第3期；等等。

各自"公私合营"的历史进程。同时,该领域近年来还涌现了一些社会学学者,从"行动、权力与产权变迁"等理论框架入手,探讨了城市企业产权的政治重构。①此外,还有大批经济学学科领域的相关著述问世。如有研究以现代企业理论中的产权制度、企业治理、剩余分配等为分析框架,对不同时期、不同阶段、不同类型"公私合营"企业的制度变迁进行了较为具体细致的叙述和分析,认为"公私合营"是党和政府领导下,动员全社会资源和力量,有步骤、有计划推行的中国企业制度的巨大变革;是计划经济体制下以公有制为基础的公有企业制度全面确立的开始,是中国近现代企业制度的重大历史转折。②

总之,近30年来,"公私合营"研究取得了长足进展,无论是研究内容还是研究视野等都有较大突破。与此同时,其相关问题也得到了较为深入的探讨。

相关企业史、经济史研究概况

与"公私合营""对资改造"相关的企业史、经济史研究涉及诸多方面。其中,既涉及对"三反""五反"运动特别是"五反"运动的研究,也包括对20世纪50年代早期相关企业史的研究;既涉及对"公私合营"后余存私营企业的研究,也包括新出现的私营企业的研究;等等。总之,这方面的研究成果不少,有助于我们更好理解"公私合营"及其相关问题。

"三反""五反"运动,特别是"五反"运动,可视为"公私合营"的前奏。因此,学界做了较多探讨。③"五反"运动虽然发生在"公私合营"尚未大规模展开的1952年,但它给私营工商业者和私营工商业带来的前所未有的震撼,对于广大私营工商业者以及私营工商企业之后接受"公私合营",走上"对资改造"道路,有着不可估量的作用和影响。同样,学界还对私

---

① 参见桂勇:《私有产权的社会基础——城市企业产权的政治重构(1949—1956)》,上海:立信会计出版社2006年版。
② 参见张忠民:《"公私合营"研究(1959—1956):以上海工业企业为中心的分析》,上海:上海社会科学院出版社2016年版。
③ 参见赵晋:《1952年"五反"运动前后的私营工商业——以上海刘鸿生家族及其章华毛纺公司为中心》,《近代史研究》2015年第4期。

营企业"民主改革""隐匿敌产"等问题做了大量研究。

我们知道，在中国现代企业制度演进的过程中，企业公司是一个十分重要的阶段，它们的出现主要集中在抗日战争时期，其形式在内陆以省营企业公司为主，在沿海则以上海数量众多的各类实业公司、企业公司为主。抗日战争胜利后，这类企业公司的发展势头明显有所遏制。新中国成立后，在国民经济恢复时期，这类企业公司、投资公司在一些城市又有所发展，如北京兴业投资公司、浙江企业公司等。[①] 其中原因是什么，它们在中国现代企业制度的演进过程中有着怎样的地位和作用等，都值得深入研究。这些公司有些一开始就采用了"公私合营"的企业组织形式，只是这类企业无论是在产权制度、治理结构还是剩余分配等方面，都与全行业"公私合营"时期有诸多不同。这也正是学界需要关注的重要内容之一。

民主改革运动是新中国成立初期在中国共产党领导下，城乡各地、各行业、各领域十分普遍的一种以改造旧制度、建立新制度为宗旨的群众性运动。早期企业的民主改革主要发生在新生人民政权接管的企业中，其宗旨就是在取得这些企业的产权之后，依照新生人民政权的法令、法规以及各项政策安排，对企业旧有的治理结构、人事安排、分配制度等做全面革新，以符合计划经济体制下国有企业的各项制度安排。"五反"运动后，民主改革延及一些大中型私营企业，有著述甚至誉其为"工人阶级的第二次翻身"。这方面学界也做了较多研究，[②] 但同时也有可继续深化的地方。

对20世纪50年代的企业研究，多多少少都与"公私合营""对资改造"有一定关联。例如，对"隐匿敌产"企业的研究就与企业的公股、私股有很大的关联。[③] 对50年代股份制企业、企业股票的研究，说到底也与企业的产权结构、制度变迁等有着内在关联。[④] 其他如对企业薪资分配、福利制度变动等的研究也是如此。

---

① 参见赵学军：《建国初期的投资公司初探》，《中国经济史研究》1998年第1期。
② 参见苏少之：《解放初期国营企业的民主改革》，《湖北财经学院学报》1985年第6期；林超超：《新国家与旧工人：1952年上海私营工厂的民主改革运动》，《社会学研究》2010年第2期。
③ 陈碧舟等：《从公茂机器造船厂考察中华人民共和国初期"隐匿敌产"企业的改造》，《中国经济史研究》2020年第1期。
④ 朱荫贵：《从老股票看20世纪50年代的股份制企业》，《当代中国史研究》2005年第3期。

在"公私合营"及"对资改造"前后，企业与行业的布局与规模均有较大调整，其中的一项重要内容就是诸如上海等沿海大城市的工厂企业向内地迁移。这项工作对国民经济恢复以及第一个五年计划时期全国范围内生产要素的配置都起到了相应的作用。[①] 再如，与"公私合营"及"对资改造"密切相关的工商业同业公会、商会的研究，有利于我们深入了解工商业者社会团体在该历史巨变中所发挥的重要作用。[②] 对"公私合营"后余存的和新出现的私营企业等问题的研究，既有利于我们更好地理解整个 20 世纪经济发展走向，也有利于我们在大历史观中更好地把握"公私合营"及其相关问题。[③]

总之，这些不同的视角和方法，不同学科领域的相关研究，都从不同侧面推进了对"公私合营"及"对资改造"的研究，深化了我们对"公私合营"实行过程中各种问题的认识。这既有助于我们全方位、立体化地去感受和认识 20 世纪 50 年代中国企业制度的重大历史变迁，也有助于更好地理解中国社会经济制度的重大历史转型。

研究经验及展望

近 30 年来，学界对"公私合营"及其相关问题的研究取得了显著成绩，积累了丰富经验。要进一步深化和拓展相关研究，就必须要重视这些既有研究及其经验，但要注意的是，这些经验蕴藏于相关著述，需要后续研究者仔细琢磨和思考，将其合理运用到自己的研究之中。比如，就已有的研究视角而言，以政府视角进行的研究无疑数量最多，研究也最深入；以企业或行业视角进行的研究居于其次，其中最集中的是对典型企业的个案研究；而研究相对较少的是作为"公私合营"主体之一的私营工商业者视角

[①] 参见《上海支援全国（1949—1976）》，上海：上海书店出版社 2011 年版；谢忠强：《20 世纪 50 年代上海工厂内迁研究》，《中国经济史研究》2013 年第 3 期；等等。

[②] 参见魏文享等：《国家介入与商会的"社会主义改造"——以武汉市工商联为例（1949—1956）》，《华中师范大学学报（人文社会科学版）》2005 年第 5 期；彭南生等：《工商业社会主义改造中的同业公会——以北京旅店业同业公会为例（1952—1956）》，《江苏社会科学》2017 年第 6 期；等等。

[③] 参见赵凌云：《1949—1956 年间中国经济体制中市场因素消亡过程的历史考察与启示》，《中国经济史研究》1994 年第 2 期。

的研究,其心路历程、历史选择以及在时代巨变中的地位和作用等,值得进一步深入研究。

近30年来的研究还告诉我们一个重要的研究逻辑,即要做好"公私合营"和"对资改造"的研究,一些基本的理论准备和对学科发展史的了解是十分必要的。无论是典型企业的个案研究还是区域性、总体层面的探讨,都必须对"国家资本主义""对资改造""公私合营""和平赎买""一化三改造"等核心概念和理论,以及20世纪50年代社会主义改造的总过程,有一个最基本的、整体性的理解和把握,这样才能准确地把握研究对象,体会到"公私合营""对资改造"以及相关的企业史、经济史研究在新时代的研究价值和意义。对学科史的了解,一是要明白研究对象所处的学科领域中这些问题是怎么发生和演化过来的,其间有哪些主要的研究方法、研究成果,解决了哪些问题,还有哪些遗留问题,等等;二是要掌握研究对象所处的学科前沿以及解决前沿问题所需要的学术条件。在此基础上逐渐形成研究所需要的三个前提条件:一是对相关社会政治经济变迁长时段背景的了解和把握;二是对相关已有研究、理论方法的了解和把握;三是对研究对象以及相关资料的了解与把握。由此,我们才有可能做出有质量、有见解的研究成果。

未来,继续做好"公私合营"及其相关问题的研究,我们可能需要从以下几个方面着手:

严谨治学 20世纪80年代有文章提出:"公私合营"是卢作孚提出来的,民生公司是全国第一个"公私合营"企业。[①]但随即就有文章对此进行商榷,指出:"据目前看到的材料,在党的文件中较早提到公私合营的,是1946年2月5日《中央关于对私人企业的政策方针问题给邓子恢的指示》"。[②]事实上,所谓"公私合营是民生公司最先提出来的",[③]至多也只能说民生公司实行"公私合营"是由民生公司的高层率先提出的,而不是说新中国成立之后私营企业实行"公私合营"是由民生公司最早提出来的,因为这显然有悖史实。民生公司的"公私合营"缘起于1950年8月,但3月《当前私营

---

① 《卢作孚提出"公私合营"》,《党史研究与教学》1988年第3期。
② 源洪:《国家资本主义经济各种形式的提出与早期实践》,《中共党史研究》1991年第1期。
③ 《民生公司史》,北京:人民交通出版社1990年版,第416页。

企业存在的问题——听取各地劳动局长对私营企业的报告以后的报告》中就提道:"私营企业迫切地要求中央有一个统一的领导机构";"他们也希望能实行公私合营,但政府今天还没有力量来接收"。①因此,我们在梳理相关研究时,一定要做好辨析,同时,在今后的研究中也要本着实事求是的态度严谨治学,这是推动"公私合营"及相关问题研究进步的关键所在。

  循序推进相关专题研究 私营企业的"公私合营"与"公私合营企业"并非同一概念。前者是一个动态的过程,后者则是指前者这一过程结束之后形成的结果。"公私合营"转变了私营企业原来的企业形态和企业制度,使私营企业转化为合营企业。在"公私合营"过程中,1953年之前个别企业的"公私合营"与之后扩展的"公私合营"以及"全行业公私合营",在企业产权、治理结构、剩余分配等方面都有着明显的制度差异。这些不同时期的"公私合营"以及不同时期"公私合营企业"的制度演变之异同,是十分值得深入探讨的研究领域之一。推进对相关专题的研究,有助于我们更好理解"公私合营"乃至此后中国企业制度的发展。由此而及的另一个问题是,在资料可得且理论方法正确的前提下,以被改造者(即前述私营工商业者)为视角的研究尚有不少可开拓地方。

  此外,由于"全行业公私合营"是在全国范围内以较短时间完成的,因此,无论是合营之后的企业,还是社会主义计划经济体制建立过程中的行业调整、体制变迁、市场整合等,都有许多尚可以进一步深入研究的问题。

  注意拓展研究的视野和方法 "公私合营"实现了私营工商业从私有产权制度下的"公司制"向社会主义计划经济体制下的"工厂制"的转变。在"工厂制"下,企业更多的是承担生产部门的角色,而不是一个面对市场的独立自主的生产经营机构,原有的企业营销部门及相应的营销职能被新体制下的各级商业批发机构所替代,由此形成了对原有企业制度及市场制度的整合以及再造,这不仅涉及旧体制的消亡,同时也意味着新体制的形成和运行。因此,如何在进一步开掘史料的基础上,将其与20世纪60—70年代的中国企业、中国经济以及改革开放历史进程联系起来,具有极大的

---

① 剧锦文:《1949—1952 中华人民共和国经济档案资料选编(工业卷)》,北京:中国物资出版社 1996 年版,第 375、376 页。

研究空间。同时，对这些问题研究的积累和深化，还可以对中国企业、中国经济的历史走向做出更具开创性和理论说服力的分析。

在以往的研究中，已有一些著述在长时段的理论探讨方面进行了开拓性的研究，如将50年代"公私合营"的企业组织形式与改革开放后出现的"混合所有制"进行比较研究，以及基于经济学产权理论对"公私合营"长时段的理论性考察等。[①] 但无论是在长时段分析上，还是在宏观视野、多元理论与方法等方面，仍然还有不少的问题值得进一步探讨。

总之，尽管"公私合营"以及中国现代企业制度长时段历史的研究极具挑战性，但这项研究对于更好理解中国经济走向、中国企业发展，乃至对更好理解中国社会的历史、现在与未来，都具有极为重要的理论和现实意义。而且，随着时间的更替和时代的进步，这种意义将会越来越彰显，因此，我们有责任和义务推进相关研究，为中国企业、中国经济高质量发展做出应有的贡献。

---

① 赵学军：《再论中国私营银行业的社会主义改造——基于产权变革视角的考察》，《中国经济史研究》2011年第4期；赵学军：《经济体制变革中的"混合所有制"——20世纪50年代私营工业企业"公私合营"再探讨》，《中国经济史研究》2016年第6期。

近30年来当代中国文化史研究的回顾与展望

陈金龙

华南师范大学马克思主义学院教授

《当代中国史研究》创刊以来的30年，也是当代中国文化史研究逐步走向深化的30年，既有对当代中国文化史的总体研究，也有对当代中国文化史的具体研究；既有对当代中国文化发展基本理论、方针政策的研究，也有对当代中国文化发展实践成就、历史经验的研究。回顾近30年来当代中国文化史研究的总体状况，展望未来当代中国文化史研究的重点和方向，有利于深化对当代中国文化史的研究。

总体研究概览

历史的发展具有连续性，当代中国文化史是一个整体。近30年来学术界对当代中国文化史研究取得的重要进展之一，就是对当代中国文化史的分期、中国共产党文化思想与方针政策的演进、当代中国文化发展的历史成就与历史经验进行了全面审视，呈现了当代中国文化史的总体样态。

（一）当代中国文化史的分期

当代中国文化史是正在延伸的历史，由于时间长度、下限的变化，不同时期的研究成果对当代中国文化史的分期存在差异。例如，刘仓在《当代中国史研究》2011年第2期发表的《论新中国文化发展的历史分期》中提出，依据经济基础与上层建筑的关系、文化与经济政治的关系以及文化自身发展的特殊规律，可将新中国成立60多年的文化发展分为六个时期，即社会主义文化的基本确立和初步建设时期（1949—1956年）、全面探索社会主义文化建设时期（1956—1966年）、社会主义文化事业陷入灾难时期（1966—1976年）、文化领域完成拨乱反正和在改革开放中复苏发展时期（1976—1992年）、探索社会主义市场经济条件下文化建设新路子时期（1992—2002年）、社会主义文化大发展大繁荣时期（2002—2011年），并对每个阶段文化建设的中心内容、主要成就和本质特征进行了全面分析。《山东大学学报（哲学社会科学版）》2020年第6期发表范周等的《新中国成立七十周年文化建设回顾与展望》一文。该文根据新中国发展、改革开放进程以及外部环境变化，将文化建设分为四个主要阶段，即奠基期（1949—1966年）、停滞期（1967—1978年）、恢复期（1979—2000年）和繁荣期（2001—2019年）；认为不同时期的文化建设与推动社会发展的主要矛盾密不可分，呈现明显的阶段性特征。王彬等则在《当代世界社会主义问题》2020年第1期发表的《新中国70年文化建设的进程与经验》一文中认为，新中国70年文化建设始终围绕社会主义制度展开："社会主义改造时期解决的是文化与社会主义制度相适应的问题，社会主义建设时期解决的是制度确立后文化如何发展的问题，改革开放以来解决的是文化发展如何更好地完善社会主义制度的问题，进入新时代则着眼于文化建设如何更好地彰显社会主义制度的优越性"。这里实际上依据文化建设的着力点，将新中国文化建设历史划分为四个时期。

当代中国文化史分期着眼已经成为历史的事实，不同阶段由于历史时间跨度不同，当代中国文化史的分期因此会存在不同看法，这实属正常现象。只有结合中国共产党历史分期、当代中国历史分期和当代中国文化史自身特点，才能科学划分当代中国文化史的发展阶段。

（二）中国共产党文化思想与方针政策的演进

中国共产党文化思想是确立新中国文化发展方针、制定文化发展政策的理论基础。《教学与研究》2009年第10期发表杨凤城《新中国60年中国共产党的文化理论与方针、政策研究》一文。该文认为："中国共产党的文化观经历了从为无产阶级政治服务到为社会主义服务、建设中国特色社会主义文化的历史演进"；"改革开放以来中国共产党的文化理论日趋理性和成熟，文化建设方针和政策进入系统化和与时俱进的新时期"。杨凤城领衔撰写出版的《中国共产党文化思想史》一书分上、中、下三编，对中国共产党文化思想发展的历史进行了整体呈现，其中，中编社会主义革命和建设时期、下编改革开放新时期和中国特色社会主义新时代，聚焦新中国成立以来中国共产党的文化思想史，凸显了中国共产党在文化问题上"为什么、是什么、怎样做"的认识演进和思想构成。①2019年，冯子珈等在《新中国成立以来中国共产党文化思想的历史演进及其基本经验》一文中认为："新中国成立以来，中国共产党的文化思想既一脉相承又与时俱进，其发展主要经历了三大历史阶段：社会主义文化思想的奠基阶段、中国特色社会主义文化思想的创立与发展阶段以及新时代中国特色社会主义文化思想的形成阶段"。②《江汉学术》2020年第3期发表的李小波等《新中国70年党对文化战略地位认识的历史演进》一文则认为，新中国70年中国共产党对于文化在国家战略布局中地位的认识发生了几次重大变迁，历经四个阶段："文化从属于政治阶段；文化与经济并行发展阶段；文化与经济、政治、社会、生态协同发展阶段；文化上升为国家软实力阶段"；"这种历史性演变，充分说明了党对文化发展规律的认识与把握日益成熟，也使我们党对文化建设理论的认识上升到新的历史高度"。这些研究成果诠释了中国共产党文化思想内涵与演进的轨迹，揭示了新中国文化建设的理论逻辑与实践逻辑。

中国共产党是新中国文化建设的领导者，制定了指导当代中国文化发展的方针政策。张卫波在《理论视野》2019年第10期发表《新中国文化政策的源头、形成与发展》一文，认为新中国文化政策经历了一个不断调整的过程："新中国成立前夕，《共同纲领》的制定、通过，使新民主主义文化理论上升为全国性的文化政策。1956年，'百花齐放、百家争鸣'方针的提出，为文化政策的调整指明了方向。经过'文化大革命'的挫折之后，伴随着拨乱反正任务完成和改革开放事业开启，中国文化事业迎来了新的发展"。在这个过程中，中国特色社会主义的文化政策逐渐形成，并表现出明显的历史传承性和时代创新性。胡惠林则依据站起来、富起来、强起来的新中国70年发展大历史、大逻辑，在《新中国70年文化政策发展的历史逻辑与基本特征》一文中将新中国70年文化政策划分为政治治理、经济

---

① 杨凤城等：《中国共产党文化思想史》，北京：中共党史出版社2023年版。
② 冯子珈等：《新中国成立以来中国共产党文化思想的历史演进及其基本经验》，《学术论坛》2019年第2期。

治理和文化治理三个阶段。①文化方针政策是中国共产党文化思想转化为文化建设实践的重要环节，直接影响文化建设的成效。这些成果对中国共产党文化方针政策的探讨，呈现了文化方针政策的传承、创新和实践转化。

（三）当代中国文化发展的历史成就

当代中国文化发展取得了显著成就，为全面推进中国式现代化、建成社会主义文化强国奠定了重要基础。新中国成立60周年之时，蔡武主编的《新中国成立60年中国文化发展报告》，对新中国60年文化发展成就做了系统总结。具体包括全党全社会对文化地位作用的认识不断提高、文艺创作日益繁荣、公共文化服务体系初具规模、文化市场和文化产业蓬勃发展、文化遗产保护成效显著、中外文化交流日益活跃、文化体制改革不断深化等。②刘国新在《论新中国的文化建设与文化发展》一文中，以新中国成立之初、改革开放之初和世纪之交三个时段作为背景，撷取典型的文化现象和文化作品为例证，从一个侧面展现新中国60年文化建设的成就，诠释了文化推动社会进步、解放思想、引领时代风尚的重要作用。③新中国成立70周年之际，欧阳雪梅等主编的论文集《新中国70年文化建设成就与经验研究》，则对新中国70年文化建设的成就从不同维度进行了总结和评价。④这些研究成果为总结新中国文化建设成就提供了基本思路，呈现了新中国文化建设成就的具体面相。

（四）当代中国文化发展的历史经验

在新中国成立50周年、60周年、70周年三个时间节点，学术界均对新中国文化发展的历史经验进行了总结。

新中国成立50周年之时，周永生等在《新中国50年文化建设的基本经验》一文中指出：文化建设要从增强综合国力和建设有中国特色社会主义的高度认识其地位和作用；文化建设要从社会主义初级阶段的实际出发，同经济社会发展和人们的思想觉悟状况相适应；文化建设重在建设、务求实效；文化建设要求科学对待文化遗产，弘扬中华优秀传统文化；文化建

---

① 胡惠林：《新中国70年文化政策发展的历史逻辑与基本特征》，《上海文化》2019年第12期。
② 蔡武：《新中国成立60年中国文化发展报告》，北京：文化艺术出版社2010年版。
③ 刘国新：《论新中国的文化建设与文化发展》，《中共党史研究》2009年第10期。
④ 欧阳雪梅等：《新中国70年文化建设成就与经验研究》，北京：当代中国出版社2020年版。

设要坚持对外开放，吸收和借鉴对我有用的外来文化。①这是基于新中国 50 年文化发展实践，对新中国文化发展经验的初步总结。

新中国成立 60 周年之时，刘国新在《论新中国文化建设的历史经验》一文中从六个方面进行了总结：根本保证是高举中国特色社会主义伟大旗帜，坚持先进文化的前进方向；根本目的是坚持以人为本，保障人民基本文化权益，促进人的全面发展；根本要求是深化文化体制改革，努力形成充满生机活力、有利于加快文化发展的体制机制；关键所在是坚持把发展作为首要任务，统筹兼顾文化建设与经济建设；强大动力是坚持解放思想、不断创新；重要条件是尊重文化发展规律，妥善处理文化发展中的重大关系。②这是对新中国文化建设经验的系统总结。郝潞霞等则在《新中国成立以来文化建设的基本经验》一文中将文化建设的经验概括为五个"必须"："必须坚持马克思主义的指导地位，牢牢把握社会主义文化的前进方向；必须充分认识文化的地位和作用，不断提高文化自觉意识；必须坚持以人为本，满足人民日益增长的精神文化需求，保障人民基本文化权益；必须不断深化文化体制改革，解放和发展文化生产力；必须按照文化建设的规律和特点，坚持和改善党对文化建设的领导"。③这是基于新中国 60 年文化发展实践，对新中国文化发展经验的系统总结。

新中国成立 70 周年之时，学术界对新中国文化建设经验做了进一步总结。例如，王彬等根据新中国文化建设的实践，在《新中国 70 年文化建设的进程与经验》一文中指出，文化建设要以制度为依托并服务于制度的完善、准确把握时空方位与社会主要矛盾转换、整体谋划并处理好目的性与工具性的关系、以人为中心、以人的全面发展为落脚点。④冯鹏志在《新中国 70 年文化发展的历程与经验》一文中，从坚定中国特色社会主义文化自信，坚持中国特色文化发展道路，坚持以人民为中心建设社会主义文化强国，坚持推进文明交流互鉴为人类发展进步不断贡献中国智慧、中国方案

---

① 周永生等：《新中国 50 年文化建设的基本经验》，《科学社会主义》1999 年第 5 期。
② 刘国新：《论新中国文化建设的历史经验》，《北京党史》2010 年第 6 期。
③ 郝潞霞等：《新中国成立以来文化建设的基本经验》，《理论探索》2011 年第 5 期。
④ 王彬等：《新中国 70 年文化建设的进程与经验》，《当代世界社会主义问题》2020 年第 1 期。

四个方面，对新中国文化建设经验进行了总结。① 冯子珈等则基于中国共产党文化思想演进历程总结了新中国文化建设的经验，即始终坚持马克思主义的理论指导、"为人民服务，为社会主义服务"的政治方向、"百花齐放、百家争鸣"的基本方针、社会主义核心价值体系的价值导向、中华文化创新发展的根本立场等。② 这些经验总结视野更为开阔，体现了新时代文化建设的特点和规律。

具体研究进展

近30年来，学术界在对当代中国文化史进行总体研究、宏观把握的同时，也进行了分时期、分领域、分人物的具体探讨，由此使当代中国文化史研究走向微观、走向深入。

（一）分时期的具体研究

对当代中国文化史分时期的研究，主要集中在新中国成立初期、改革开放和社会主义现代化建设新时期、中国特色社会主义新时代。

新中国成立初期是文化转型、文化发展奠基的时期。杨凤城在《党史研究与教学》2008年第2期发表《新中国建立初期的文化转型研究》一文，从文化转型的角度总结了新中国成立初期文化建设的成就，认为1956年前后马克思主义作为文化建设、学术研究、艺术创作的指导思想地位已牢固确立，新的文化范式初步奠定，文化转型初步告成。《马克思主义研究》2018年第12期发表杨俊的《论新中国成立初期中国共产党领导新文化建设的历史实践》一文。该文认为，新中国成立初期文化实践的走向是向社会主义文化过渡，从允许非无产阶级思想在一定范围内合法存在，逐步走向批评这些思想的错误，最终明确要求批判和肃清这些思想。由于党和国家领导人对文化问题的高度关注以及文化发展的相对独立性，这种文化过渡不仅具有特殊的内容和方式，而且具有先导性，对以后的文化发展产生了重大影响。欧阳雪梅则在《新中国初期新文化建设成就及其经验》一文中将新中国成立初期文化建设成就归纳为五个方面，即保障了人民的文化权益、

---

① 冯鹏志：《新中国70年文化发展的历程与经验》，《理论视野》2019年第10期。
② 冯子珈等：《新中国成立以来中国共产党文化思想的历史演进及其基本经验》，《学术论坛》2019年第2期。

确立了马克思主义指导地位、创作了熠熠生辉的新中国文艺经典、举全国之力实施大型文化工程、构建中国话语和塑造中国精神。[1] 消除国外文化影响是新中国成立初期文化建设面临的重要任务之一。彭学宝在《新中国成立初期中共改造外国在华文化事业研究》一书中系统研究了新中国成立初期中国共产党改造外国在华文化事业的历史，并对其积极作用、历史经验、局限与不足进行了评价。[2] 宋佩玉等则在《消除文化霸权：新中国成立初期对上海美英电影公司的监管与清理》一文中，考察了上海市军事管制委员会消除美英电影公司文化霸权的历史。[3] 对于新中国成立初期文化建设的历史经验，欧阳雪梅的《新中国初期新文化建设成就及其经验》一文中将其概括为四个方面，即"党对文化工作的领导是关键、发扬道德模范示范作用、建设人民的文化、'文贵创新'"。这些研究成果呈现了新中国成立初期文化改造、文化建设的历史，凸显了新中国成立初期文化建设的奠基作用。

改革开放和社会主义现代化建设新时期是新中国文化发展的重要阶段，开启了中国特色社会主义的文化建设，学术界对此关注度较高，阐释了改革开放对于促进文化观念变革、文化思想发展、文化事业和文化产业发展等方面的作用。例如，《中共党史研究》2010 年第 7 期刊发了杨凤城的《改革开放以来中国文化的宏观审视》一文。该文认为，改革开放以来，中国文化发生了巨大变化，逐步走向活跃、多样（多元），实现了由直接办文化到管文化的理念和领导方式的转变、由计划经济时期的一元文化向以马克思主义为主导意识形态的多元文化演进。《毛泽东邓小平理论研究》2018 年第 12 期刊发欧阳雪梅的《改革开放 40 年的中国文化建设》，则从文化领域拨乱反正和建设社会主义精神文明、探索建设有中国特色社会主义的文化、区分文化事业与文化产业、建设社会主义核心价值体系引领社会思潮、推动中华文化"走出去"等方面，总结了改革开放新时期文化建设的成就。此外，还有学者研究了改革开放以来政治文化、政党文化、法律文化、大众

---

[1] 欧阳雪梅：《新中国初期新文化建设成就及其经验》，《毛泽东邓小平理论研究》2019 年第 12 期。

[2] 彭学宝：《新中国成立初期中共改造外国在华文化事业研究》，北京：人民出版社 2018 年版。

[3] 宋佩玉等：《消除文化霸权：新中国成立初期对上海美英电影公司的监管与清理》，《安徽师范大学学报（人文社会科学版）》2021 年第 2 期。

文化、体育文化、流行文化的嬗变。这些研究成果呈现了改革开放和社会主义现代化建设新时期文化发展的成就，展示了改革开放对文化发展的推动作用。

中国特色社会主义新时代是当代中国文化大发展、大繁荣的时代，学术界对于新时代的文化思想、文化自觉、文化自信、文化安全和文化产业发展等问题进行了广泛深入研究。例如，王彬等从提出以"三种文化"为基础的文化自信、全方位推进以文化强国为目标的文化创新、实施文明互鉴的文化"走出去"战略三个方面，总结了新时代文化建设的成就。①王永友对新时代中国共产党文化观进行了系统分析，诠释了它的根源、时代蕴涵、战略价值和世界贡献。②石文卓则在阐释中国文化安全的理论基础、思想源流之后，梳理了中国文化安全理论与实践探索的历史进程，对新时代中国文化安全建设的时代意蕴、现实挑战和新时代中国文化安全建设的路径选择进行了系统研究。③2024年1月，中国社会科学院中华民族现代文明研究阐释工程重大项目成果——《新时代中国文化发展报告：走向全面繁荣的中华民族现代文明》由社会科学文献出版社出版。该书从马克思主义文化理论的伟大飞跃、让中华优秀传统文化焕发蓬勃生机、推动中华文化的传承和保护、文化事业与文化产业全面繁荣、建设高水平的数字文化中国、人民文化实践的主旋律和新交响、在文明交流互鉴中丰富发展中华民族现代文明等方面，全面展示了新时代文化理论创新和实践发展成就。这些研究成果回溯了新时代文化发展的历史，从文化维度展现了新时代取得的历史性成就和发生的历史性变革。

（二）分领域的具体研究

新中国文化建设涉及诸多领域，其中，文化管理体制改革、文化产业、文学艺术、对外文化交流与传播等都属于文化建设的范畴，成为近30年来学术界关注的重要问题。

新中国文化管理体制改革是我国体制改革的重要组成部分。对此，蒯大申等在《新中国文化管理体制建设的成就与历史经验》一文中认为，新

---

① 王彬等：《新中国70年文化建设的进程与经验》，《当代世界社会主义问题》2020年第1期。
② 王永友：《新时代中国共产党文化观研究》，北京：中国社会科学出版社2022年版。
③ 石文卓：《新时代中国文化安全问题研究》，上海：华东师范大学出版社2021年版。

中国文化管理体制在领导社会主义文化建设、确立马克思主义在思想文化领域的指导地位、构建社会主义文化事业体系、建立社会主义文化产业和文化市场体系等方面取得了显著成就。① 倪鹤琴在《新时期中国文化体制改革探寻》一书中专门探讨了改革开放新时期中国文化体制改革，论述了文化体制改革的必要性和紧迫性、文化体制改革的演进、文化体制改革的主要内容等。② 蔡武则在《我国文化体制改革的历史进程及理论创新》一文中，考察了从中共十六大做出文化体制改革决策部署到 2014 年我国文化体制改革由点到面、由易到难、由浅入深的过程。③ 对新中国文化管理体制改革历史的追溯，丰富了我国体制改革历史的内涵，从一个侧面诠释了改革的策略和行为方式。

文化产业是新中国文化建设的有机组成部分。对此，蔡尚伟等在《论新中国文化经济及文化产业政策的演变》一文中提出，文化经济及文化产业政策演进的基本路径与国家的文化及经济体制相吻合，历经从计划性管制调控向政府引导与市场调整相结合演变，实现了从自发到自觉、从"全面封闭"到"逐渐开放"、从单一到多元、从"政府主导型"到"政府与市场二元推动型"的发展转变。④ 韩晗则在《拓新·立新·创新：新中国文化产业七十年》一文中认为，与新中国同步的文化产业史可以分为奠基期（1949—1978 年）、繁荣期（1978—2012 年）与引领期（2012 年以来）。其中，奠基期实现了由点到面、从多地到全国、从星星之火到体系完备的质变，完成了新制度与新导向的确立；繁荣期文化产业逐渐成为中国特色社会主义市场经济的重要组成，激活了民营经济的力量并融入、开拓、培育了国际市场；引领期中国文化产业逐步建立了创新体系，文化产业日渐成为拉动内需的重要引擎，而多元化的资本结构则将推动中国文化产业进一步发展壮大。⑤ 这些研究成果呈现了新中国文化产业发展的历史、特点与成就。

---

① 蒯大申等：《新中国文化管理体制建设的成就与历史经验》，《毛泽东邓小平理论研究》2009 年第 12 期。
② 倪鹤琴：《新时期中国文化体制改革探寻》，杭州：浙江人民出版社 2011 年版。
③ 蔡武：《我国文化体制改革的历史进程及理论创新》，《中共党史研究》2014 年第 10 期。
④ 蔡尚伟等：《论新中国文化经济及文化产业政策的演变》，《思想战线》2010 年第 1 期。
⑤ 韩晗：《拓新·立新·创新：新中国文化产业七十年》，《东岳论丛》2019 年第 11 期。

就文化空间而言，新中国文化建设可从城市和农村分别进行考察。总体来看，学术界对于农村文化建设研究较多。例如，高斐在《新中国成立初期乡村文化重建与新农民塑造》一文中提出，新中国成立初期，通过普及科学文化教育、丰富农民文化生活、开展思想政治教育等进行乡村文化重建，塑造了新中国农民的新形象。具体表现在：农民主体意识增强，政治参与能力提高；摆脱遗风陋俗，形成社会新风尚；树立集体主义观念，增强社会主义认同。① 沙垚则在《新中国农民文化主体性的生成机制探讨——基于20世纪50年代关中农村皮影戏的实证研究》一文中，提出了"组织—动员—参与—建构"的农民文化主体性生成机制。② 这些研究成果从不同侧面还原了新中国成立初期农村文化建设的历史，呈现了一些以往研究关注不够的历史细节。

文学艺术是文化的重要领域。对此，周晓风从文化阐释的角度，在《新中国文艺政策的文化阐释》一书中对新中国成立至20世纪90年代末中国文艺政策的历史形态、结构体系、文化内涵等进行了较为全面的分析，从结构上把新中国文艺政策划分为"典型的文艺政策文本"、"准文艺政策文本"和"超文艺政策文本"三种历史形态。③ 此外，也有学者研究了新中国文化政策与少数民族音乐舞蹈艺术的发展、博物馆与新中国成立初期的文化建设等。这些研究成果从不同侧面展现了新中国文学艺术发展的历程与成就。

对外文化交流与传播是新中国文化建设的着力点之一。有学者对新中国对外文化交流历史、对外文化交流与新中国外交等进行了研究。例如，李培以1954年日内瓦会议为界，将1949—1966年中国文化外交中的戏曲交流活动分为与社会主义阵营国家的交流和与世界各个国家的广泛交流两个阶段，认为戏曲艺术分别采用了突出技巧为主的碎片化"身体叙事"和整体化的现实主义叙事两种策略，不但使戏曲艺术形成了"文武兼备"的

---

① 高斐：《新中国成立初期乡村文化重建与新农民塑造》，《毛泽东邓小平理论研究》2015年第11期。
② 沙垚：《新中国农民文化主体性的生成机制探讨——基于20世纪50年代关中农村皮影戏的实证研究》，《开放时代》2016年第5期。
③ 周晓风：《新中国文艺政策的文化阐释》，北京：中国社会科学出版社2008年版。

表演状态,而且让海外各国认识到了中国发展的新气象、中国人民爱国爱家的新思想和对民族艺术的继承与创新。①杨悦则在《新中国文化外交 70 年——传承与创新》一文中提出,文化交流、文化外交经历了从新中国成立初期的政府领导、以革命宣传为导向、单向展示性文化输出,到以政府统筹、社会参与、官民并举、市场运作为方针,以人际交流为抓手、以价值观传播为主要内容、以文化产业和新媒体技术为手段的多层次、内外联动的双向文化交流的转变。②这些研究成果呈现了新中国对外文化交流与传播演进的历史,诠释了对外文化交流与传播的社会功能。

此外,对于新中国文化建设的其他领域,如教育、体育、电影、电视、出版、图书馆、博物馆、博览会等,学术界也分别进行了研究,丰富了当代中国文化史的内涵,呈现了新中国文化发展的多元谱系。

(三)以党和国家领导人为主体的具体研究

新中国文化建设是在党和政府领导下进行的,毛泽东、周恩来、邓小平、江泽民、胡锦涛、习近平等党和国家领导人,直接领导、参与并见证了新中国的文化建设,不少研究成果聚焦党和国家领导人对新中国文化建设做出的历史性贡献。

毛泽东对新中国文化建设做出了奠基性贡献,学术界关注较多。例如,欧阳雪梅在《毛泽东与新中国社会主义文化建设》一文中,将毛泽东对新中国文化建设的贡献总结为四个方面,即明确了文化建设在社会主义建设总体布局中的战略地位、确立了马克思主义在文化建设领域的指导地位、提出了"古为今用"和"洋为中用"的文化建设基本原则、制定了指导文化建设的"百花齐放、百家争鸣"方针。③杨俊在《论毛泽东对新中国文化建设队伍基本状况的分析》一文中认为,毛泽东对新中国文化建设队伍内部各阶级阶层的政治属性、思想状况、历史作用、社会影响等进行了深刻分析,对新文化建设队伍整体状况做了基本的政治估量,形成了如何造就宏大的革命文化工作队伍和建立文化工作统一战线等问题

---

① 李培:《新中国初期文化外交视角下戏曲艺术的对外叙事策略及价值》,《江淮论坛》2023 年第 1 期。
② 杨悦:《新中国文化外交 70 年——传承与创新》,《国际论坛》2020 年第 1 期。
③ 欧阳雪梅:《毛泽东与新中国社会主义文化建设》,《党的文献》2013 年增刊。

的科学认识，成功解决了新中国文化建设的首要问题。①罗嗣亮则在《新中国成立后毛泽东对"以我为主"学习外国文化的战略思考》一文中提出，在经历"一边倒"地学习苏联文化并产生一些偏差之后，毛泽东强调必须在学习外国文化与坚持独立自主之间寻求平衡，应当"以我为主"学习外国文化。②这些研究成果深化了对毛泽东与新中国文化事业的研究。

周恩来对新中国文化建设做出了重要贡献。对此，周建超在《周恩来与新中国政治文化建设》一文中提出，面对新中国成立之初国内政治文化多元并存的复杂局面，周恩来坚持以马克思主义为指导，结合中国共产党执政活动的实际，在新中国政治文化建设的基本原则和方针以及政治文化发展的实践路径等方面做出了重要贡献。③梁晓君在《塑造新中国形象——试论周恩来的文化外交》一文中提出，周恩来创造性地运用多样化的文化载体，开展卓有成效的文化外交，为塑造新中国形象、改善国际舆论、打开新中国外交局面做出了杰出贡献。④张星星则从制定新民主主义的文化建设方针、促进新中国文化队伍大团结、组建新中国文化事业领导机构、推动新中国各项文化事业发展、提出和贯彻对知识分子的正确政策五个方面，梳理了周恩来在新中国成立之初对文化建设的高度关注和卓越贡献。⑤这些研究成果拓展了周恩来与新中国文化事业的研究。

邓小平对新中国文化建设同样做出了重大贡献、产生了深远影响。对此，欧阳雪梅将邓小平的贡献概括为四个方面，即以巨大的勇气完成文化领域拨乱反正的任务，进行文化政策调整；把握时代主题，指出精神文明是社会主义的重要特征；尊重文化发展规律，强调知识分子的作用；从世界视野审视中华文化，推动文化的对外开放。⑥杨凤城则从关于文化与政治

---

① 杨俊：《论毛泽东对新中国文化建设队伍基本状况的分析》，《当代中国史研究》2013年第6期。
② 罗嗣亮：《新中国成立后毛泽东对"以我为主"学习外国文化的战略思考》，《毛泽东研究》2021年第6期。
③ 周建超：《周恩来与新中国政治文化建设》，《学习与探索》2007年第1期。
④ 梁晓君：《塑造新中国形象——试论周恩来的文化外交》，《外交评论（外交学院学报）》2008年第2期。
⑤ 张星星：《周恩来与新中国文化事业的初创》，《党的文献》2014年第6期。
⑥ 欧阳雪梅：《邓小平与中国特色社会主义文化》，《当代中国史研究》2014年第5期。

关系的思考及其在"历史长时段"内的意义、从高扬革命理想主义到把先进性要求与广泛性要求结合起来的道德建设思想、从关注文化与社会思潮通过反倾向斗争掌控思想文化发展的社会主义方向等方面,总结了邓小平对新中国文化发展的贡献。① 这些成果深化了邓小平与新中国文化事业的研究。

代表先进文化的前进方向是"三个代表"重要思想的核心内涵之一。对此,张远新在《江泽民文化思想研究论纲》一文中系统阐述了文化旗帜论、文化综合国力论、文化中国特色论、科学技术论、哲学社会科学论、文化创新论、文化超越论等内容。② 王建辉则在《江泽民文化思想初论》一文中,探讨了中国共产党文化思想及实践的继承与发展、历史与现实的结合等诸多问题。③ 这些研究成果深化了对江泽民与新中国文化事业的研究。

中共十六大以后,胡锦涛提出建设社会主义文化强国的战略目标。对此,闫会心在《试论胡锦涛文化发展思想的主要内容》一文中认为,胡锦涛对文化发展的重要论述主要包括文化发展的地位和作用、方向和目的、动力和思路、主体和保障等,指引着我们探索中国特色社会主义文化发展道路、推动社会主义文化大发展大繁荣。④ 李新芝则提出,胡锦涛对文化建设创新的重要论述主要体现在三个方面:"保障人民群众基本文化权益是社会主义文化建设的根本目的;建设'和谐文化'是社会主义文化建设的根本任务;'创新'是实现社会主义文化大发展大繁荣的动力支持"。⑤ 这些研究成果深化了对胡锦涛与新中国文化事业的研究。

中共十八大以来,习近平总书记围绕文化问题提出了坚定文化自信,实现中华优秀传统文化的创造性转化、创新性发展,"两个结合",建设中华民族现代文明,创造人类文明新形态等原创性表达、原创性概念。习近平文化思想正式提出之后,学术界对习近平文化思想的生成逻辑、核心要义、体系结构、鲜明特征、实践要求、理论价值、世界意义等问题进行了

---

① 杨凤城:《邓小平文化建设思想若干问题述论》,《中共党史研究》2014 年第 7 期。
② 张远新:《江泽民文化思想研究论纲》,《理论探讨》2005 年第 2 期。
③ 王建辉:《江泽民文化思想初论》,《湖北大学学报(哲学社会科学版)》1999 年第 1 期。
④ 闫会心:《试论胡锦涛文化发展思想的主要内容》,《山西大学学报(哲学社会科学版)》2011 年第 5 期。
⑤ 李新芝:《胡锦涛同志文化建设思想的创新》,《毛泽东思想研究》2012 年第 3 期。

全面深入研究，充分展现了习近平文化思想的理论创新和实践魅力。例如，辛向阳从关于坚持党的文化领导权、关于推动物质文明和精神文明协调发展、关于"两个结合"的根本要求、关于新的文化使命、关于坚定文化自信、关于构建中国话语和中国叙事体系、关于促进文明交流互鉴等11个方面，对习近平文化思想的体系进行了勾勒和概括。① 项久雨将习近平文化思想的理论特质，概括为人民性、系统性、独创性、世界性的有机统一。② 罗文东等则在《习近平文化思想的历史地位、理论贡献和指导意义》一文中提出，习近平文化思想是党领导文化工作的历史经验和伟大成果的理论总结，极大地深化了对社会主义文化建设本质规律的认识，不仅在党的宣传思想文化事业发展史和中华文化发展史上具有里程碑意义，而且在马克思主义文化理论发展史乃至人类文明发展史上都具有重大意义。"第二个结合"不仅是又一次思想解放，让我们掌握了思想和文化主动，而且是习近平文化思想成熟的标志，开辟了中国特色社会主义文化发展的新境界。③ 这些研究成果对习近平文化思想的生成、体系、特点、地位等进行了探讨，有助于从总体上把握习近平文化思想，深化对习近平文化思想的认识。

研究的特点及其展望

近30年来，学术界对当代中国文化史研究取得了丰硕成果，形成了一些研究特点、研究风格，也留下了诸多有待深入探讨的问题。

（一）研究的特点

当代中国文化史的研究时段逐步延伸、研究视域逐步拓展，实现了总体研究与具体研究、理论研究与实践研究、历史研究与现实研究的有机结合，并体现了学科交叉融合的研究优势。

总体研究与具体研究相结合 近30年来恰逢新中国成立50周年、60周年、70周年，学术界对当代中国文化史的研究，重视从总体上总结新中国成立以来文化建设的历史过程、历史成就、历史经验。在进行总体研究

---

① 辛向阳：《深刻把握习近平文化思想的科学体系》，《红旗文稿》2024年第2期。
② 项久雨：《习近平文化思想的理论特质》，《中国高校社会科学》2024年第1期。
③ 罗文东等：《习近平文化思想的历史地位、理论贡献和指导意义》，《当代中国史研究》2023年第6期。

时，能以大历史观评价新中国文化发展的历史，将文化史置于新中国史的整体中进行分析，结合政治、经济、社会、生态、外交等方面进行评价。同时，当代中国文化史的总体研究是建立在具体研究基础之上的，学术界对于当代中国文化史分时期、分领域、分人物进行研究，呈现出当代中国文化史的具体面相，为当代中国文化史的总体研究提供了重要支撑。

理论研究与实践研究相结合　　思想理论是制定方针政策的基础，制定方针政策的目的在于指导实践，当代中国文化史是理论与实践交织、变奏的历史。当代中国文化史研究既注重中国共产党领导新中国文化建设思想理论、方针政策的研究，更重视思想理论、方针政策向实践转化的研究，对新中国文化建设成就、经验的总结，实际上是对新中国文化建设实践效果的评价。

历史研究与现实研究相结合　　当代中国文化史既是历史也是现实。学术界对当代中国文化史的研究，首先着眼于依据历史文献尽力还原历史真实，呈现当代中国文化史的历史面相。与此同时，当代中国文化史研究具有强烈的现实关怀，一方面将中国特色社会主义新时代正在进行的文化建设实践纳入研究范围，延伸研究的下限；另一方面注重总结历史经验以启迪新时代文化建设的实践，或者基于历史回答新时代文化建设面临的现实问题。如此，当代中国文化史研究具有鲜明的现实取向。

多学科视野、理论和方法的交叉融合　　文化本身涵盖多个领域，可从不同学科、不同维度进行研究和阐释。参与当代中国文化史研究的学者，涉及马克思主义理论、历史学、中共党史党建学、文化学、哲学、经济学、管理学、政治学、社会学、艺术学、教育学等学科，不同学科视野、理论和方法的交汇，推动当代中国文化史研究不断走向深入。

应当承认，近30年来学术界对当代中国文化史的研究取得了重要进展，将当代中国文化史研究推向了新的阶段。然而，由于史料、认知、方法的局限，仍存在一些薄弱环节有待强化。例如，学术界对于新中国文化建设过程中如何实现"第二个结合"，如何实现中华优秀传统文化的创造性转化、创新性发展，从历史的维度关注不够、研究较少。又如，学术界对新中国文化建设的经验讨论较多，上升到规律层面进行总结的较少。再如，中国特色社会主义新时代文化建设提出了不少新任务、新论断，这些问题都有其历史渊源和历史基础，学术界对此关注和研究有些滞后。

（二）相关展望

新中国文化建设的历史在不断延伸，特别是中国特色社会主义新时代文化建设面临建设中华民族现代文明、全面建成社会主义文化强国的艰巨任务，需要当代中国文化史研究提供理论借鉴和经验启迪。

国家文化治理体系和治理能力建设研究　新中国文化建设是在复杂国际国内背景下进行的，文化领域的博弈和较量是国际斗争的重要方面，文化安全是国家安全的构成要素。全面总结新中国文化治理的制度建构、治理方略、治理过程、治理效果，总结新中国维护国家文化安全的有效举措与历史经验，是当代中国文化史研究不容忽略的课题。

中国文化发展规律研究　文化发展有其内在规律，受规律支配和制约。那么，新中国文化发展的内在规律是什么，如何从党的文化领导权、文化和政治经济的关系、传统文化和现代文化的关系、中国文化和外国文化的关系等方面提炼归纳新中国文化发展规律，需要学术界深入思考和升华。

中华优秀传统文化的创造性转化、创新性发展研究　新中国成立以来，中国共产党坚持把马克思主义基本原理同中国具体实际相结合、同中华优秀传统文化相结合。"两个结合"作为马克思主义中国化时代化的方法，在新中国的历史发展过程中是如何展开的，需要深入研究，以呈现"第二个结合"的历史脉络。2023年6月，习近平总书记在文化传承发展座谈会上指出："在五千多年中华文明深厚基础上开辟和发展中国特色社会主义，把马克思主义基本原理同中国具体实际、同中华优秀传统文化相结合是必由之路。这是我们在探索中国特色社会主义道路中得出的规律性认识。"[①]那么，在改革开放、开辟和发展中国特色社会主义的过程中，实现中华优秀传统文化创造性转化、创新性发展的方法、内容、成就、经验是什么，需要进行系统、深入的研究。

建设中华民族现代文明研究　习近平总书记在文化传承发展座谈会上提出了建设中华民族现代文明的文化使命。中华民族现代文明是相对于中华民族传统文明而言的，新中国成立后文化建设的过程，实际上也是建设

---

① 习近平：《在文化传承发展座谈会上的讲话》，《求是》2023年第17期。

中华民族现代文明的过程。从建设中华民族现代文明的维度对新中国文化史进行审视，追溯建设中华民族现代文明的目标定位、方针政策、具体举措、历史成就、历史经验，有利于推进建设中华民族现代文明，拓展当代中国文化史研究的空间。

中国特色哲学社会科学"三大体系"建设研究　2016年5月，习近平总书记在哲学社会科学工作座谈会上，提出构建中国特色哲学社会科学的任务。[①] 这一任务既是现实，也是历史。新中国成立后确立马克思主义在意识形态领域的指导地位、探索适合中国国情的社会主义建设道路，改革开放后的理论实践探索、经验总结，实际上都蕴含着建构中国特色哲学社会科学自主知识体系的努力，中国特色社会主义是建构中国自主知识体系的重要命题，也是构建中国特色哲学社会科学"三大体系"的重要基础。从历史的维度进行总结，是当代中国文化史研究的重要课题之一。

中华文化对外传播研究　文化在传播中发展，通过传播推动文化交流，实现不同国家、不同文明的相互借鉴和吸收，是文化发展的内在要求。新中国文化发展的过程，也是中国文化逐步走向世界的过程。新中国文化对外传播的内容、途径、方法、效果，如何提升中华文明对外传播力影响力，是当代中国文化史研究需要重视的问题。在对外开放过程中，引进外来文化的举措、成效、经验与教训等也有深入研究的必要。

总之，当代中国文化史的研究只有进行时，没有完成时，从历史文献出发，时刻保持对新时代中国特色社会主义文化发展态势的关注，就能发现当代中国文化史研究的新问题、新领域，以不断推进对当代中国文化史的研究，在呈现历史真实的同时，推动新时代中国特色社会主义文化的发展。习近平文化思想的形成和发展，既总结了新中国文化建设、文化发展的实践经验，也是新中国文化史的有机组成部分，并为研究当代中国文化史提供了理论视域和理论指引。习近平新时代中国特色社会主义思想的丰富内涵，有利于学术界展开对当代中国文化史的研究，有利于拓展当代中国文化史研究的视域，实现当代中国文化史研究理念、路径和方法的创新。

---

① 习近平：《在哲学社会科学工作座谈会上的讲话》，北京：人民出版社2016年版。

当代中国文化史研究三题

欧阳雪梅

中国社会科学院大学教授、当代中国研究所研究员

当代中国文化史（以下简称文化史）是新中国史的分支学科，是从国家的角度研究文化发展的历史。新中国成立以来，文化建设的理论和实践不断拓展着文化的内涵与外延，丰富了文化史研究的内容，推动了文化史研究繁荣发展。文化史研究与时代同行，不断深化、日渐繁荣。对此，笔者拟围绕文化史研究的繁荣发展、"三大体系"建设、热点问题研究这三个主要问题展开探讨，以期深化对相关领域的研究。

文化史研究的繁荣发展

中国共产党一贯高度重视文化建设。毛泽东早在1940年1月的《新民主主义论》中就明确提出："一定的文化（当作观念形态的文化）是一定社会的政治和经济的反映，又给予伟大影响和作用于一定社会的政治和经济"，并强调："革命文化，对于人民大众，是革命的有力武器。革命文化，在革命前，是革命的思想准备；在革命中，是革命总战线中的一条必要和重要的战线"。[①] 这一重要论述对文化与政治、经济的关系做了清晰判断，揭示了文化的本质，对革命文化（亦即本文所指的红色文化）在社会发展中的地位和作用做了概括。1949年9月，具有临时宪法性质的《中国人民政治协商会议共同纲领》对如何发展新中国文化事业做了相关部署，规划了

---

① 《毛泽东选集》第2卷，北京：人民出版社1991年版，第663—664、708页。

文化建设与发展的方向。①

新中国成立后，随着我国文化建设事业的推进，文化史研究也随之起步。例如，1954 年即新中国成立 5 周年时，人民出版社就出版了薛和昉编著的《新中国五年来文化教育的成就》一书。又如，新中国成立 10 周年之际，1959 年 9 月 24 日的《光明日报》刊发了丁西林的《以文会友 和气致祥——十年来中外文化交流和友好往来》一文，对 10 年来中外文化交流和友好往来做了简要回顾。与此同时，人民出版社和上海人民出版社还分别出版了国家统计局编的《伟大的十年：中华人民共和国经济和文化建设成就的统计》、上海市统计局编的《胜利十年：上海市经济和文化建设成就的统计资料》，这些统计资料虽较好地反映了 10 年来文化建设的成就，但尚难称之为严格意义上的文化史研究。

严格意义上的文化史研究是从中共十一届三中全会后开始的。20 世纪七八十年代，改革开放给文化发展带来了空前的活力，激发了国内学者开拓文化史研究的兴趣，并于 80 年代形成了"文化热"。

1979 年 9 月，时任全国人大常务委员会委员长叶剑英《在庆祝中华人民共和国成立三十周年大会上的讲话》中正式提出"建设高度的社会主义精神文明"的任务。②以建设社会主义精神文明为标志，社会主义文化建设在经历挫折后转入正轨，逐渐被纳入中国特色社会主义事业总体布局。随着"以经济建设为中心"成为兴国之要，文化开始向经济社会等各领域全覆盖，其经济属性更加得到重视，文化史研究也日益繁荣发展。

1982 年 5 月，时任中共中央书记处书记胡乔木出席中国社会科学院召开的第一次青年社会科学工作者座谈会，他在会上倡议："对建国以来各条战线的历史经验作出有科学价值的总结，编写若干专著"；"这不仅是为中国现代史的研究积累资料，而且可以从中找出规律性的东西来，用以指导我们的工作"。随即，中国社会科学院及其所属的中国社会科学出版社提出方案，准备编写出版一套多卷本的定名为《当代中国》的大型丛书。中共中央宣传部部务会议讨论胡乔木的指示后决定积极贯彻执行，并立即着

---

① 参见《建国以来重要文献选编》第 1 册，北京：中央文献出版社 2011 年版，第 9—10 页。
②《三中全会以来重要文献选编》（上），北京：人民出版社 1982 年版，第 234 页。

手组织有关部门编写并出版《当代中国》丛书。①从1983年开始启动,150卷、1亿字、3万幅图片的《当代中国》丛书于1998年基本完成,并于1999年6月出版了电子光盘版。②该丛书的出版是文化史研究繁荣发展的直接体现,而其中的一些卷册则更是集中展现了文化史研究的广度和深度,如文字改革卷、广播电视卷、新闻出版卷等,均对新中国成立30多年相关领域的进展做了详细叙述,为之后的文化史研究奠定了基础。与此同时,专门的文化史研究论著也陆续出版,其研究的系统性、科学性持续加强。其中,1992年黑龙江教育出版社出版张顺清等主编的《中华人民共和国文化史》就是其中的重要代表成果之一。

1997年9月,中共十五大报告明确提出"有中国特色社会主义的文化建设",强调:"有中国特色社会主义的文化,是凝聚和激励全国各族人民的重要力量,是综合国力的重要标志"。③随即,一大批有关文化史研究的学术专著相继问世。其中的代表性研究成果主要包括黄楠森等主编的《有中国特色社会主义文化研究》(山东人民出版社1999年版)、夏杏珍主编的《五十年国事纪要(文化卷)》(湖南人民出版社1999年版)等。与此同时,1994年创刊的《当代中国史研究》也刊发了大量文化史研究成果。

进入新世纪,面对"告别革命论""历史终结论""文明冲突论"等错误思潮,加上我国正式加入世界贸易组织,文化发展面临着新的严峻挑战,文化建设的战略意义更加凸显。2002年11月,中共十六大报告强调:"当今世界,文化与经济和政治相互交融,在综合国力竞争中的地位和作用越来越突出。"④到2011年10月,中共十七届六中全会明确提出"坚持中国特色社会主义文化发展道路,努力建设社会主义文化强国"的历史重任。⑤其间,围绕改革开放30周年、新中国成立60周年等重大纪念活动,文化史研究持续升温,一大批相关研究成果大量涌现。其中的代表性研究成果主要包括蔡武主编的《改革 发展 繁荣——改革开放30年中国文化发展报

---

①《胡乔木传》(下),北京:当代中国出版社、人民出版社2015年版,第552页。
②《〈当代中国〉丛书暨电子版完成总结大会在京举行》,《人民日报》1999年7月1日。
③《中国共产党第十五次全国代表大会文件汇编》,北京:人民出版社1997年版,第36页。
④《中国共产党第十六次全国代表大会文件汇编》,北京:人民出版社2002年版,第37页。
⑤《十七大以来重要文献选编》(下),北京:中央文献出版社2013年版,第562页。

告》（文化艺术出版社 2008 年版）、张颐武主编的《中国改革开放三十年文化发展史》（上海大学出版社 2008 年版）、贺绍俊等著的《辉煌历程：共和国 60 年文化发展》（中国大百科全书出版社 2009 年版）等。与此同时，关于电影、新闻传播等方面的专题性研究成果也大量出版。其中的代表性研究成果主要包括陈播主编的《中国电影编年纪事（总纲卷）》（中央文献出版社 2005 年版）、吴廷俊主编的《中国新闻传播史（1978—2008）》（复旦大学出版社 2011 年版）等。

中共十八大以来，中国特色社会主义进入新时代。面对实现中华民族伟大复兴的战略全局和世界百年未有之大变局加速演进、深度互动的复杂形势，2014 年 2 月，习近平总书记在主持中共十八届中央政治局第十三次集体学习时的讲话中明确指出："我国正处在大发展大变革大调整时期，国际国内形势的深刻变化使我国意识形态领域面临着空前复杂的情况，各种思想文化相互激荡，不同文明交流交融交锋更加频繁，进一步凸显了思想文化力量在综合国力竞争中的战略地位。"① 对此，习近平总书记在中共十九大报告中进一步强调："文化是一个国家、一个民族的灵魂。文化兴国运兴，文化强民族强。"② 2020 年 9 月，习近平总书记在教育文化卫生体育领域专家代表座谈会上的讲话中指出："统筹推进'五位一体'总体布局、协调推进'四个全面'战略布局，文化是重要内容；推动高质量发展，文化是重要支点；满足人民日益增长的美好生活需要，文化是重要因素；战胜前进道路上各种风险挑战，文化是重要力量源泉。"③ 2023 年 6 月，习近平总书记在文化传承发展座谈会上提出了"在新的起点上继续推动文化繁荣、建设文化强国、建设中华民族现代文明"的文化使命。④

中共十八大以来，习近平总书记提出一系列新时代文化建设的新思想新观点新论断，形成了习近平文化思想，科学回答了中国之问、世界之问、人民之问、时代之问。新时代文化理论的重大创新有力引领新时代中国特

---

① 习近平：《论党的宣传思想工作》，北京：中央文献出版社 2020 年版，第 54 页。
② 习近平：《论党的宣传思想工作》，北京：中央文献出版社 2020 年版，第 10 页。
③ 习近平：《在教育文化卫生体育领域专家代表座谈会上的讲话》，北京：人民出版社 2020 年版，第 5 页。
④ 习近平：《在文化传承发展座谈会上的讲话》，《求是》2023 年第 17 期。

色社会主义文化建设取得历史性成就、发生历史性变革,为推进中国式现代化和中华民族伟大复兴提供了坚强的思想保证、精神力量和文化支撑。学界对此高度关注,既对习近平文化思想的核心要义、价值内核、思想来源、生成逻辑等做了系统研究①,也据此检视、回望历史,加强了对中国特色社会主义文化道路、中国特色社会主义文化制度以及社会主义意识形态建设等专题史的研究。此外,在新中国成立70周年、中国共产党成立100周年前后,学界还对新中国文化建设历程、成就及其经验等做了大量研究,推出一大批高质量研究成果,推动了文化史研究持续繁荣发展,其学科主体性日益凸显。

"三大体系"建设

与新中国政治史、经济史、外交史相比较,文化史研究成果相对较少,其"三大体系"建设起步略晚。

以新中国史专门研究机构中国社会科学院当代中国研究所(以下简称当代所)为例,该所在2001年设立了文化史与社会史研究室②,有了一支专门的文化史研究队伍,并在中国社会科学院研究生院中华人民共和国国史系(现为中国社会科学院大学历史学院中华人民共和国国史系)成立后,开始招收文化史方向的硕士、博士研究生,其学科体系日益成熟。

在学术体系建设方面,从2012年开始,当代所文化史研究室结合中国社会科学院创新工程的开展,多次组织专家就文化史的研究对象和内容进行研讨,在前期多年积累的基础上,经过4年集体攻关,于2016年出版了《中华人民共和国文化史(1949—2012)》(当代中国出版社),2019年新中国成立70周年之际,该书经修订后以《中华人民共和国文化史(1949—2019)》为名再版,较为系统完整地书写了新中国70年文化历程及其经

---

① 相关研究成果主要有韩喜平:《深刻理解习近平文化思想的理论意蕴》,《湖北社会科学》2023年第11期;韩振峰:《习近平文化思想开辟了马克思主义文化理论发展新境界》,《中国高校社会科学》2023年第6期;等等。

② 该研究室在2001年成立的名称为文化史与社会史研究室,2010年一分为二,设文化史研究室、社会史研究室,为行文方便,本文统称文化史研究室。参见《当代中国研究所大事记(1990—2010)》上册,当代中国研究所办公室2010年编印,第129、341页。

验；2022年出版的"新时代这十年"丛书之一《新时代的文化建设》（当代中国出版社、重庆出版社）对新时代10年文化建设的伟大成就做了详细梳理，对其成功经验做了系统总结。在此前后，包括文化史研究室在内的整个当代所源源不断地推出了系列文化史研究成果，较好地搭建起文化史研究的学术体系。其中代表性研究成果主要包括刘仓的《毛泽东关于新中国文化建设思想探析》（当代中国出版社2015年版）、潘娜的《新中国的第四次文代会》（北京人民出版社2019年版）、欧阳雪梅的《新中国文化建设论略》（当代中国出版社2020年版）、欧阳雪梅等的《中国特色社会主义文化制度建设》（河北人民出版社2022年版）、苏熹的《863计划的制定与实施》（北京人民出版社2024年版）等，为文化史学术体系建设奠定了坚实基础。与此同时，为了解文化建设实况及存在的问题，推动文化史研究深入发展，从2011年开始，当代所文化史研究室每年都会开展国情调研，特别是在2023年还承担了中共中央宣传部委托课题"新时代十年宣传思想文化工作的成就和经验研究"，先后在浙江、江西、重庆、福建、湖南、四川六省市进行调研并提交了调研报告。此外，当代所文化史研究室还于2017年起举办每年一次的全国性学术年会，通过学术年会这个平台加强了学术交流，汇聚、壮大了文化史研究队伍，扩大了学术影响力，有助于学术体系的建设。

在话语体系建设方面，当代所文化史研究室努力作为。例如，欧阳雪梅的《当代中国的文化》（五洲传播出版社2014年出版、2021年修订再版）被译为英文、法文、俄文、西班牙文、阿拉伯文、波斯文等多种文字，并参加贝尔格莱德国际书展等活动，取得了较好的对外宣传效果。

除当代所外，中国社会科学院的马克思主义研究院、文学研究所等，中共中央党史和文献研究院、北京大学、中国人民大学、东北师范大学、湖南师范大学等机构也有不少专家学者开展文化史研究，推出系列研究成果，有力推动了文化史"三大体系"建设。例如，中国社会科学院中华民族现代文明研究阐释工程重大项目成果——《新时代中国文化发展报告：走向全面繁荣的中华民族现代文明》（社会科学文献出版社2024年版），从历史的、宏观的角度开展跨学科综合研究，从"铸就中华文化新辉煌创造人类文明新形态""守正创新：马克思主义文化理论的伟大飞跃""根深叶茂：

让中华优秀传统文化焕发蓬勃生机""赓续文脉：推动中华文化的传承与保护"等多个方面切入形成最新研究成果，全面深入地展示了中共十八大以来我国文化理论和实践的发展成就。又如，杨凤城领衔撰写的《中国共产党文化思想史》（中共党史出版社2023年版）一书，用较大篇幅讨论了新中国成立以来文化史的发展历程，揭示了中华优秀传统文化、革命文化、社会主义先进文化的相互影响过程及其内在一致性。①

史料是历史研究的基础。随着大型历史文献丛书《复兴文库》中文化建设的专题文献成册并陆续在中华书局出版，续编《当代中国》丛书被提上日程，智慧图书馆、数字档案馆（室）建设，各研究机构对基层和民间资料的搜集、整理（如北京大学中华人民共和国史研究中心先后征集当代文献史料60余批次，初步整理20多万页资料②），以及国家间的文化档案合作出版等③，文化史研究的基础日益巩固，研究的视野不断拓展，人才队伍不断壮大，其"三大体系"建设成效愈发彰显。

热点问题研究

近30年来，文化史研究以国家的文化建设为中心，不仅从新中国文化建设的实践中挖掘新材料、发现新问题、提出新观点、总结新经验，而且还有强烈的问题意识，对大量热点问题给予了高度关注，以下三个方面的研究很有代表性。

（一）对社会主义意识形态建设史的研究

2019年4月15日，陈先达在《光明日报》发表《筑牢文化自信的理论和现实基础》一文，提出："改革开放40年，中国介绍西方的文化远远超过西方介绍中国的文化。中国人对西方的了解也远远超过西方一些人对中国的了解"。改革开放40多年来，西方文化概念、理论和方法的引进，开阔了我们的视野，拓展和丰富了我们的研究方法与表现手法，但同时也产生

---

① 刘国新：《系统回顾百年中国共产党文化思想的创新之作——读〈中国共产党文化思想史〉》，《光明日报》2024年2月28日。
② 黄江军：《"北京大学中华人民共和国史研究中心"简介》，《中共党史研究》2023年第3期。
③ 参见闫立光：《中俄深化档案汇编合作的重要成果——〈中苏文化关系档案文献汇编（1949—1960年）〉评介》，《当代中国史研究》2023年第4期。

了历史虚无主义和文化虚无主义，主要表现是虚无中华优秀传统文化、革命文化，目的就是要从根本上否定马克思主义在意识形态领域的指导地位，否定社会主义文化建设，否定中国共产党执政文化根基，这是一股极端错误的思潮。对此，学界推出了一大批研究成果，对社会主义意识形态建设史做了深入探讨。其中代表性研究成果主要包括关海宽的《改革开放以来我国社会主义意识形态建设研究：经验·问题与路径选择》（中国社会科学出版社2012年版）、王永贵等的《马克思主义意识形态理论与当代中国实践研究》（人民出版社2013年版）、张星星的《新中国社会主义意识形态的基本确立》（《当代中国史研究》2007年第1期）、侯惠勤的《中国共产党在意识形态建设理论上的创新》（《新视野》2010年第2期）、欧阳雪梅的《新时代我国意识形态领域发生的全局性根本性转变》（《毛泽东研究》2022年第4期）等，这些研究成果从不同角度考察了我国主流意识形态建设历程及其时代价值，呈现了我国社会主义意识形态建设的历史样貌，驳斥了错误思潮。

中共十八大以来，习近平总书记高度重视文化建设，对坚定文化自信、建设文化强国等做出重要指示批示，习近平文化思想为我国文化建设事业繁荣发展提供了根本遵循。习近平文化思想正式提出之后，学界对习近平文化思想进行了全面深入研究，充分展现了习近平文化思想的理论创新和实践魅力。例如，关于习近平文化思想的原创性贡献，姜辉认为："习近平文化思想是内容丰富、内涵深刻、内在统一的思想体系，涵盖理论武装、舆论宣传、思想道德建设、精神文明建设、文化繁荣发展、网络建设管理、文明交流互鉴等方方面面"；"在重大创新观点上，提出坚持党的文化领导权、以人民为中心的鲜明立场、坚定文化自信、中华民族的文化主体性、新的文化生命体、中华民族现代文明、中国话语和中国叙事体系、全人类共同价值、人类文明新形态等一系列原创性、突破性的理论观点，深刻揭示了文化发展、文明传承的内在规律，具有极为重要的本体论和认识论意义"。①沈壮海则从马克思主义文化理论的角度阐释了习近平文化思想的重大理论创新："之所以说习近平文化思想是马克思主义文化理论中国化时代化

---

① 姜辉：《全面系统把握习近平文化思想》，《人民日报》2023年12月11日。

的最新成果,正在于习近平文化思想在创造性回答当今时代文化之问的过程中,形成了一系列的原创性成果,并有力引领了新时代以来中国特色社会主义文化建设的变革性实践、突破性进展。"①

(二)对中国共产党文化观及"第二个结合"的研究

关于中国共产党文化观尤其是毛泽东等党和国家领导人的文化观,学界自 20 世纪 80 年代中期开始就多有讨论。总体而言,学界对此持肯定态度。例如,张允熠把邓小平理论与毛泽东思想结合起来加以分析,认为邓小平理论与毛泽东思想是一脉相承的,邓小平在"实事求是"、真理标准和"小康社会"等命题上将马克思主义哲学和中国优秀的传统文化有机地结合起来。②方克立则在《"马魂、中体、西用":中国文化发展的现实道路》一文中对中国传统文化做了综合考察,认为:"中国文化发展的现实道路就是中国特色社会主义文化的建设和发展之路。它的实质内容就是要解决中、西、马三种文化传统、三大文化思潮的关系问题,其核心是马克思主义与中国文化的关系问题。"③

中共十八大以来,习近平总书记高度重视中华优秀传统文化的创造性转化、创新性发展。习近平总书记明确指出:"只有全面深入了解中华文明的历史,才能更有效地推动中华优秀传统文化创造性转化、创新性发展,更有力地推进中国特色社会主义文化建设"。④有学者提出:"中共十八大以后,中共对待传统文化态度的明显变化,实际上反映了时代的要求";"继承和弘扬传统优秀文化,对于团结和凝聚十几亿国人实现中华民族伟大复兴的中国梦,其意义不言而喻"。⑤也有学者认为:"习近平传统文化观继承中华传统文化基因,以马克思主义文化观、毛泽东文化思想为理论渊源,站

---

① 沈壮海:《新时代文化建设的理论结晶与思想引领》,《光明日报》2023 年 10 月 27 日。
② 张允熠:《从毛泽东到邓小平——论马克思主义与中国传统文化的结合》,《学术界》2004 年第 5 期。
③ 方克立:《"马魂、中体、西用":中国文化发展的现实道路》,《北京大学学报(哲学社会科学版)》2010 年第 4 期。
④ 习近平:《在文化传承发展座谈会上的讲话》,《求是》2023 年第 17 期。
⑤ 杨凤城:《改革开放时期文化建设与发展史的几个问题研究》,《中共党史研究》2016 年第 10 期。

在时代高度，对中华传统文化进行了系统论述。"①

马克思主义基本原理同中华优秀传统文化相结合，是继马克思主义基本原理同中国具体实际相结合（即"第一个结合"）取得巨大成就后的"第二个结合"。2023年6月，习近平总书记在文化传承发展座谈会上明确指出："'第二个结合'，是我们党对马克思主义中国化时代化历史经验的深刻总结，是对中华文明发展规律的深刻把握，表明我们党对中国道路、理论、制度的认识达到了新高度，表明我们党的历史自信、文化自信达到了新高度，表明我们党在传承中华优秀传统文化中推进文化创新的自觉性达到了新高度"；"'第二个结合'是又一次的思想解放，让我们能够在更广阔的文化空间中，充分运用中华优秀传统文化的宝贵资源，探索面向未来的理论和制度创新"。②学界对"第二个结合"做了系统深入研究。例如，王学斌认为，"第二个结合"的提出，经历了一个从"创造性转化、创新性发展"到"有机结合"的过程，深刻理解"第二个结合"，需要从文明演进与交融、理论创新与构建的宏阔视野中把握其内在逻辑。③又如，臧峰宇认为，"第二个结合"有力破解了现代化进程中的"古今中西之争"，以交融会通的方式促进了文化"涵化"，筑牢了中国式现代化的文化根基。④

（三）对红色文化发展史的研究

中国特色社会主义文化是激励全党全国各族人民奋勇前进的强大精神力量。中国特色社会主义文化自信，是对源远流长的中华优秀传统文化的自信，是对社会主义革命文化的自信，是对社会主义先进文化的自信。正如中共十九大报告明确指出的："中国特色社会主义文化，源自于中华民族五千多年文明历史所孕育的中华优秀传统文化，熔铸于党领导人民在革命、建设、改革中创造的革命文化和社会主义先进文化，植根于中国特色社会主义伟大实践。"⑤对此，学界对红色文化发展史做了较为充分的研究，形成

---

① 郑德荣等：《习近平传统文化观的历史渊源与思想精髓》，《毛泽东邓小平理论研究》2016年第7期。

② 习近平：《在文化传承发展座谈会上的讲话》，《求是》2023年第17期。

③ 王学斌：《"第二个结合"的涵育历程、核心要义与内在逻辑——以〈在文化传承发展座谈会上的讲话〉为中心的考察》，《求索》2023年第6期。

④ 臧峰宇：《"第二个结合"与中华民族的旧邦新命》，《中国社会科学》2023年第8期。

⑤《中国共产党第十九次全国代表大会文件汇编》，北京：人民出版社2017年版，第33页。

了一大批研究成果。例如，有学者认为，红色文化的历史演进与中国共产党的演进历程同向而行，并在马克思主义指导下的中国革命、建设、改革、复兴进程中发展壮大。[①]

中共十八大以来，习近平总书记高度重视红色文化，多次强调用好红色资源、传承红色基因、赓续红色血脉。2021年7月，习近平总书记在庆祝中国共产党成立100周年大会上首次明确提出并精辟阐释了伟大建党精神，强调："一百年来，中国共产党弘扬伟大建党精神，在长期奋斗中构建起中国共产党人的精神谱系，锤炼出鲜明的政治品格。历史川流不息，精神代代相传。我们要继续弘扬光荣传统、赓续红色血脉，永远把伟大建党精神继承下去、发扬光大！"[②] 9月，中华人民共和国成立72周年之际，中共中央批准了中央宣传部梳理的第一批纳入中国共产党人精神谱系的伟大精神，"这些精神，集中彰显了中华民族和中国人民长期以来形成的伟大创造精神、伟大奋斗精神、伟大团结精神、伟大梦想精神，彰显了一代又一代中国共产党人'为有牺牲多壮志，敢教日月换新天'的奋斗精神"。[③] 加上党和政府对红色文化保护与应用的倡导，肯定其政治价值、历史价值、文化价值和经济价值，红色文化发展史叙述逻辑与阐释框架不断搭建起来。

学界关于红色文化发展史的探究，推进了对一系列基础问题的阐释和解答，尤其是关于红色文化发展历程的逻辑主线、规律与经验等基本要素的研讨、解析，不仅进一步加深了对红色文化本质内核的理解把握，而且更加激发了人们对于红色文化的兴趣，从而启发、鼓舞了当下红色文化的传承弘扬和守正创新。[④] 有研究统计发现，2000—2018年共出版红色文化代表性研究著作10部；2009—2017年立项的包含红色文化、红色资源、红色文化资源或红色基因的国家社会科学基金项目27项，其中重大项目2项、

[①] 郭国祥等：《建党百年红色文化的生成逻辑、内在意蕴与赓续发展》，《学习论坛》2022年第2期。

[②] 习近平：《在庆祝中国共产党成立100周年大会上的讲话》，北京：人民出版社2021年版，第8页。

[③]《中国共产党人精神谱系第一批伟大精神正式发布》，《人民日报》2021年9月30日。

[④] 渠长根等：《形、线、质：三维探究中国共产党红色文化发展史》，《思想政治教育》2023年第9期。

重点项目3项。①但目前红色文化发展史研究成果多而不优,还缺乏与厚重红色文化相匹配的全景式、全程性、全方位的梳理红色文化发展史的著作,有待学界持续发力,推进对相关问题的研究。

此外,中国特色社会主义文化道路、中国特色社会主义文化制度、乡村振兴视野下的乡村文化建设史、文化体制改革与文化产业发展史等,都是近30年来文化史研究的热点,囿于篇幅,本文不一一展开。

综上所述,经过近30年来的努力,文化史研究持续繁荣发展,其"三大体系"建设已有一定基础,尤其是随着中共十八大以来文化建设战略地位和作用的显著提升,文化史研究的凝聚力和吸引力亦显著增强。正如习近平总书记在文化传承发展座谈会上明确指出的:"在新的起点上继续推动文化繁荣、建设文化强国、建设中华民族现代文明,是我们在新时代新的文化使命。"②新时代新征程,持续推动文化史研究,要坚持走好把马克思主义基本原理同中国具体实际、同中华优秀传统文化相结合的必由之路,特别是要传承和运用好"第二个结合"这一重要法宝,坚定文化自信,秉持开放包容,坚持守正创新,开创中华文明发展的新境界。总之,文化思想的不断创新与文化实践的不断丰富,为文化史研究提供了前所未有的历史机遇,这就要求我们增强历史自觉和理论自觉,以习近平文化思想为指导推进文化史研究的深化,加快建构其自主知识体系,为全面建设社会主义现代化国家贡献历史智慧。

---

① 温树峰等:《2000年以来的红色文化研究综述》,《浙江理工大学学报(社会科学版)》2018年第6期。

② 习近平:《在文化传承发展座谈会上的讲话》,《求是》2023年第17期。

当代中国社会建设史研究三题

朱汉国

北京师范大学历史学院教授

2006年10月,中共十六届六中全会通过《关于构建社会主义和谐社会若干重大问题的决定》,明确了"构建社会主义和谐社会在中国特色社会主义事业总体布局中的地位"。[①] 此后,关于当代中国社会建设的研究日渐成为学者们共同关注的一个热点问题。据笔者观察,近20年来,每年都有关于当代中国社会建设的论著发表。有的学者还出版了以"社会建设"为题的专著[②],特别是当代中国出版社2019年出版的由李文主编的《中华人民共和国社会史(1949—2019)》,不仅阐释了社会建设的内涵,更是以社会建设发展为主线构建了当代中国社会史研究的框架。从学术背景来看,研究当代中国社会建设的不仅有社会学、政治学学者,也有历史学学者。不同学科的学者基于各自的学术认知,对当代中国社会建设及其相关问题进行了探讨。本文则从历史学的视角,把当代中国社会建设置于历史学研究视域下,略陈几点关于研究当代中国社会建设史的思考。

[①] 参见《中共中央关于构建社会主义和谐社会若干重大问题的决定》,北京:人民出版社2006年版。

[②] 相关专著主要有郑杭生:《中国人民大学中国社会发展研究报告2006(走向更讲治理的社会:社会建设与社会管理)》,北京:中国人民大学出版社2006年版;陆学艺:《当代中国社会建设》,北京:社会科学文献出版社2013年版;任培秦等:《当代中国社会建设研究》,北京:中国社会科学出版社2014年版;马庆钰:《当代中国社会建设》,北京:中国人民大学出版社2021年版;等等。

如何构建当代中国社会建设史

研究当代中国社会建设史,首先要厘清什么是社会建设?目前关于社会建设的阐释,仍有不同的认知。

孙中山 1917 年发表的《民权初步》,曾被他称为"社会建设"。[①]不过,孙中山所说的社会建设,实际上是基层社会政治生活建设,与我们今天所说的社会建设差异很大。1935 年,社会学家孙本文在《社会学原理》一书中对社会建设曾做过解释:"依社会环境的需要与人民愿望而从事的各种社会事业,谓之社会建设"。[②]孙本文把社会建设与社会事业联系起来,其含义已接近我们今天所说的社会建设。

新中国成立后,由于受特定的世界政治格局和国内政治环境的影响,在相当长的一段时间里,在我国社会主义建设总体布局中并未把社会建设作为一个独立的单元来部署,学界也很少关注社会建设问题。2004 年 9 月,中共十六届四中全会通过《中共中央关于加强党的执政能力建设的决定》,强调要"加强社会建设和管理,推进社会管理体制创新"。[③]到 2012 年中共十八大,"社会建设"与经济建设、政治建设、文化建设、生态文明建设并列,提出了中国特色社会主义建设"五位一体"总体布局。[④]中国共产党关于社会建设目标和任务的提出,激发了学界对当代中国社会建设的研究和讨论,并形成了以下三种影响较大的观点:

一是民生事业论,强调社会建设要以民生为导向。其中的代表人物是李强。他认为:"社会建设是什么?中国其实有大社会、中社会、小社会。小社会就是过去改革以前的社会事业,即科学、教育、文化、卫生、体育。社会建设的概念是中社会的概念,它比小社会要大一些,相对于政治的、经济而言的社会。民生为主的社会,大体上说的是社会管理、社会保障,也就是住房、养老、分配、就业、计生、教育"。[⑤]

[①] 参见孙中山:《建国方略》,上海:民智书局 1922 年版。
[②] 孙本文:《社会学原理》下册,上海:商务印书馆 1935 年版,第 244 页。
[③]《中共中央关于加强党的执政能力建设的决定》,北京:人民出版社 2004 年版,第 25 页。
[④]《十八大以来重要文献选编》(上),北京:中央文献出版社 2014 年版,第 7 页。
[⑤] 李强:《对"社会"及"社会建设"的思考》,《国家行政学院学报》2010 年第 1 期。

二是社会结构论,力图从优化社会结构的角度来阐释社会建设。对此,陆学艺认为,社会建设就是为适应国家由农业农村的传统社会向工业化城市化的现代社会的转变,适应人们的生产方式、生活方式和人际关系发生了深刻变化,积极面对由此产生的各种社会问题,有组织、有目的、有计划进行的各种有利于改善民生,建立新的社会秩序,促进社会进步的社会行动与过程。社会建设的主要内容包括社会事业建设、社会体制和社会规范、社会管理和社会安全体制、调整社会结构,其目标则是实现社会和谐和社会进步。①

三是社会重建论,持这一观点的学者基于政府、市场、社会"三元结构"理论,认为社会建设的目标就是重建社会。例如,孙立平认为,社会发展首先必须以社会为基础,社会的建设首先是社会的发育,因此,社会的发育是社会建设和发展当中极为重要的任务。②

基于学界对社会建设的不同认知,社会建设的具体内容也有不同的表述。例如,青连斌认为,社会建设主要包括三个方面:一是大力发展社会事业,解决经济社会不协调问题;二是加强社会制度、体制和机制建设,解决制度缺失和体制机制不健全问题;三是加强社会结构建设,解决社会结构失衡问题。③陆学艺则认为,社会建设涉及九个方面的内容,即社会结构的调整与构建、社会流动机制建设、社会组织建设、社会阶层利益关系协调机制建设、社会事业建设、社会保障制度建设、社区建设、社会安全体制建设、社会管理机制建设。④由此可见,关于社会建设的内容,学界也是各抒己见,莫衷一是。应该说,上述各方面都是社会建设的内容,但进一步分析,则不难发现上述论点大体反映的是社会学界对社会建设的思考。笔者以为,这些阐释都存在一个共同的现象,即把社会建设内容平面化、静态化了。从历史学的视角来看,社会建设应是个系统工程,其建设内容应是立体、系统且不断发展的。当代中国的社会建设是在党和政府主导下

---

① 陆学艺:《当代中国社会结构变动中的社会建设》,《甘肃社会科学》2010年第6期。
② 孙立平:《社会建设的目标是促进社会进步》,《北京工业大学学报(社会科学版)》2009年第2期。
③ 青连斌:《大力加强社会建设》,《理论前沿》2005年第7期。
④ 陆学艺:《关于社会建设的理论和实践》,《北京工业大学学报(社会科学版)》2009年第1期。

开展的。如果要给当代中国社会建设下个定义的话，社会建设就是党和政府为实现社会主义现代化建设目标，动员全社会力量，保障民生，促进社会公平正义，确保社会正常运行、和谐发展的方针、举措及其实施过程。

笔者以为，在历史学视域下，当代中国的社会建设应包括以下三个方面的内容：

一是社会建设的顶层设计，主要是指党和政府关于社会建设目标的制定。当代中国的社会运行，就是在中国共产党领导下按照预定目标有序建设和发展。新中国成立前，中国共产党就提出了新中国的建设蓝图，新中国成立后，党和政府根据国情变化不断更新建设目标和方案。从新中国成立初期的新民主主义社会建设到后来的"人民公社"建设方案，从20世纪60—70年代开始的社会主义"四化"建设到改革开放后的"小康社会"建设方案，尤其是中共十八大后，中共中央提出的从2020年全面建成小康社会到2035年基本实现社会主义现代化，再到21世纪中叶全面建成社会主义现代化强国的战略安排，无不反映着党和政府对理想社会的追求以及社会建设目标的锚定。党和政府关于社会建设的顶层设计和建设蓝图的绘制，保证了我国社会建设的有序开展。我们研究当代中国社会建设，应首先研究党和政府的社会建设方案与目标。

二是社会建设的基础建设，主要是指以民生建设为核心的社会保障体系的建立与发展。建立并完善与经济发展水平相适应的社会保障体系，是社会稳定和良性运行的重要保证，也是社会建设的基础内容和重要任务。社会保障体系是个系统工程。新中国成立前，社会保障体系建设基本未能有效展开。新中国成立后，社会保障体系建设不断推进，日益完善。2017年10月，中共十九大报告强调，"保障和改善民生要抓住人民最关心最直接最现实的利益问题"，要"完善公共服务体系，保障群众基本生活，不断满足人民日益增长的美好生活需要"。① 这就需要建立完善的社会保障体系。当代中国的社会保障体系内容涉及三个层面，第一个层面是基础层面，涉及社会保险、社会救助和社会福利等事项。第二个层面是重点层面，涉及养老、医疗、最低生活保障等事项，尤其强调要"把保障人民健康放在优先

---

① 《十九大以来重要文献选编》（上），北京：中央文献出版社2019年版，第32页。

发展的战略位置，完善人民健康促进政策"①。第三个层面是补充层面，主要是指慈善和商业保险。在当代中国社会保障体系中，党和政府是主导，担负基础层面和重点层面保障事业的建设重任；社会力量是补充，主要以慈善、商业保险等事项协助党和政府进行社会保障体系的健全与发展。新中国成立70多年来，在中国共产党的领导下，社会保障体系的各个方面都经历了从初步建立到不断完善的过程。

三是健全社会利益协调机制，促进社会公平正义，保障社会有序健康发展。这主要涉及两个方面的建设，一方面是健全与社会利益息息相关的就学制度、就业制度、收入分配制度，另一方面是形成有效的社会治理体制。通过这两个方面的建设，促进社会公平正义，形成良好的社会秩序，满足人们对美好生活的向往，切切实实具有获得感、幸福感、安全感。

当代中国社会建设史研究的具体进展

自"社会建设"概念明确提出以来，学界在对当代中国社会建设概念、内涵进行理论阐释的同时，也对当代中国社会建设史所关涉的事项进行了具体探讨。梳理近20年来学界关于当代中国社会建设史具体内容的研究，大致包括以下几个方面：

（一）中国共产党与当代中国社会建设研究

当代中国的社会建设是在中国共产党领导下展开的，中国共产党与当代中国社会建设的关系是学界研究的重要议题。其中，在专著方面，康沛竹结合1949年以后发生的重大灾害，研究了中国共产党防灾救灾思想的形成与发展过程，论述了历次防灾救灾的实践及成效。②赵朝峰梳理了新中国成立初期、三年困难时期和"文化大革命"时期的灾荒与中国共产党领导全国人民的救灾实践。③胡映兰以社会建设为主线，系统梳理了改革开放以来中国共产党关于社会建设思想的发展历程，并对其演进规律、经验启示等进行了全面而深入的探讨。④在专题论文方面，王冠中侧重研究了中国共

---

① 《中国共产党第二十次全国代表大会文件汇编》，北京：人民出版社2022年版，第40页。
② 康沛竹：《中国共产党执政以来防灾救灾的思想与实践》，北京：北京大学出版社2005年版。
③ 赵朝峰：《中国共产党救治灾荒史研究》，北京：北京师范大学出版社2012年版。
④ 胡映兰：《改革开放以来中国共产党社会建设的理论与实践》，北京：人民出版社2014年版。

产党应对疫病的措施，认为其在新中国成立初期成功防控了疫病，赢得了民心，为此后应对类似突发性危机事件提供了借鉴。①李春耕回顾了新中国成立初期如何解决当时存在的失业、灾荒等社会痼疾，认为党和政府的社会工作有效化解了各种社会矛盾，使党和政府一开始就在广大人民群众中树立了良好的社会形象。②

（二）社会保障体系建立与发展研究

建立并完善社会保障体系是社会建设的主要内容和重要任务。社会保障体系是个系统工程，其内容涉及以下几个方面：

社会保障体系的宏观研究 郑功成等对新中国成立以来社会保障制度的变迁与改革进行了系统总结与评论。③宋士云论述了1949—2002年中国农村社会保障制度的历史演变过程，认为农村社会保障存在三种模式：1949—1955年是农村土地保障和国家、社会救助模式，1956—1983年是农村集体保障和国家救助模式，1984—2002年是农村土地保障和国家、社区扶助以及现代社会保障试点三者并存的模式。④此外，相关研究还有段庆林、方青、王国军等的学术论文，这些论文聚焦于中国农村社会保障制度的变迁，探讨了从"集体保障"到"社会保障"的演变历程。⑤这些研究成果基本上对社会保障体系做了一定的宏观探讨，并随着时间推移而不断持续深化。

社会保险制度研究 社会保险制度是社会保险体系的重要组成部分，学界对此多有研究。例如，尹伯成等通过对社会保险基本原理和中国社会保险制度的分析与回顾，阐述了我国社会保险制度改革的必要性和目标。⑥邓智平从政治经济学的视角，对新中国成立后的社会保障制度演变及其影响因素进行了宏观分析，并建构了一个从路径依赖、政策扩散、国家自主

---

① 王冠中：《新中国成立初期中共整合政治资源防控疫病的举措及经验》，《中共党史研究》2010年第10期。
② 李春耕：《建国初期的社会问题与党的社会工作》，《党政干部学刊》2012年第7期。
③ 郑功成等：《中国社会保障制度变迁与评估》，北京：中国人民大学出版社2002年版。
④ 宋士云：《中国农村社会保障制度结构与变迁（1949—2002）》，北京：人民出版社2006年版。
⑤ 段庆林：《中国农村社会保障的制度变迁（1949—1999）》，《宁夏社会科学》2001年第1期；方青：《从"集体保障"到"社会保障"——中国农村社会保障（1949—2000）》，《当代中国史研究》2002年第1期；王国军：《中国农村社会保障制度的变迁》，《浙江社会科学》2004年第1期。
⑥ 尹伯成等：《中国社会保险制度改革》，上海：复旦大学出版社1993年版。

性三维解释中国社会保障制度变迁的综合理论框架。① 郑飞北则对社会主义计划经济体制时期劳动保险制度的确立及发展过程进行了系统分析，认为中国共产党的劳动保险政策经历了从理想主义到现实主义的转变，并从提供生计保障、促进社会公平和提升经济效率等方面对劳动保险制度进行综合评价。②

　　社会救助研究　　社会救助是学界论述当代中国社会保障体系中成果较多的一个方面。例如，赵朝峰从新民主主义革命时期、新中国成立初期、集体化时期、改革开放以来这四个时间段来研究弱势群体成因和救助对策，并着重考察不同时期社会救助的特点，以期全面总结当代中国社会救助事业的历史经验。③ 有别于赵朝峰的宏观性研究，一些学者更多关注新中国成立初期的社会救助或区域性的社会救助。例如，高冬梅探析了新中国成立初期党和政府针对各类弱势群体的情况制定的不同救助方针，认为当时的弱势群体社会救助工作经验对此后的救助工作与社会建设仍然具有重要的借鉴意义。④ 李小尉论述了新中国成立初期北京对乞丐的救济与治理以及对城市贫民的生活救助情况。⑤

　　疾病防治和医疗保障研究　　疾病防治和医疗保障是当代中国社会保障体系的一个重要方面，学界对此有一定的研究。例如，李洪河考察了新中国成立初期的疫病流行，着重论述了党和政府的防治对策及成效。⑥ 董国强等以麻风病及其防控、救治工作为切入点，分析了国家和社会在制定麻风病防控、救治工作政策与贯彻实施过程中的互动作用及影响，探讨了"麻风病为什么会成为社会各界关注的焦点"等问题。⑦ 此外，还有一些学者则

---

　　① 邓智平：《从劳动保险到社会保险：中国社会保障制度模式转型及其逻辑》，北京：中国社会科学出版社2015年版。
　　② 郑飞北：《短缺经济条件下的生计保障、社会公平与经济效率——计划经济时代劳动保险制度分析》，南开大学2006年博士学位论文。
　　③ 赵朝峰：《当代中国社会救助事业的历史经验研究》，广州：中山大学出版社2015年版。
　　④ 高冬梅：《新中国建立初期弱势群体及其社会救助研究》，《中共党史研究》2005年第4期。
　　⑤ 李小尉：《新中国成立初期北京乞丐的救济与治理》，《北京社会科学》2007年第5期。
　　⑥ 李洪河：《新中国的疫病流行与社会应对（1949—1959）》，北京：中共党史出版社2007年版。
　　⑦ 董国强等：《新中国成立以来麻风病防控与救治工作的历史回顾》，《中共党史研究》2013年第9期。

结合"赤脚医生"等实例,通过探讨农村合作医疗发展的历史,论述了新中国农村医疗保障体系建设等问题。①

社会福利研究　社会福利也是社会保障体系的重要体现,学界对此做了较多探讨。例如,景天魁等详细地梳理了当代中国社会福利发展历程,认为1949—1956年是其形成时期,1957—1966年是全面建设时期,1967—1976年是停滞时期,改革开放后则最终从国家和企业为主的保障模式转变为以国家和社会为主的现代福利模式。②宋士云将中国社会福利制度发展划为三个阶段:1949—1956年是传统福利制度的创建阶段,1957—1983年是传统福利制度的发展阶段,1984年以后则是传统福利制度向新型社会福利制度的转型阶段。③此外,学界还对社会福利进行了分时段的研究,如李小尉探讨了"大跃进"时期的社会福利事业,成海军考察了社会主义计划经济体制时期的社会福利制度变革。④

(三) 民众的收入分配与就业研究

收入分配与就业直接关系民众的日常生计。新中国成立以来,随着经济制度的变化,收入分配与就业制度也发生了巨大的变化。近年来,学界对这些制度的产生及运行过程有较多探讨。

收入分配研究　学界对收入分配的研究主要集中在集体化时期农民收入分配等方面。例如,卢晖临从农村房屋分配入手,分析了集体化经历与农民平均主义心态形成的关系。⑤郑卫东从不同时段、不同家庭人口结构具体分析

---

① 李德成:《创造与重构:集体化时期农村合作医疗制度和赤脚医生现象研究》,北京:中国书籍出版社2012年版;曹普:《新中国农村合作医疗史》,福州:福建人民出版社2014年版;姚力:《新中国的农村合作医疗》,北京:北京人民出版社2019年版;等等。

② 景天魁等:《当代中国社会福利思想与制度:从小福利迈向大福利》,北京:中国社会出版社2011年版。

③ 宋士云:《新中国社会福利制度发展的历史考察》,《中国经济史研究》2009年第3期。

④ 李小尉:《以生产为中心:"大跃进"时期的社会福利事业研究》,《江西社会科学》2017年第12期;成海军:《计划经济时期中国社会福利制度的历史考察》,《当代中国史研究》2008年第5期。

⑤ 卢晖临:《集体化与农民平均主义心态的形成——关于房屋的故事》,《社会学研究》2006年第6期。

了集体化时期财富的分配模式及其对家庭生育的影响。① 孟庆延从"伦理"而非单纯"利益"的角度来理解"倒欠户"现象。② 徐卫国等则根据河北保定一个生产队的实物账及其他调查资料,研究了人民公社时期农户劳动报酬实物化的问题,揭示了实物化与抑制农户消费行为以及助长农户超计划分粮的复杂关系。③

就业研究 学界对就业的研究多围绕就业制度展开,其中侧重探讨了20世纪50—80年代的子女顶替就业现象。例如,王爱云较早开始研究子女顶替就业问题,她认为子女顶替就业制度的形成和发展经历了比较复杂的变化,这种制度对促进就业曾发挥过积极作用,但从根本上说并不是解决就业问题的有效办法。④ 田毅鹏等指出,子女顶替就业最初主要是出于对因工死亡、致残或年老体衰职工的社会保障而颁布的一种补偿性和照顾性的福利政策,70年代末,为解决"文化大革命"时期积累的就业重压,子女顶替政策被逐步大幅度放宽。⑤ 蔡伏虹认为,子女顶替就业这种以家庭为基本单元的就业组织形式是集体化时期劳动力再生产的重要方式,在不同历史时期会以不同形态出现,劳动关系也因此会呈现出不同结构。⑥

(四)社会治理体系研究

社会治理体系的建立和完善是保证社会协调运转的重要方式,也是社会建设的重要组成部分。当代中国社会治理体系的建设经历了由社会管理向社会治理的演进过程。中共十八大之前,学界论及社会治理体系的文章,大多是着眼于"社会管理"层面。例如,莫岳云探讨了新中国成立初期广

---

① 郑卫东:《集体化时期的分配制度与人口生育——以日照市东村为中心(1949—1973)》,《开放时代》2010年第5期。
② 孟庆延:《"生存伦理"与集体逻辑——农业集体化时期"倒欠户"现象的社会学考察》,《社会学研究》2012年第6期。
③ 徐卫国等:《人民公社时期农户劳动报酬实物化及其影响——以20世纪70年代河北某生产队为例》,《中国经济史研究》2014年第4期。
④ 王爱云:《试析中华人民共和国历史上的子女顶替就业制度》,《中共党史研究》2009年第6期。
⑤ 田毅鹏等:《计划时期国企"父爱主义"的再认识——以单位子女就业政策为中心》,《江海学刊》2014年第3期。
⑥ 蔡伏虹:《身份继替与劳工制度转型——基于子女接班顶替的制度文本解读》,《福建论坛(人文社会科学版)》2015年第9期。

州城市管理的历史过程，分析了这一时期包括以"单位制"为主"街居制"为辅的城市基层的管理体制的建立和职能作用。①高中伟考察了1949—1957年城市基层社会组织的建立与运转过程，认为此时城市基层政权组织完成了从军事管制到区街建政的转变，城市基层社会管理组织实现了从保甲制到居民委员会的过渡。②张浩则探讨了新中国成立初期北京的城市改造及基层社会管理体系建立完善的过程。③

2017年10月，中共十九大报告明确提出，要"加强和创新社会治理，维护社会和谐稳定，确保国家长治久安、人民安居乐业"。④"社会治理"随即成为热词，同时也成为学界的一个热门议题。此后的每年都有关于社会治理的论著发表，一些在读的研究生也以社会治理为题撰写自己的学位论文。例如，刘彦以组织化、去组织化和再组织化为分析框架，将新中国70年基层社会治理的演进历程分为基层社会治理组织化、基层社会治理去组织化和基层社会治理再组织化三个发展阶段，总结并反思了不同时期基层社会治理路径的成效与局限。⑤

当代中国社会建设史的研究者主要来自社会学、管理学、政治学和历史学领域。不难发现，不同学术背景的学者，在研究当代中国社会建设的具体内容上，表现了不同的理论依据和分析路径。社会学、管理学、政治学领域的学者大多注重于社会建设现状的宏观分析和对未来发展的规划，历史学领域的学者则多注重于对社会建设过程史实的考察和对当下社会建设的启迪。应该说，正是在学界同仁的共同努力下，当代中国社会建设史研究得以持续不断推进，取得显著成绩。

---

① 莫岳云：《新中国建立初期城市管理研究：以广州为个案（1949—1957）》，四川大学2008年博士学位论文。

② 高中伟：《新中国成立初期城市基层社会组织的重构研究——以成都为中心的考察（1949—1957）》，成都：四川大学出版社2011年版。

③ 张浩：《新中国成立初期中国共产党城市工作研究——以北京市为个案》，北京：人民出版社2014年版。

④《十九大以来重要文献选编》（上），北京：中央文献出版社2019年版，第17页。

⑤ 刘彦：《70年中国基层社会治理的演进路径及经验研究——以社会组织化治理为视角》，东北师范大学2020年博士学位论文。

如何深化当代中国建设史研究

毋庸讳言，当代中国社会建设史研究虽然取得了一定成绩，但是作为当代中国史研究中一个新兴的研究领域，仍有许多亟待进一步开拓和深化的空间。

（一）要注重社会建设的"历时态"考察

当代中国的社会建设是个动态的过程，我们要全面地了解和认识当代中国社会建设的发展，就必须把社会学等学科的静态分析与历史学的动态研究结合起来。事实上，新中国成立70多年来，社会建设各个方面的发展都经历着一个不断完善和健全的过程。

例如，当代中国的劳动就业制度从建立到完善就经历了一个漫长的过程。新中国成立伊始，党和政府就高度关注人民群众的劳动就业问题，针对当时城镇失业状况制定了相应的失业救济和多种形式的安置就业政策。此后，在社会主义计划经济体制下，为了保证国家经济建设和社会的有序发展，制定了"统包统分"的就业政策。改革开放后，随着社会主义市场经济体制的建立，党和政府及时调整了就业政策：一方面，改变了大中专毕业生的"统一分配"，走向就业的"双向选择"；另一方面，打破就业的"铁饭碗"，实行市场化就业政策。

又如，当代中国的收入分配制度大致经历了两个阶段：一是20世纪50—80年代，社会主义改造基本完成后，我国开始实行"按劳分配"的收入分配制度。二是改革开放后，随着经济体制的改革，我国开始实行以公有制为主体多种经济成分共同发展的方针。与此相适应，我国开始实行以按劳分配为主体多种分配方式相结合的收入分配制度。

此外，当代中国社会建设的其他方面也是如此，如社会救助制度，经历了由社会救济到社会救助的过程；社会治理体系经历了由社会管理到社会治理的过程。因此，我们只有对社会建设诸方面的演进变化加以深入的考察，尤其注重从"历时态"的角度展开分析，才能更加全面系统地反映当代中国社会建设的全貌。

（二）要注重社会建设的实证研究

实证研究是历史学的基本学科属性特征。所谓实证研究，就是拿史料说话。因此，历史学视域下的当代中国社会建设研究，既要重视史料的收集与整理，同时更要依据史料论证当代中国社会建设的发展实态。前述诸多研究成果便是实证研究的重要代表，但总体而言，学界关于当代中国社会建设的论著，还是宏观议论多于实证研究。因此，在今后的相关研究中，我们一定要进一步加强史料的收集、整理工作，尤其是社会建设的各项事业与民生息息相关，史料收集的途径，不仅要面向档案馆、图书馆，更要深入城乡基层，征集民间相关材料。与此同时，还要依据材料做扎扎实实的实证研究，使我们的研究真正做到持之有据，言之有理。

（三）要有"整体"意识，同时避免社会建设研究中的同质化现象

从已发表的有关社会建设研究成果来看，多以某一地或某一项政策为个案研究。中国之大，从南到北，从东到西，从城市到乡村，人文环境和自然条件差异甚大，同样一项有关社会建设的国家政策或措施在各地实施过程中也会出现较大差异。因此，我们选择某一地区做个案研究，可以依据相对集中的材料对当地的社会建设做充分阐述。事实上，社会建设的个案研究往往容易出现两种现象：一是缺乏"整体"意识，即局限于地方材料，就地方谈地方，忽视与中央的联系，忽视与整个国家社会建设的关照；二是忽视地方特色，忽视地区间的差异，出现研究成果的同质化现象。因此，深化当代中国社会建设史研究，一定要把控好微观与宏观、个案与整体的关系，既要有个案的微观研究，又要置个案于整体之中，全面反映当代中国社会建设史的面相。

（四）要有大局观念，要把社会建设置于我国社会主义现代化建设"五位一体"总体布局中去考察

如前所述，当代中国的社会建设是一个系统性工程。在这个系统性建设工程中，不仅社会建设诸方面是一个有机统一的整体，而且它与我国社会主义现代化建设中的经济建设、政治建设、文化建设以及生态文明建设也是一个有机统一的整体。因此，我们在研究当代中国社会建设时，应考虑社会建设与其他建设尤其与政治建设的关系。事实上，当代中国的社会建设在演进过程中一直深受政治建设的影响。政治建设主导着社会建设。如何估量政治建设对社会建设的影响？如何看待社会建设

与政治建设的辩证关系？这是富于挑战性的理论问题，也是当代中国社会建设须正确认识的问题。同样，社会建设与经济建设、文化建设、生态文明建设也存在类似辩证关系，这种关系显然不是简单的"一加一等于二"，而是一种有机的化学反应，但其过程如何、特点如何，仍需学界做进一步探讨。

（五）要有国际视野，要加强与国外社会建设相关事项的比较研究，同时加强与海外学界的交流与合作

经过 70 多年砥砺奋进，当代中国的社会建设已取得了巨大的成就。当代中国社会建设的成就不仅惠及 14 亿多的中国人民，对世界的影响也越来越大。中共十八大以来，中国积极参与全球治理体系改革和建设，践行共商共建共享的全球治理观。因此，当代中国社会建设史研究也要具有国际视野，要加强与国外的比较研究、合作研究。当代中国的社会建设取得的伟大成就，得益于中国共产党的坚强领导，得益于社会主义制度的优越性，得益于全国人民团结奋进、不懈奋斗。当代中国在推进社会建设中"一方有难，八方支援""对口援助"等举措无不体现了我国社会主义制度的显著优势。在西方发达国家，虽然没有我们的制度优势，但是他们在一些与民生相关的医疗、养老、住房等社会福利事项上也有值得我们借鉴的地方。与此同时，随着新中国的各项事业取得显著成就，随着社会的发展和进步，海外学者对当代中国的研究热情日益高涨，其中的研究成果就涉及对当代中国社会建设的关注。如澳大利亚学者辛蒙的《中国的劳动力市场改革》一书，论述了我国改革开放前后农村劳动力市场变化和城市的就业状况。[1] 此外，在海外学者的研究成果中，也能经常见到论述当代中国医疗保险、就业、收入等的论文。[2] 因此，为深化当代中国社会建设史研究，客观地与国外在相关社会建设事项上进行比较研究，同时加强与海外学术界的交流与合作研究，是很有必要的。

综上所述，当代中国社会建设研究作为当代中国史研究的一个重要课

---

[1] Xin Meng, *Labour Market Reform in China*, Cambridge: Cambridge University Press, 2000.

[2] 关于海外学者对当代中国社会建设的研究成果，可参见王爱云：《国外学者对中国当代社会民生建设的研究》，《聊城大学学报（社会科学版）》2014 年第 1 期。

题，目前取得的成绩是广大学界同仁共同努力的结果。期待在未来的研究中，不同学科背景的学者能进一步加强合作交流，取长补短，共同推进对当代中国社会建设的研究，也期待更多的历史学者能参与对当代中国社会建设的研究，为中国特色社会主义新时代的社会建设贡献史学智慧。

中华人民共和国社会史研究的若干基本理论问题

李　文

山西大学历史文化学院特聘教授

在最近的十多年来，中国当代社会史研究异军突起，逐渐与中国古代社会史、中国近代社会史一起构成一个完整的社会史研究体系。而在中国当代社会史研究阵营中，中华人民共和国社会史（以下简称新中国社会史）以社会建设为对象，以民生供求为主线，成功构建了一个专门史的研究框架，为中华人民共和国史"三大体系"建设发挥了独特的作用。本文旨在回顾中国当代社会史研究兴起的学术背景，探讨新中国社会史的研究对象、主题主线、基本原理、研究特点及其与相邻学科的关系，以推进中国当代社会史研究。

一

在中国历史学界，中国当代社会史研究异军突起只是最近短短十多年的事情，此前从20世纪80年代中期复兴的社会史研究主要集中于古代和近代，当代还少有问津。2006年10月，中共十六届六中全会通过《中共中央关于构建社会主义和谐社会若干重大问题的决定》，明确了"构建社会主义和谐社会在中国特色社会主义事业总体布局中的地位"。[①] 大致从这时期，

---

① 《中共中央关于构建社会主义和谐社会若干重大问题的决定》，北京：人民出版社2006年版，第2页。

在社会学界社会建设随即成为研究热点①,在历史学界也开始有学者呼吁以社会建设为对象把中国当代社会史提上研究日程②。于是,一些有关中国当代社会史的研究成果陆续涌现出来。2011年10月,由中国社会科学院当代中国研究所(以下简称当代所)、中华人民共和国国史学会和河北大学共同举办,当代所社会史研究室和河北大学历史学院承办的"新中国社会变迁与当代社会史研究"学术研讨会在保定市召开,来自全国各高等院校和科研机构的近70名专家学者参加研讨,会后论文集公开出版③,向全社会展示了中国当代社会史研究的初始面貌。

如前所述,当代所社会史研究室是中国当代社会史研究的重要力量。该研究室于2010年正式组建成立,除参与主办上述学术研讨会外,还于2011年4月参与主办"中国当代社会史研究现状和学科体系"专题研讨会,凸显了其在中国当代社会史学界的积极作为。

与此同时,国家社会科学基金相继立项也同样彰显了中国当代社会史研究的勃兴。例如,2010年,北京师范大学历史学院朱汉国为首席专家的国家社会科学基金重大项目"中国当代社会史"成功立项④,显示出中国当代社会史研究从中国历史学科脱颖而出,开始以一个独立的分支学科的面目出现(此前受到资助的选题大多是具体的区域社会史和专题社会史研究)。2011年,张静如主编的多卷本《中国当代社会史》由湖南人民出版社出版,尽管该著作不是严格意义上的专门史作品,而是其一贯倡导的包括社会史在内的综合史(大社会史),但毕竟是中国当代社会史领域极具开拓意义的

---

① 例如,著名社会学家陆学艺带领团队对社会建设展开深入研究,并在《国家行政学院学报》2008年第2期发表《关于社会建设的理论和实践》一文。2010年12月,由中国社会学会、北京工业大学共同主办的"中国社会建设与社会管理"学术研讨会在北京工业大学隆重召开,150余位代表出席会议。社会建设持续成为中国社会学界重点研讨的主题之一。

② 田居俭:《把当代社会史提上研究日程》,《当代中国史研究》2007年第3期。2009年12月26日《中国社会科学报》发表了对田居俭先生的专访,题为《当代社会史是国史研究亟待拓展的领域》。

③ 参见杨学新:《起步与拓荒:新中国社会变迁与当代社会史研究》,保定:河北大学出版社2013年版。

④ 该项目结项后出版了六卷本的《当代中国社会史》(成都:四川人民出版社2019年版)。有关国家社会科学基金立项数据来自国家社科基金项目数据库,http://fz.people.com.cn/skygb/sk/index.php/Index/seach,2024年6月10日。以下不再一一注明。

代表作。还是在这一年，北京大学出版社出版了《阅档读史：北方农村的集体化时代》。该书是山西大学中国社会史研究中心行龙带领的团队，以收集整理数万件北方农村基层档案为基础编纂而成的，其立足基层农村档案资料开展的"集体化时代研究"，开辟了与中国当代史相衔接的新路径。次年，即2012年，国家社会科学基金公开招标重大项目"当代中国农村基层档案资料的搜集、整理与出版"，行龙、华东师范大学的韩钢、复旦大学的张乐天等带领的学术团队成功立项，并最终分别获批重大项目"当代山西农村基层档案资料搜集、整理与出版""当代皖鄂粤冀农村基层档案资料搜集、整理与出版""当代苏浙赣黔农村基层档案资料搜集、整理与出版"，笔者主持的"中国当代社会史的理论与方法研究"也获批国家社会科学基金重点项目。这说明针对中国当代社会史学科建设薄弱以及整体社会史研究匮乏的局面，全国哲学社会科学工作办公室有意识地从资料建设和学科建设两方面加大了扶持力度，以促进这一新兴学科的发展。

近十多年里，中国当代社会史研究在全国各高校和科研机构多点开花，在资料建设、队伍建设和学科建设诸方面取得了丰硕的研究成果，覆盖了社会结构、社会治理、民生保障和社会事业、社会生活以及社会心态等各领域，涌现出中华人民共和国成立初期社会史、区域社会史、乡村社会史、城市社会史、妇女社会史、三线建设社会史、医疗社会史、水利社会史等多个研究热点。根据中国社会科学院哲学和社会科学创新工程的要求，当代所社会史研究室每年都要向中国社会科学院提交学科进展综述，每三年提交一次学科前沿报告，这些综述和前沿报告大部分已经公开出版或发表[①]，见证了中国当代社会史研究的成长历程，笔者在此不再赘述。当代所社会史研究室还自2012年起每年组织一次中国当代社会史研究综述会暨理论与方法研讨会（三年新冠疫情防控期间曾一度中断），紧扣现实开展专题研讨，同样受到了专家学者们的欢迎和热情襄助，很快便发展成为有一定影响力的中国当代社会史学界的交流平台。在全国越来越多的科研教学单位和专家学者们的共同努力下，中国当代社会史研究应运而生，顺势而为，

[①] 笔者在《中国当代社会史研究理论与方法刍议》（北京：当代中国出版社2019年版）一书中附录了2010—2018年的研究综述，感兴趣的读者可以参阅。最近发表的研究综述可参见李二苓：《2022年中华人民共和国社会史研究述评》，《当代中国史研究》2023年第6期。

正在逐渐与中国古代社会史和中国近代社会史形成三足鼎立之势。

由于学者对"社会"概念的内涵"天然地"没有共识、各持其说（详见下文），因而中国当代社会史的研究与古代社会史、近代社会史一样，是一个兼容并蓄、群芳争艳的场景：大家都打着社会史研究的旗号，但研究对象不尽相同。这固然构成了彼此沟通上的一些困难，但大家的理念都是一样的，那就是要继承近代以来"史学革命"的精神，"眼睛向下"拓宽史学研究领域，"把历史的内容还给历史"①。具体对中国当代史来说，就是要摒弃"事件史""人物史"，甚至"会议史""文件史"的书写方式，让史学的光芒照亮过去所忽视的大多数。在这样一些中国当代社会史研究队伍中，当代所社会史研究室致力于新中国社会史研究，打出了"国史中的社会史"的旗号，以鲜明的学科定位有别于其他为数众多的中国当代社会史研究群体。代表作就是2016年出版、2019年修订再版的《中华人民共和国社会史》②。以下仅就这个分支学科（新中国社会史）谈点研究体会，求教于方家。

二

新中国社会史以新中国社会建设的发展变迁为研究对象。何为社会建设，取决于对"社会"作何理解。

"社会"这个词在中国古已有之。起初"社"与"会"是分开用的，"社"指土地神、祭祀土地之所，延伸为春、秋两季祭祀土地神的节日。《孝经·纬》记载："社，土地之主也。土地阔不可尽敬，故封土为社，以报功也。"③古籍中有时也指"社"是志同道合者集会之所，如"文社""诗社"；或指中国古代地区单位，如"二十五家为社"。"会"的本义是"合"④、"聚"⑤。唐宋之后始有"社""会"合在一起使用的记载，如《旧唐书·玄宗上》记载："礼部奏请千秋节休假三日，及村间社会，并就千秋节先赛白

---

① 《把历史的内容还给历史》，《历史研究》1987年第1期。
② 李文：《中华人民共和国社会史（1949—2012）》，北京：当代中国出版社2016年版；李文：《中华人民共和国社会史（1949—2019）》，北京：当代中国出版社2019年版。
③ 欧阳询：《艺文类聚》卷3，上海：上海古籍出版社1982年版，第706页。
④ 许慎：《说文解字（附检字）》，北京：中华书局1963年版，第109页。
⑤ 陈亦民：《汉文字干支》，北京：语文出版社2013年版，第556页。

帝,报田祖,然后坐饮散之。"①显然,"社会"本是"因祭祀而聚会"之意。此后直至明清,"社会"多用来泛指民间一切祭祀活动。清朝末年,西方传教士在其编纂的双语词典中始将英文 society 解读为汉语的"会""结社"等,由此也影响到了当时的一些中国和日本的知识分子。据考订,1875年日本《东京日日新闻》首次将 society 译作"社会",此后这种对译关系得到广泛采纳,包括将西方传入的 sociology 译作"社会学"。②由此形成的"社会""社会学"的概念又反过来传入中国,很快便取代了中国学者始自严复翻译西作时采用的"群"和"群学"③。从其传播及其衍生的速度和广度来看,20世纪初以来,在中国,"社会"毋宁说早就变成了一个人人使用的本土化概念,而且是不假思索地使用,各有所指,所指不一而又不构成理解困难,因为人们习惯了切换不同的场景使用"社会"一词。④笔者10多年前初涉社会史领域,带队走访了多家国内社会史研究重镇和学界前辈,发现学界对社会史的学科定位和研究对象各持立场。随后笔者带着这一疑惑又去请教社会学家,始知社会学界原本就对"社会"的内涵缺乏共识,以致影响对本学科研究对象的阐释。⑤社会学因这一原初立场的对立衍生出众多对研究对象的不同理解,进而导致了千差万别的"社会"定义。不过,事后看来,这种立场上的对立和差别似乎并没有阻碍社会学的发展,相反促成了社会学的百舸争流。

---

① 刘昫等:《旧唐书人物全传》,北京:北京时代华文书局2015年版,第141页。
② 李恭忠:《Society 与"社会"的早期相遇:一项概念史的考察》,《近代史研究》2020年第3期。
③ 严复将"society"译为"群",如将斯宾塞的 The Study of Sociology(《社会学研究》)译为《群学肄言》。甲午至戊戌期间,国内学术界多用"群"的概念。20世纪初,随着留日学生大量输入日本转介的西方思想,尤其是其中的政治学和社会学作品,对在此前后"社会"概念的接纳起了重大作用。参见承红磊:《"社会"的发现:晚清民初"社会"概念研究》,桂林:广西师范大学出版社2023年版。
④ 李文:《中国当代社会史研究理论与方法刍议》,北京:当代中国出版社2019年版,第139—144页。
⑤ 孙本文曾系统介绍过从19世纪中叶起到20世纪30年代初为止的9种关于社会学的定义,参见《孙本文文集》第1卷《社会学原理》第一编第一章第五节,北京:社会科学文献出版社2012年版;美国社会学家 H. 巴利和 B. 穆尔指出,在1951—1971年的20年中,由美国出版的16种普通社会学教科书中关于社会学对象的提法就有8种,即社会互动、社会关系、集团结构、社会行为、社会生活、社会过程、社会现象、社会中的人,参见李斌:《社会学》,武汉:武汉大学出版社2009年版,第1—2页。

与"社会"一词相比,"社会建设"概念的使用要晚一些。1917年孙中山最早在其撰写的《民权初步》中作为全书的副标题使用过,内涵仅限于"教国民行民权"。① 此后这一概念在引进的西学中陆续被采用。孙本文1935年出版的《社会学原理》对"社会建设"给出了明确定义:"依社会环境的需要与人民的愿望而从事的各种建设,谓之社会建设。社会建设之范围甚广,举凡关于人类共同生活及其安宁幸福等各种事业,皆属之。"② 1939年,"社会建设"概念出现在南京国民政府的出版物中。③ 1944年秦汉在其出版的《社会建设论》一书中指出:"社会建设,范围至广,广义说来,举凡政治、经济、文化……有关于社会生活与人民幸福诸事业,都可笼统的包括在内;狭义说来,系为社会组织,社会道德,社会习惯,社会制度,及一切有关社会事业的建设。"④ 中华人民共和国成立后,"社会建设"概念始见于2004年中共十六届四中全会通过的《中共中央关于加强党的执政能力建设的决定》⑤,随即被社会学界广泛采用并热烈讨论。也正因为学者们谈论的"社会"各有所指,所以也影响了大家对"社会建设"着力点的认识,有人认为是民生性社会事业,有人认为是社会体制机制,有人认为是社会结构,有人认为是社会重建,还有人认为重点在价值体系建设。需要指出的是,社会学界在社会建设研究领域已经形成了一些共识,多数学者认为"社会建设"中的"社会"是与政治、经济、文化诸领域既相区别又互有联系的"狭义的社会"领域;综合大家的意见,"社会建设"应当包括社会事业、公共服务、社会体制、社会组织、社会结构、社会利益、社会矛盾、社会保障、社会管理、社会公平正义等内容。⑥

社会史学界也是同样现象,无论是学科定位的专史说、通史说、范式

---

① 《民权初步》出版于1917年,原名《会议通则》,后编为《建国方略》之三(社会建设),1919年连同《孙文学说》《实业计划》一起以《建国方略》为题正式出版,参见《孙中山选集》(上),北京:人民出版社2011年版,第120页。
② 孙本文:《社会学原理》下册,上海:商务印书馆1935年版,第643页。
③ 林应麟:《福建书业史:建本发展轨迹考》,厦门:鹭江出版社2004年版,第579页。
④ 秦汉:《社会建设论》,南平:国民出版社1944年版,第8页。
⑤ 《中共中央关于加强党的执政能力建设的决定》,北京:人民出版社2004年版,第24—25页。
⑥ 谭明方:《社会建设:一种基于社会学分析框架的研究》,《学海》2013年第1期。

说，还是研究对象的社会建设说、社会生活说、社会构成说、社会行为说、社会变迁说，等等，都不影响学者们在各自的"社会"领域（视角）耕耘收获①，中国当代社会史也是如此。但明确以"社会建设"为研究对象的，主要是"国史中的社会史"。进入21世纪以来，构建社会主义和谐社会任务的提出为中国特色社会主义事业总体布局由以往的经济建设、政治建设、文化建设"三位一体"向经济建设、政治建设、文化建设、社会建设"四位一体"的相应变动破了题。新中国社会史正是从"社会建设"这篇大文章中明确了自己的研究对象，显然这个意义上的"社会"是个"小社会"，类同于上述社会学界所讲的"狭义的社会"。

关于上述学界与理论界所探讨的"小社会"与"大社会"的关系，2006年10月11日，胡锦涛在中共十六届六中全会第二次全体会议上讲话时做了精辟的阐释。他说："我们要构建的社会主义和谐社会，是经济建设、政治建设、文化建设、社会建设协调发展的社会，是人与人、人与社会、人与自然整体和谐的社会，这要贯穿于建设中国特色社会主义整个历史过程。在实际工作中，我们既要从'大社会'着眼，把和谐社会建设落实到包括经济建设、政治建设、文化建设、社会建设和党的建设等在内的党和国家全部工作之中；又要从'小社会'着手，以解决人民最关心最直接最现实的利益问题为重点，着力发展社会事业、促进社会公平正义、建设和谐文化、完善社会管理、增强社会创造活力，走共同富裕道路，推动社会建设与经济建设、政治建设、文化建设协调发展。"②可见，在我们今天，如果说"大社会"主要着眼的是和谐问题，那么"小社会"主要关注的就是民生问题，亦即人民群众最关心、最直接、最现实的利益问题。这一点笔者后面还要进一步展开论述。由此不难理解，新中国社会史是作为新中国史的一

---

① 有学者指出："社会史研究的源源不绝的活力，来自于它从不圈定自己的领地，始终保持边界的模糊性，而把注意力集中于揭示人类社会历史内部各要素和各组成部分的复杂互动关系，并尽力从文化层面进行阐释的学术传统。"参见陈春声：《中国社会史研究必须重视田野调查》，《历史研究》1993年第2期。

②《胡锦涛文选》第2卷，北京：人民出版社2016年版，第523页。

个重要组成部分的一种偏宏观的当代社会史①。这句话可以拆成两句话来理解：新中国社会史首先是专门史，是中国现代社会史或当代社会史的范畴；新中国社会史同时也是新中国史不可或缺的组成部分，像新中国政治史、新中国经济史、新中国文化史一样，以新中国史中的一个分支学科的面目出现。这就是新中国社会史的学科定位。

三

前文提及的《中华人民共和国社会史》一书即从社会结构、社会管理（治理）、民生和社会事业、社会生活、社会心态（社会心理、社会思潮）五个方面构建起了"国史中的社会史"的基本框架——这五个方面基本概括了社会建设的主要内容，同时指出不同于其他有别于以社会建设为研究对象的中国当代社会史，"国史中的社会史"的主题主线是民生，这是根据马克思主义唯物史观关于社会矛盾学说的基本原理得出的结论。

马克思主义认为，生产力和生产关系、经济基础和上层建筑的矛盾，是社会的基本矛盾，决定社会的基本性质。不同社会基本矛盾在一定社会形态或发展阶段的具体表现，构成社会主要矛盾。社会主要矛盾是一个国家在一定历史时期或发展阶段的多种矛盾中起着支配性作用的矛盾，是影响和制约一定时期一个国家发展的决定性矛盾。社会基本矛盾是社会矛盾的深层结构，社会主要矛盾是社会矛盾的表层结构。那么，社会基本矛盾在社会主义社会是如何体现的呢？中国共产党对这个问题的判断曾经经历了一个曲折的过程。

1956年，中共八大鉴于社会主义改造任务已经基本完成，指出："我们国内的主要矛盾，已经是人民对于建立先进的工业国的要求同落后的农业国的现实之间的矛盾，已经是人民对于经济文化迅速发展的需要同当前经济文化不能满足人民需要的状况之间的矛盾。这一矛盾的实质，在我国社会主义制度已经建立的情况下，也就是先进的社会主义制度同落后的社

---

① 中国社会科学院原副院长、当代中国研究所原所长朱佳木很早就提出，如果说中华人民共和国史与中共党史有所区别的话，中国当代社会史可能是极为重要的领域之一。他的这一观点很快就成为共识。参见李文：《中国当代社会史研究：应运而生，顺势而为》，中国社会科学网，http://www.cssn.cn/news/573049.htm，2012年10月31日。

生产力之间的矛盾。党和全国人民的当前的主要任务，就是要集中力量来解决这个矛盾，把我国尽快地从落后的农业国变为先进的工业国。"①但遗憾的是，中共八大提出的正确意见后来没有能够坚持下去，造成社会主义建设事业特别是民生保障受到严重干扰。

"文化大革命"结束后实现了指导思想上的拨乱反正，1981年通过的《中国共产党中央委员会关于建国以来党的若干历史问题的决议》正确地总结了新中国成立以来32年特别是10年"文化大革命"的历史，再次明确指出："在社会主义改造基本完成以后，我国所要解决的主要矛盾，是人民日益增长的物质文化需要同落后的社会生产之间的矛盾。党和国家工作的重点必须转移到以经济建设为中心的社会主义现代化建设上来，大大发展社会生产力，并在这个基础上逐步改善人民的物质文化生活。"②这一提法一直沿用下来。

1987年，中共十三大提出了更为成熟的社会主义初级阶段理论，指出："我国从五十年代生产资料私有制的社会主义改造基本完成，到社会主义现代化的基本实现，至少需要上百年时间，都属于社会主义初级阶段。这个阶段，既不同于社会主义经济基础尚未奠定的过渡时期，又不同于已经实现社会主义现代化的阶段。我们在现阶段所面临的主要矛盾，是人民日益增长的物质文化需要同落后的社会生产之间的矛盾。阶级斗争在一定范围内还会长期存在，但已经不是主要矛盾。"③既然社会主义初级阶段的主要矛盾是人民日益增长的物质文化需要同落后的社会生产之间的矛盾，那么不断解决这一矛盾的过程就构成这个阶段经济和社会发展的主线，因为发展经济是克服这一矛盾的根本途径，经济是基础，民生是目的，这也是与中国共产党全心全意为人民服务的宗旨完全一致的。

2017年，中共十九大报告指出："中国特色社会主义进入新时代，我国社会主要矛盾已经转化为人民日益增长的美好生活需要和不平衡不充分的发展之间的矛盾。"④这一表述与改革开放新时期以来的表述是一脉相承的，

---

① 《建国以来重要文献选编》第9册，北京：中央文献出版社2011年版，第293页。
② 《三中全会以来重要文献选编》（下），北京：中央文献出版社2011年版，第168页。
③ 《十三大以来重要文献选编》（上），北京：中央文献出版社2011年版，第11页。
④ 《中国共产党第十九次全国代表大会文件汇编》，北京：人民出版社2017年版，第9页。

从某种意义上讲，如果我们把人民日益增长的物质文化需要同落后的社会生产之间的矛盾看作社会主义初级阶段的社会基本矛盾，那么基于笔者对民生的理解，这一基本矛盾在社会主义初级阶段的不同时期同样有不同的重点和特征体现，新时代的社会主要矛盾就是社会主义初级阶段社会基本矛盾在该时期的表层体现，是随着生产力的发展民生需求重心转移的必然结果。

"民生"一词古已有之，《左传·宣公十二年》有云："'民生在勤，勤则不匮。'不可谓骄。"① 这里的"民生"，指的就是民众的基本生计。20世纪初，孙中山倡导由民族主义、民权主义和民生主义组成的"三民主义"，其中的"民生主义"为"民生"注入了"节制资本""平均地权"（后来加入了"耕者有其田"）的新内涵。孙中山强调指出："民生就是人民的生活——社会的生存、国民的生计、群众的生命"。"民生就是政治的中心，就是经济的中心和种种历史活动的中心"。"民生就是社会一切活动中的原动力。"② 笔者深以为然。何为民生？民生就是民众的生活需求，包括物质生活和精神生活。民生具有从初级到高级、从基本到多元持续升级的特征，维持生存需要的是初级民生、基本民生，满足发展需要的是高级民生、多元民生，初级民生、基本民生的满足是人类社会一切发展进步的前提条件。

马克思、恩格斯曾指出："一切人类生存的第一个前提，也就是一切历史的第一个前提，这个前提是：人们为了能够'创造历史'，必须能够生活。但是为了生活，首先就需要吃喝住穿以及其他一些东西。因此第一个历史活动就是生产满足这些需要的资料，即生产物质生活本身，而且，这是人们从几千年前直到今天单是为了维持生活就必须每日每时从事的历史活动，是一切历史的基本条件。"然后，"第二个事实是，已经得到满足的第一个需要本身、满足需要的活动和已经获得的为满足需要而用的工具又引起新的需要，而这种新的需要的产生是第一个历史活动"。③ 对这一原理，恩格斯此后做了进一步的说明："正像达尔文发现有机界的发展规律一样，马克思发现了人类历史的发展规律，即历来为繁芜丛杂的意识形态所掩盖

---

① 左丘明撰，杜预集解：《春秋左传集解》（上），南京：凤凰出版社2020年版，第304页。
② 《孙中山选集》（下），北京：人民出版社2011年版，第832、856、867页。
③ 《马克思恩格斯选集》第1卷，北京：人民出版社2012年版，第158、159页。

着的一个简单事实：人们首先必须吃、喝、住、穿，然后才能从事政治、科学、艺术、宗教等等；所以，直接的物质的生活资料的生产，从而一个民族或一个时代的一定的经济发展阶段，便构成基础，人们的国家设施、法的观点、艺术以至宗教观念，就是从这个基础上发展起来的，因而，也必须由这个基础来解释，而不是像过去那样做得相反。"①可以说，马克思主义经典作家正是从基本民生出发阐释唯物史观基本原理的。

中国共产党是马克思主义政党，以全心全意为人民服务为宗旨，始终把人民的利益放在第一位，这是其赢得人民拥护的根本原因。但是人民利益也有短期利益与长远利益之分，二者必须兼顾，在这个问题的处理上我们有经验也有教训。社会主义计划经济体制时期，为了贯彻重工业优先发展的工业化战略、在"一穷二白"的基础上建立一个独立的比较完整的工业体系和国民经济体系，实行高积累、低消费的政策，更多地强调了人民群众的长远利益而牺牲了短期利益，加上受到政治运动的干扰，人民生活水平在较长一段时期未能得到应有的提高。正是认真总结了这一方面的经验教训，在启动改革之前，邓小平就反复强调："干社会主义，要有具体体现，生产要真正发展起来，相应的全国人民的生活水平能够逐步提高，这才能表现社会主义制度的优越性。"改革启动后又一再叮嘱："基本路线要管一百年，动摇不得"，"社会主义的首要任务是发展生产力，逐步提高人民的物质和文化生活水平。从一九五八年到一九七八年这二十年的经验告诉我们：贫穷不是社会主义，社会主义要消灭贫穷。不发展生产力，不提高人民的生活水平，不能说是符合社会主义要求的"。②江泽民几次在讲话中指出："发展经济的根本目的是提高全国人民的生活水平和质量"；要注意"把不断改善人民生活作为处理改革发展稳定关系的重要结合点"。③胡锦涛也曾深刻指出："我们讲发展是党执政兴国的第一要务，这里的发展绝不只是指经济增长，而是要坚持以经济建设为中心，在经济发展的基础上实现社会全面发展。"④由此，"民生"再次成为热词，强调坚持把人民利益放在第一

---

① 《马克思恩格斯选集》第3卷，北京：人民出版社2012年版，第1002页。
② 《邓小平思想年编（1975—1997）》，北京：中央文献出版社2011年版，第108、704、536页。
③ 《江泽民文选》第3卷，北京：人民出版社2006年版，第552、535页。
④ 《胡锦涛文选》第2卷，北京：人民出版社2016年版，第67页。

位，着力保障和改善民生。于是，民生立法显著推进，民生政策密集出台，在经济发展的同时人民生活得到明显改善。

进入新时代，以习近平同志为核心的党中央进一步提出了以人民为中心的发展思想，强调"人民对美好生活的向往，就是我们的奋斗目标"①。

2017年，中共十九大报告深刻分析了社会主要矛盾以及民生需求的变化："我国稳定解决了十几亿人的温饱问题，总体上实现小康，不久将全面建成小康社会，人民美好生活需要日益广泛，不仅对物质文化生活提出了更高要求，而且在民主、法治、公平、正义、安全、环境等方面的要求日益增长。同时，我国社会生产力水平总体上显著提高，社会生产能力在很多方面进入世界前列，更加突出的问题是发展不平衡不充分，这已经成为满足人民日益增长的美好生活需要的主要制约因素。"②

2022年，中共二十大报告提出："我们要实现好、维护好、发展好最广大人民根本利益，紧紧抓住人民最关心最直接最现实的利益问题，坚持尽力而为、量力而行，深入群众、深入基层，采取更多惠民生、暖民心举措，着力解决好人民群众急难愁盼问题，健全基本公共服务体系，提高公共服务水平，增强均衡性和可及性，扎实推进共同富裕。"③ 习近平总书记反复强调："民生是最大的政治"；"中国式现代化，民生为大"；"保障和改善民生是一项长期工作，没有终点站，只有连续不断的新起点"；"不断增强人民群众获得感幸福感安全感"。④ 新时代的经济发展和社会建设，很好地践行了马克思主义的民生观。

总之，经济是手段，发展经济的目的是改善民生，社会为经济提供动力，经济为社会提供可能。检验一个国家经济发展的成果，最终还是要看这个国家国民的民生需求是否得到了相应的满足和提高。70多年来，在中国共产党的坚强领导下，亿万人民团结一心、奋发图强、艰苦奋斗，新中

---

① 《习近平谈治国理政》第1卷，北京：外文出版社2018年版，第4页。
② 《中国共产党第十九次全国代表大会文件汇编》，北京：人民出版社2017年版，第9页。
③ 《中国共产党第二十次全国代表大会文件汇编》，北京：人民出版社2022年版，第38—39页。
④ 《坚持新发展理念打好"三大攻坚战" 奋力谱写新时代湖北发展新篇章》，《人民日报》2018年4月29日；任平：《中国式现代化，民生为大——在发展中稳步提升民生保障水平》，《人民日报》2024年5月16日；《稳中求进推动经济发展 持续努力保障改善民生》，《人民日报》2013年5月16日；《习近平著作选读》第2卷，北京：人民出版社2023年版，第135页。

国实现了社会全面进步,让一个积贫积弱的旧中国实现浴火重生,人民生活实现了从贫困到温饱再从总体小康到全面小康的历史性跨越。"以史为鉴,可以知兴替",回顾新中国 70 多年的民生改善历程,对全面把握新中国经济社会发展轨迹和发展规律,推进中国式现代化、实现中华民族伟大复兴具有重要意义。

四

社会史的研究证明,一般地,经济增长不会自发促进社会平等,只为社会平等提供物质可能性。欲使"经济目标严格接受社会结构目标的限定"[①],除了市场的调节以外,还需要政府借助社会政策加以校正。这对政治和文化来说也是一样的——如前所述民生需求并不只限于经济目标。这里就有一个"大社会"与"小社会"的关系,对于"大社会"来说,我们通常所讲的经济、政治、文化、社会等都是它的子系统,彼此存在信息传递和反馈关系。从"小社会"的角度来说,需要一个信息传导机制,一是将民生需求准确地传导给经济以及政治、文化诸系统,二是将经济以及政治、文化各系统的反应反馈给社会,确保民生需求得到积极的响应。[②] 社会政策的作用在于:调适利益结构,改革社会体制,完善社会治理,消弭社会矛盾,促进公平正义,推动社会不断进步。这就是社会建设的主旨所在,借用一句经济学的术语,社会建设就是要不断解决民生供求矛盾,正是这种矛盾运动推动着社会的不断进步。

除了上述相互间的依赖关系以外,社会史与经济史还有交叉重合的部分,比如就业、收入、消费、人口、城乡结构、社会保障等,其研究视角有一定区别,在这些交叉重合的领域甚至还形成了独立的分支学科——社

---

① [美] 塔尔科特·帕森斯等:《经济与社会——对经济与社会的理论统一的研究》,刘进等译,北京:华夏出版社 1989 年版,第 21 页。

② 有学者将马斯洛的"五层次需要"归结为"四层次需要",从而社会系统的四个要素,可对应为人们分别满足相应层次的需要从事相应活动的结果。即:经济是人们"满足生存需要"从事物质生产经营活动构成的要素;政治是人们"满足(财产、人身)安全需要"从事权力支配活动构成的要素;精神文化是人们"满足实现自我价值的需要"从事反思社会正义活动构成的要素;社会则是人们"满足交往、自尊需要"从事力争均等获取社会性公共资源及相应的平等权利活动构成的要素。参见谭明方:《社会建设:一种基于社会学分析框架的研究》,《学海》2013 年第 1 期。

会经济史（但一定是社会史的视角，如果是经济史的视角就成为经济社会史了；社会史着眼于社会进步，经济史则着眼于经济发展）。同样的道理还见之于社会史与政治史，如社会治理、社会问题、社会政策、社会运动等，在这些彼此交叉重合的领域形成了独立的分支学科——社会政治史（政治社会史）；还见之于社会史与文化史，如教育、宗教、风俗礼仪、文化生活、社会心理、公共文化体系、精神文明建设、熟语概念等，在这些彼此交叉重合的领域形成了独立的分支学科——社会文化史（或称之为新文化史、新社会史等）。对于这种社会史与其他分支学科的交叉关系，李长莉曾以中国近代社会史研究为例做过诠释："与其他分支研究对象和领域相对有一定独立性、界线比较清晰不同，社会史由于其涵盖性广，研究对象和领域与其他分支领域有所重合或交叉，因而彼此区分界限不太清晰……所以，有时只以研究领域和对象很难作出清晰的学科区分，只能是从研究论题是否主要针对社会问题而加以大致归类，有的则是跨领域的论题。即使如此，对相同的论题，不同的研究者可能也会有不同的归类。对此，我们只能采取开放与多元的态度"。[①]李里峰在一篇论文里也做过相关阐释：历史学发展至今，出现过政治史、经济史、社会史、文化史等形形色色的分支学科，它们既可以视为相对独立的研究对象/领域，也可以视为不同的研究路径/方法。作为研究对象，各学科都有自己的领地，相互独立而且界限分明。而作为研究历史的不同路径（或者更正式地称作"范式"），不同的史学分支便不再以研究对象、研究范围相区分，也不再相互隔绝、壁垒森严，而是可以从不同视角出发，对同一时代乃至同一现象进行多层次、全方位的探究。[②]以上两位专家的观点对我们认识社会史作为一个专门史与其他分支学科的关系极有助益。

社会史与其他分支学科不仅存在互相交叉、重合、渗透的关系，也有理论和方法互鉴的关系，这尤其体现在社会史与社会学、人类学等学科的关系方面。社会史由于研究对象与社会学、人类学存在一定的近似性，具体研究中使用了不少社会学、人类学的范畴和概念，研究方法上也同样看

---

① 李长莉等：《当代中国近代社会史研究》，北京：中国社会科学出版社2017年版，第20页。
② 李里峰：《社会史与历史社会学：一个比较的反思》，《学海》2018年第3期。

重田野调查、口述访谈，因而社会史一度被看作历史学与社会学、人类学相交叉的学科。① 今天这样的观点已经不多了，因为人们发现对历史学尤其社会史研究来说，学科交叉、理论和方法互鉴并不局限于对社会学和人类学等学科，正像赵世瑜指出的："社会史在观念和概念以至方法上受惠的学科绝不仅仅是社会学，而应该是整个社会科学。"② 也有学者指出："在历史人类学的蓬勃发展同时，社会史还广泛地借鉴其他学科的理论与方法，形成了诸多研究领域，如与人口学、计量学相结合的人口史；与医疗、生态环境相结合的医疗史、环境史、生态史；与人口、生态、心态等多学科结合的城市史；还有与社会学、心理学相结合的心态史等等。学者们在这些研究领域内的勤奋耕耘给史学界带来了大量优秀成果，对社会史，甚至历史学的发展都起到了举足轻重的推动作用。"③ 总之，社会史可以视为"历史学与社会科学的对话"。④

以上这些原理对包括新中国社会史在内的所有社会史研究来说都是通用的。对于中国当代社会史特别是新中国社会史，还需要格外提醒一下社会史的历史学本位，一些初学者在尝试撰写中国当代社会史的研究综述时还时常"傻傻地分不清"哪些成果应该属于社会史范畴，哪些成果应该属于其他相关学科和现实问题范畴。对此，有学者建议从"历时性分析（diachronic analysis）"和"共时性分析（synchronic analysis）"上去区分，认为社会史研究具有"历时性"，重在从历史的梳理中总结经验教训；其他相关学科和现实问题研究具有"共时性"，重在从现实的分析中印证某种理论、提出对策建议。李里峰则认为，"历时性分析"和"共时性分析"并不足以涵盖两种研究的差别，他以社会史与历史社会学为例做了分析，指出："历史社会学家是为了更好地理解现时代而将目光投向过去，社会史家则和

---

① 法国年鉴学派代表人物之一的雅克·勒高夫曾指出新史学的发展"可能是历史学、人类学和社会学这三门最接近的社会科学实行合作"。参见［法］雅克·勒高夫：《新史学》，载蔡少卿：《再现过去：社会史的理论视野》，杭州：浙江人民出版社1988年版，第121页。
② 赵世瑜：《社会史：历史学与社会科学的对话》，《社会学研究》1998年第5期。
③ 邱源媛：《改革开放三十年的中国社会史研究》，载《改革开放三十年的中国古代史研究》，北京：中国社会科学出版社2010年版，第386页。
④ 赵世瑜：《社会史：历史学与社会科学的对话》，《社会学研究》1998年第5期。

其他历史学家一样要把理解过去当作自己的首要任务。"① 这一分析是有道理的，我们经常看到社会史之外的社会科学也时常会做一些历史回顾，或者利用历史数据做些计量分析，其研究的目的是说明当下，而不是解释历史，这一点是我们需要细细加以体会的。

综上所述，新中国社会史研究在基本理论方面与一般的社会史研究既有个性，也有共性。中国当代社会史原本就是一个"百花园"——宏观史，微观史；总体史，专门史；整体史，区域史；以及由此派生出的人口史、妇女史、风俗史、灾荒史、医疗社会史、秘密社会史、社会生活史、社会治理史、社会文化史、社会保障史、环境社会史等，绚丽多彩，生机盎然，"国史中的社会史"在其中美美与共，散发着独有的芳香。

---

① 李里峰：《社会史与历史社会学：一个比较的反思》，《学海》2018 年第 3 期。

当代中国乡村社会史研究单位评述

郑清坡

中国政法大学人文学院教授

乡村在当代中国占有极其重要的地位，是中国式现代化的重要组成。2024年中央一号文件开篇即指出："推进中国式现代化，必须坚持不懈夯实农业基础，推进乡村全面振兴。"① 正是因为乡村社会具有极其重要的地位，所以其研究长期以来一直为学界所重视，成为深入认识中国社会的重要切入点。对此，有学者曾在总结自己30多年乡村史研究的历程后愈益坚信："中国向为农民大国、农业大国，不研究农村是无法深入理解中国的历史和现实的"。②

当代中国乡村社会史（以下简称当代乡村社会史）的重要性毋庸讳言，但研究单位的选择则会影响对其认识和评价。正如有学者所指出的：从一定意义上来说，当今许多重大理论分歧概源于以什么为分析单位的争论，这是当代社会科学的大难题。③ 纵观当代中国乡村史研究除整体性与专题性的研究外，大体上以农户、村庄、乡镇、县、区域等为研究单位，当代乡村社会史研究也大抵如此。研究单位的多样性一方面反映了中国乡村的复杂性及我们对其认识的逐渐深化，另一方面则说明单一的研究单位难以全

---

① 《中共中央 国务院关于学习运用"千村示范、万村整治"工程经验有力有效推进乡村全面振兴的意见》，北京：人民出版社2024年版，第1页。

② 李金铮等：《乡村研究是理解中国近代社会变迁的基石——李金铮教授访谈录》，《历史教学（下半月刊）》2020年第12期。

③ [美]伊曼纽尔·沃勒斯坦：《现代世界体系：16世纪的资本主义农业和欧洲世界经济的起源》第1卷，郭方等译，北京：社会科学文献出版社2013年版，第3页。

面反映乡村社会的多样图景。总体而言,各研究单位都有其短板,若要继续深化和拓展当代乡村社会史研究,除了继续延续现有研究单位外,也应探寻各研究单位之间的衔接与包容。

反思研究单位的必要

当代乡村社会史研究随着当代中国社会史(以下简称当代社会史)研究的兴起而渐趋繁盛。在当代社会史研究兴起之前,人类学、社会学等学科对此给予了更多关注。2009年,行龙曾撰文指出:近些年来,对20世纪后半叶的中国农村社会研究已蔚然成风;多学科的共同关注无疑会推动研究的深入,但历史学却基本因袭传统的框架,难有突破,这是近年来学界普遍感受到的问题。① 李金铮亦表达了类似看法,他在检索以往有关集体化时期农村社会的研究成果后发现,原本应作为历史学研究对象的集体化时代,历史学学者实际参与并不多,或者说即便有所涉足,也未能取得令人预期的成就;在此领域一展身手的主要是人类学、社会学、政治学和经济学的学者。② 长期以来,学界对当代乡村社会史的研究多采用"自上而下"的视角。在行龙看来,这类研究框架仍是一条政治史的主线,对基层农村社会尤其是亿万农民的生存环境、衣食住行、人际交往、精神心理状态、日常生活等的了解和研究十分有限,进而他提出以"自下而上"的社会史视角研究集体化时期的中国乡村社会。③

事实上,在"自上而下"的宏大叙事模式下,加之史料搜集和运用的局限,极大地限制了当代乡村社会史研究单位的选择,以至于既有的相关研究多聚焦某一区域或某个事件、专题,难免存在局限。"自下而上"的视角则有利于深入乡村内部,进一步深化和拓展了当代乡村社会史研究。与此同时,其他学科的理论和方法也被当代乡村社会史研究广泛借鉴和运用。例如,有文章在梳理相关研究成果后认为,跨学科研究和理论方法的多元

---

① 行龙:《"自下而上":当代中国农村社会研究的社会史视角》,《当代中国史研究》2009年第4期。
② 李金铮:《问题意识:集体化时代中国农村社会的历史解释》,《晋阳学刊》2011年第1期。
③ 行龙:《"自下而上":当代中国农村社会研究的社会史视角》,《当代中国史研究》2009年第4期。

化是当代乡村社会史研究的鲜明特点,社会学、人类学、法学、生态学等众多学科的理论方法进入当代乡村社会史研究领域,使相关研究呈现出新的面貌,并逐渐形成了传统和现代理论框架、国家与社会理论框架、日常生活史视角、基层社会研究视角、社会延续和历史长时段的视角、整体史观视角等。[①]由此,经过一段时间发展,当代乡村社会史无论是在资料搜集整理还是研究成果等方面,都取得了相当大的进展。

随着当代社会史学界"眼光向下"日益关注乡村基层社会时,政治学、社会学等领域则提出了对乡村社会研究单位的进一步反思,并不断探索新的研究单位或研究策略,提出了诸如以"立体网络模式"作为分析单位,或采用"过程—事件分析"研究策略,等等。[②]反观当代乡村社会史研究,虽然近十多年来其研究单位也渐呈多元化趋势,但基本仍是以区域、村落为主,区域研究中又多以行政单位的划分为主,至于以农民个体、农户乃至社会网络等为单位的研究成果相对还不多。这可能与以下两方面原因有一定关系:一方面,史学领域对当代乡村社会史的研究多集中于集体化时期,改革开放后的研究相对薄弱。而档案、报刊等传统文字资料难以全面深刻反映当代中国的乡村社会生活,民间文献资料以及口述访谈等资料获取又相对困难,这就在资料层面限制了当代乡村社会史研究单位的扩充。另一方面,农户、村落等微观单位的选择是否具有代表性或典型性,个体能否反映整体,个案研究是否有问题意识,是否会陷入研究"碎片化",等等,对这些问题的疑虑也会限制当代乡村社会史研究单位的选择。

随着时代发展进步,我国哲学社会科学不断繁荣发展,当代社会史的"三大体系"建设日益推进,作为其分支的当代乡村社会史研究也必须不断推进,改革开放以来的乡村社会史研究需要不断强化已是必然趋势。在此过程中,随着学科之间互动频繁,当代乡村社会史学科建设不断加强,其研究单位不断扩展也已成必然。

---

① 李飞龙:《当代中国乡村社会史研究理论述评》,《山西师大学报(社会科学版)》2012年第1期。
② 参见邓大才:《如何超越村庄:研究单位的扩展与反思》,《中国农村观察》2010年第3期;孙立平:《"过程—事件分析"与当代中国国家—农民关系的实践形态》,载《中国社会学》第1卷,上海:上海人民出版社2002年版,第123—124页。

现有研究单位的优势与不足

乡村对中国之重要，关乎国计民生与民族的前途命运。1926 年 9 月，毛泽东在《国民革命与农民运动》中就曾明确指出："农民问题乃国民革命的中心问题，农民不起来参加并拥护国民革命，国民革命不会成功"。① 20 世纪 30 年代初，当时的有识之士也强调："农村之健全与否，农业之兴隆与否，不仅为农民生死问题，亦为国家民族存亡问题"。② 中国疆域辽阔，区域间差异较大，加之受限于调查技术、人员、经费等的不足，因此，我国早期的社会学界便将村落或区域作为其观察、分析中国社会问题的主要切入点。正如费孝通在《乡土中国》中所说："大多的农民是聚村而居。这一点对于我们乡土社会的性质很有影响……无论出于什么原因，中国乡土社区的单位是村落，从三家村起可以到几千户的大村。"③ 质言之，村落是中国乡村的基本单位。就当代乡村社会史研究而言，随着基层档案资料和其他民间文献的大量发掘，除集体化时期诸如山西省昔阳县大寨村、河北省饶阳县五公村等典型村社外④，越来越多的村落开始进入研究视野。

以村落为研究单位有利于学者深入乡村社会内部，从基层人民群众的生存状况和生活逻辑出发揭示当代中国社会演进的历史内涵。例如，张思对河北省昌黎县侯家营村多年的调查与研究便是秉持这样的理念。其采用深入乡村社会的近距离考察方法，以多年搜集积累的村内外档案文献、田野调查资料为依据，对侯家营村进行了全面深入考察，力图清晰呈现基层社会及其变迁逻辑，探求变化背后的诸多因素，展现更加鲜活的当代中国史。⑤ 这样的理念在以村落为单位的当代乡村社会史研究中具有一定的代

---

① 《毛泽东文集》第 1 卷，北京：人民出版社 1993 年版，第 37 页。
② 《乡村建设实验》第 1 集，上海：中华书局 1934 年版，第 1 页。
③ 费孝通：《乡土中国》，上海：观察社 1949 年版，第 4 页。
④ 相关研究成果可参见［美］弗里曼等：《中国乡村，社会主义国家》，陶鹤山译，北京：社会科学文献出版社 2002 年版；光梅红：《集体化时期的村庄典型政治：以昔阳县大寨村为例》，北京：社会科学文献出版社 2015 年版；郭永平：《转型与重构：改革开放以来的大寨研究》，北京：研究出版社 2022 年版；等等。
⑤ 张思：《二十世纪华北农村调查记录》第 4 卷，北京：社会科学文献出版社 2012 年版，序二第 6—7 页。

表性。

尽管民国以来学者们就对以村落为研究单位持不同意见，对其能否代表整个乡村社会持质疑态度。例如，1934 年，乔启明在《江宁县淳化镇乡村社会之研究》中即提出："什么叫做乡村社会……一个单独的村庄是不是一个乡村社会？"他认为，乡村社会共同生活的范围以市镇商业范围影响为最大，所以我国乡村社会的领域应以商业范围为根据。① 但如前所述，村落确实是了解乡村社会的一个有效切入点。新中国成立后更是如此。例如，2022 年 8 月，中共中央办公厅、国务院办公厅印发《关于规范村级组织工作事务、机制牌子和证明事项的意见》，强调村级组织"是党和政府联系村民群众的桥梁纽带，也是全面实施乡村振兴战略的重要力量"。② 村级组织是党和政府社会治理的最基层单位，围绕村落展开对乡村社会的考察，不仅可以避免宏大叙述下的政策—效果模式，而且还能深刻揭示一些制度变迁的起源。例如，国家政策在基层落地往往会结合各地的具体情况循序推进，或进一步出台相关法规条例，以保证政策的适用性和有效性。而村庄作为集体化时期以来国家权力与乡村社会文化交融的具体场域，时常会结合当地实际在政策范围内甚至突破现有政策做出大胆探索，走出符合现实情况的发展道路，进而上升为国家政策，家庭联产承包责任制即其中的典型案例。例如，1979 年 2 月，中共凤阳县委推行"大包干"即包干到组的农村改革，但小岗村却突破性地实行了包干到户，进而引发对"大包干"政策内涵的重新界定。在"自上而下"与"自下而上"的交互作用下，小岗经验得以推广，并进一步成为农村改革的标兵。③

村落作为研究单位固然重要，但其不足同样存在。除基于单个村落的研究是否具有一般性意义外，只见局部难见整体也常被质疑，如难以呈现政治、经济与社会结构变迁等宏观问题。特别是改革开放以来，农民的流动性不断增强，村落的开放性已然不同于此前。对此，有学者曾指出："中

---

① 乔启明：《江宁县淳化镇乡村社会之研究》，载李文海：《民国时期社会调查丛编（乡村社会卷）》，福州：福建教育出版社 2009 年版，第 93、123 页。

②《中办国办印发意见 规范村级组织工作事务、机制牌子和证明事项》，《人民日报》2022 年 8 月 23 日。

③ 李嘉树：《小岗村"大包干"改革典型的组织塑造》，《中共党史研究》2023 年第 5 期。

国农村社会的内容与复杂性远非村落所能包容,传统时代如此,现代性因素急速增生的现时代更是如此。因而,在学术重心下沉中生成的当代中国农村研究若以村落为单位虽然其情可谅,但若要更加全面地展现农村社会的复杂性与完整性,提升研究的解释力,就势必要求研究视野的放大和研究单位的提升"。① 因此,学者们不断寻找能超越村庄的研究单位,如多个村庄的集合研究,包括同类村庄集合的归纳研究与不同质村庄的类型比较研究等。但这更多还是对村落这一研究单位的扩充,其某些局限仍然存在。有学者对此明确表示:"即使村庄再多也无法解决方法论缺陷"。②

区域是除村落之外被学界广泛关注的另一个研究单位。之所以采取区域研究,正如吴承明所言:"以中国之大,各地区经济发展很不平衡,区域史的研究实属必经之路。"③ 区域确实能克服村落等研究单位所存在的视野、案例狭窄等问题,但其又有新的不足。比如,很难找到一个可以代表中国复杂情况的区域,所得结论的一般适用性和普遍代表性往往会受到来自其他区域的挑战,且又容易陷入地方史叙事或"碎片化"的陷阱。而且,区域的选择没有一致标准,往往是学者们各依研究所需和资料情况等确定研究区域,呈现出多元性特征,进而影响了区域研究的解释力度。

至于其他诸如以农户、乡镇、市场等为研究单位考察当代中国乡村社会时,也都各有其不同的局限,既有研究对此多有提及。确实,任何一个研究单位都有其优势与不足,正如有学者所强调的:"要解释当今乡村社会的变化及农民的动机与行为,必须重构研究单位";并提出"以'点—线'方式或者'点—线—点'的方式作为研究乡村社会的单位,在社会化中发现乡村、解释乡村、研究乡村"。④ 笔者以为,问题导向的研究单位选择也是深化和拓展研究单位的重要方法,值得我们进一步展开深入探讨。

---

① 狄金华:《中国农村田野研究单位的选择——兼论中国农村研究的分析范式》,《中国农村观察》2009 年第 6 期。
② 邓大才:《如何超越村庄:研究单位的扩展与反思》,《中国农村观察》2010 年第 3 期。
③ 吴承明:《经济史:历史观与方法论》,上海:上海财经大学出版社 2006 年版,第 265 页。
④ 邓大才:《在社会化中研究乡村——中国小农研究单位的重构》,《社会科学战线》2009 年第 5 期。

问题导向的研究单位选择

中国地域广大，区域之间发展不平衡，即便是某个区域内部也会存在地域间的差异。所谓"三里不同风，五里不同俗"便是这种地区间差异的真实写照。因此，无论大到华北、华南这样的区域，还是小到村落、农户这样的研究单位，都很难完全代表整个中国。换言之，不同研究单位是从不同的地域和视角来认识中国。在此基础上，将各研究单位进一步整合，便能更好认识整个中国的乡村社会图景。当然，必须承认的是，任何研究单位背后都有其宏大关怀，这是构成整体图景的重要前提。正如有学者所强调的，在具体的研究中，既要把个案的、区域的研究置于对整体历史的关怀之中，努力注意从中国历史的实际和中国人的意识出发理解传统中国社会历史现象，从不同地区重新审视传统中国社会的国家认同，又从无时不在、无处不在的国家制度和国家观念出发理解具体地域中"地方性知识"与"区域文化"被创造、传播的机制。①

上述所论研究方法虽然主要侧重传统的区域史研究，但同样也适用于当代乡村社会史研究，不过，其关注的主要是区域与整体的关系，并没有过多涉及各研究单位之间的关联性问题。笔者以为，构成宏大关怀的重要基础和前提条件，便是以问题为导向、以总体性认识为旨归的研究单位选择，在实践层面则是突出不同研究单位之间的关联和有效衔接。在这方面，费孝通便是典型代表，其一直在不遗余力地剖析多层次分析单位之间的连接机制。在费孝通对中国城乡社会的研究中，不同分析单位固然体现了其相对的层次感和边界性，但每一种分析单位之间又具有各种明确的连接性；从社区、小城镇到区域，每个层次的分析单位之间相互联系，一起指向认识中国和促进中国实践的目标，核心关注的问题是"何为中国"以及"中国何为"、如何实现"富民"。②

中共十八大以来，以习近平同志为核心的党中央高度重视县这一行政单位在中国式现代化进程中的重要地位和作用。2014年3月，习近平总书

---

① 陈春声：《走向历史现场》，《读书》2006年第9期。
② 黄志辉：《理解费孝通的研究单位：中国作为"个案"》，《西南民族大学学报（人文社会科学版）》2016年第5期。

记在河南省兰考县考察时指出："一个县，大的有几十万、上百万人口，经济、政治、文化、社会、生态等各方面功能齐备"；"县域治理最大的特点是既'接天线'又'接地气'。对上，要贯彻党的路线方针政策，落实中央和省市的工作部署；对下，要领导乡镇、社区，促进发展、服务民生"。① 2015年1月，习近平总书记在中央党校县委书记研修班学员座谈会上指出："在我们党的组织结构和国家政权结构中，县一级处在承上启下的关键环节，是发展经济、保障民生、维护稳定、促进国家长治久安的重要基础。"② 2020年12月，习近平总书记在中央农村工作会议上明确提出："要把县域作为城乡融合发展的重要切入点"。③ 无论是从政策实践还是研究实践层面来看，县这一层级都处在关键位置，是一个能够有效实现个人、农户、社区、乡镇、社会网络乃至区域等有效衔接的研究单位。

有学者指出，县作为一个中观分析单位，有助于把对制度的结构性分析与制度运行的能动性分析有机地结合起来，既可以看到制度的统一性及其结构性特征，也能看到国家—社会—市场之间的互动过程，更能清晰地看到制度中的能动者，制度运行的多样性以及多样性背后的要素。④ 笔者以为，以县为研究单位，更重要的是要将其作为一个整体，而不是多个单位的集合或仅是集中于县一级行政体制。正如有学者所提出的，以县域为研究单位并不意味着将县域内村庄、乡镇与基层市场进行简单叠加，而是在一个更大的整体视域中，既把握不同要素及研究单位之间的彼此关联，在更高层级上审视县级社会所独有的经济发展与社会结构图景及行政运作机制，同时比较分析不同地域的县域中相关情况及其特点，⑤ 得到更加整体性的认识。

无论是上述以县为研究单位还是其他研究单位，彼此之间的关联和有效衔接十分重要。不同研究单位之间产生争论有很大一部分是源于乡村研

---

① 习近平：《做焦裕禄式的县委书记》，北京：中央文献出版社2015年版，第52页。
② 《十八大以来重要文献选编》（中），北京：中央文献出版社2016年版，第319页。
③ 习近平：《论"三农"工作》，北京：中央文献出版社2022年版，第16页。
④ 杨雪冬：《论"县"：对一个中观分析单位的分析》，载陈明明：《权利、责任与国家》，上海：上海人民出版社2006年版，第153、174页。
⑤ 参见狄金华：《县域发展与县域社会学的研究——社会学的田野研究单位选择及其转换》，《中国社会科学评价》2020年第1期。

究过程中的外部视角与内部视角、"自上而下"与"自下而上"的差异产生。因此，有学者认为，当代中国农村的演变和发展虽然是受到多重力量的共同形塑、影响，但是其中两股力量尤为强大：一是农村社会内部生成的形塑力量，遵循历史的逻辑，农民是主要的行动者；二是农村外部力量，遵循国家的逻辑，国家是主要的行动者。要认识和解释当代中国农村，很难绕开农民和国家这样两个基本视角。① 其实，"自上而下""自下而上"、国家与农民或国家与社会都有一个空间上的交汇点，即如村落、乡镇、市场等研究单位。要进一步把握各个交汇点的关联和衔接，才能更好地实现研究中的"内外结合"与"上下结合"，更加完整地认识中国乡村社会。

笔者以为，以问题为导向是不同研究单位之间关联和有效衔接的关键。进而言之，"认识中国"再到"改造中国"即不同研究单位之间产生关联的关键。就当代乡村社会史研究而言，具体表现为当代中国乡村发展演变的具体形态、动力、走向及其对整个中国的意义。笔者曾在回顾 20 世纪初以来的中国农村经济研究时认为，百年来中国农村经济研究贯穿始终的一条主线是"发展"，更确切说是中国农村经济的发展路径问题，并呈现了贯穿始终的强烈现实感和问题导向特征。② 从这个角度而言，我们在当代乡村社会史研究中以问题为导向选择研究单位时，既可以是"认识中国""改造中国"这类带有根本性的问题，也可以是其中某一个具体的问题。与既往选择研究单位不同的是，以问题为导向并不会钟情于某个单一的研究单位，而是努力寻求不同研究单位之间的关联和有效衔接，"求同"要远大于"存异"。

综上所述，研究单位的选择对研究视角、结论、方法等都会产生直接或间接的影响，对史学研究而言，资料的类型、丰富程度及获取方式和难易程度等也会制约着研究单位的选择。随着当代乡村社会史研究领域的不断拓展，研究时段的逐步延伸，有必要对现有研究单位进行反思。事实上，各研究单位在对当代中国乡村社会进行分析研究时，也暴露了其解释力的

---

① 黄振华：《中国农村研究的两条进路——"社会化小农"与"国家建构农村"分析框架述评》，载邓正来：《转型正义：中国社会科学论丛·2011 年秋季卷》，上海：复旦大学出版社 2011 年版，第 120 页。

② 郑清坡：《百年来中国农村经济研究主线的回顾与反思》，《保定学院学报》2013 年第 1 期。

局限性。这就推动学者们不断探索新的研究单位或研究策略。然而，求新固然很重要，充分发掘现有研究单位对当代乡村社会史的解释空间也很重要。在看到各研究单位之间差异的同时也要注意到它们的关联，以问题为导向，规避单一分析单位的局限，从而实现各研究单位之间的关联和有效衔接，以更好认识和理解当代乡村社会变迁，在此基础上进一步推进相关问题研究。同时，这也是顺应时代变革，在新中国成立以来的理论创新和实践创新中"认识中国"进而"改造中国"的现实需求，有助于加速推动当代乡村社会史"三大体系"建设及其自主知识体系的建构。

近30年来当代中国城市社会史
若干问题研究述评

阮清华

哈尔滨工业大学（深圳）马克思主义学院教授

20世纪80年代以来，中国社会史研究重新兴起，但学者们关注的主要是古代和近代社会史。随着当代中国史（以下简称国史）研究逐渐起步，尤其是在进入90年代以后，一些高校陆续开设相关课程，出版相关教材或者研究专著，国史研究持续繁荣。[①] 由此，当代中国社会史（以下简称当代社会史）研究也开始逐渐兴起，在许多领域取得了相当进展。近30年来，作为当代社会史分支的当代中国城市社会史（以下简称当代城市社会史）研究取得了明显成就，在诸如城市接管与基层政权建设、社会救助与保障、社会改造与治理、城市化与城乡关系等方面都取得了丰富成果。未来学界应该继续拓宽研究领域，延长研究时段，发掘新的研究主题，提升跨学科交叉研究能力，继续推进当代城市社会史研究。

城市接管与基层政权建设

新中国成立前后，中国共产党和人民解放军相继接管被解放的大中小城市，并立即建立新的城市人民政权，进行基层社会改造，处理各类城市社会问题，实现"变消费的城市为生产的城市"的目标[②]。因此，当代城市社会史的研究从接收和管理城市开始，其研究主题及领域也随着党和政府

[①] 参见杨凤城：《浅议中华人民共和国史知识体系建构问题》，《当代中国史研究》2023年第5期。

[②]《把消费城市变成生产城市》，《人民日报》1949年3月17日。

不断加强对城市的改革与治理而不断深化。

城市接管研究 城市接管是当代城市社会史研究的起点，国外学界从新中国成立开始即有学者关注该主题。① 国内基本上20世纪90年代以后才开始出现相关研究成果。例如，中共中央党史研究室组织各省、市、自治区和一些重要城市的党史研究室编辑了一套大型的《中国共产党历史资料丛书》，为当代城市社会史研究提供了丰富史料，其中《城市的接管与社会改造》丛书大多包含综述、文献资料、回忆资料、报刊等几个部分，提供了大量各大中城市接管初期的原始文献和当事人的回忆等珍贵史料，直接推动了城市接管与改造的研究。以上海为例，该市先后出版了《接管上海》等文献资料和回忆文集，不仅披露了大量新史料，而且还梳理了上海城市接管和改造的过程及其成效，再现了中国共产党和人民解放军初进上海的历史。② 总体来看，目前相关研究成果主要包括以下三类：一是对中国共产党城市接管政策及各地接管进程的介绍和描述③；二是对上海、济南、沈阳等大城市接管经验的总结和提炼④；三是对党和国家领导人如毛泽东、刘少奇等与城市接管思想相关的研究⑤。这些研究有助于我们了解解放初期中国共产党的城市接管政策和一些大中城市的接管过程，为此后进一步推进相关研究打下了重要基础。

城市基层政权建设研究 城市被接管后，其基层政权建设事关城市各项工作的进一步开展，学界对此多以城市为个案做了较为深入的研究。以上海为例，郭圣莉讨论了上海慈善团体、同乡会等社会组织的消失和居民委员会的创建，再现了新中国国家政权在上海建立、发展和完善的历史过

---

① 田圆：《美国学界关于中国共产党城市接管史研究述评》，《当代中国史研究》2020年第2期。
② 方晓升：《接管上海》，北京：中国广播电视出版社1993年版。
③ 参见李玉荣：《中共接管城市的理论与实践》，北京：首都师范大学出版社2000年版；沙健孙：《全国解放战争后期党的新区城市政策和城市工作述论》，《党的文献》2000年第1期；李良玉：《建国前后接管城市的政策》，《江苏大学学报（社会科学版）》2002年第3期；等等。
④ 参见庞松：《略论解放战争时期中共对上海的接管》，《近代史研究》1997年第2期；齐廉允：《中共大城市接管的"济南经验"》，《当代中国史研究》2016年第5期；林木：《中国共产党对沈阳城市的接管和改造研究（1948—1952）》，大连理工大学2019年博士学位论文；等等。
⑤ 参见王金艳：《论毛泽东解放战争时期对党接管城市工作的贡献》，《理论学刊》2006年第7期；刘华清：《试论刘少奇城市接收管理思想》，《毛泽东思想研究》2010年第4期；等等。

程。①杨丽萍认为，新中国成立后，党和政府以一种前所未有的方式对城市基层社会进行了"单位化"的重新组织，重构了社会调控体系，通过单位制和街居制实现了对全部社会资源的再分配，达到了对意志的整合与再整合。②张济顺则进一步详细分析了上海居民委员会的诞生和"整顿"，认为人民政府对居民委员会的清理与整顿，实际上不断强化了其政治动员与社会治理功能，为国家社会一体化走向铺平了道路。③另外，也有学者介绍和梳理了新中国成立初期北京、天津、武汉、成都等大中城市接管后新生人民政权的建设和社会改造历程。例如，李国芳讨论了新中国成立前后石家庄、天津等城市的实践，指出城市新政权建设有一个从市、区、街三级行政管理架构向市、区两级政府及其派出机构转变的历史过程。④这些研究既有横向的面上铺开，更有相近主题的纵深层层推进，对于我们理解当代中国城市基层政权建设颇有助益。

城市社会问题研究　新生人民政权建立前后，几乎每个城市都面临着各种各样的社会问题，处理好这些问题是党和政府治理城市的关键，更是新生人民政权能否巩固和发展的重要试金石。自接管开始，各城市军事管制委员会（以下简称军管会）即着手进行社会问题的调查和处理，学界对该问题的讨论较多，已有学者对此做过综述⑤，故本文只略作补充。例如，张文清讨论了上海解放后陈毅领导治理社会问题的办法。⑥瞿宛林认为，"一五"计划期间，在国家大规模经济建设并向社会主义过渡的过程中，各级党组

---

① 参见郭圣莉：《城市社会重构与新生国家政权建设——建国初期上海国家政权建设分析》，天津：天津人民出版社 2006 年版；郭圣莉：《阶级净化机制：国家政权的城市基层社会组织构建——以解放初期上海居委会的整顿与制度建设为例》，《甘肃社会科学》2007 年第 4 期。

② 杨丽萍：《从非单位到单位——上海非单位人群组织化研究（1949—1962）》，上海：华东师范大学出版社 2010 年版，第 439—440 页。

③ 参见张济顺：《国家治理的最初社会空间——二十世纪五十年代前期的上海居民委员会》，《中共党史研究》2015 年第 10 期。

④ 李国芳：《建国前后中共减少城市行政层级的尝试——以石家庄、天津等为线索》，《党的文献》2007 年第 2 期。

⑤ 详见冯兵：《新中国成立初期城市社会问题治理研究现状与展望》，《兰州学刊》2020 年第 11 期。

⑥ 张文清：《"化腐朽为神奇"——陈毅领导改造旧上海建设新上海的历史篇章》，《上海党史与党建》2001 年第 8 期。

织针对首都北京出现的各类新社会问题进行了创造性的探索，取得了良好效果。① 总体来看，目前学界有关解放初期城市社会问题的研究主要还停留在对各大中城市社会问题处理的描述上，深入系统的研究还比较缺乏。

由上可见，关于解放初期城市接管、基层政权建设和社会问题的处理都受到了学界广泛关注。虽然城市接管只是短暂行为，但其基层政权建设和社会问题处理却具有持续性，目前相关研究主要关注 20 世纪 50 年代，需要在研究时间上不断往后延伸，在研究领域方面则要不断拓展。

社会救助与保障

城市社会救助与保障研究是当代社会史研究的重要课题，也是国史研究的重要领域。当代中国社会救助与保障制度是从社会救助实践中逐步发展起来的，并且首先是从应急性的城市救助开始的。城市社会救助与保障研究主要包括制度、政策等方面。

（一）社会救助

救助制度研究 社会救助是一项系统性工作，其中制度建设尤为重要，也是社会救助研究的重要关注点之一。对此，周兰兰认为，当代中国社会救助历经初步建立、边缘化、改革发展再到法制化、规范化、体系化发展的四个阶段，并指出了其存在的一些问题。② 张丽荔比较系统地讨论了新中国成立初期社会救助制度的建立、基本框架和运行模式等问题，并指出其具有体系较为完善、运行较为周密的优点，但同时也存在政府包揽及制度、程序不规范等问题。③ 问延安认为，社会救助制度及体系是 1998—2014 年间有关社会救助研究的六大主题之一，相关研究文献发表量反映了国内同时期社会救助体系建设实践轨迹。④ 2016 年，国家发展和改革委员会社会发展研究所课题组则梳理了 20 世纪 90 年代以后社会保障制度的历史与现状，认为经过 20 多年的持续改革，中国建立起了城乡最低生活保障、城乡医疗

---

① 瞿宛林：《"一五"时期北京对城市社会问题的应对及启示》，《中共党史研究》2006 年第 4 期。
② 周兰兰：《中国社会救助制度发展的回顾与展望》，《理论月刊》2015 年第 2 期。
③ 张丽荔：《建国初期中国共产党社会救助制度研究》，江西师范大学 2014 年硕士学位论文。
④ 问延安：《基于文献计量的我国社会救助研究综述》，《内蒙古农业大学学报（社会科学版）》2016 年第 3 期。

救助、城镇住房救助等"完整的制度体系,并在保障公民基本生活、维护社会公正、促进社会和谐稳定等方面发挥了积极作用",但也存在救助水平总体偏低、差距较大等突出问题。①与此同时,也有研究关注到具体的救助制度。例如,刘莉梳理了当代中国城市流浪乞讨人员的管理制度变迁,认为时代变迁与社会发展给该制度带来了重要影响。②岳红伟对我国农村社会救助制度做了探讨,认为在改革开放前,农村依托集体经济建立了基本的社会救助制度,在城镇建立起国家—单位保障模式;改革开放以后逐步建立起最低生活保障等一系列社会救助基础,社会救助制度不断完善,救助项目不断丰富,救助水平逐步提升。③总体而言,近10多年来,管理学、政治学、经济学、社会学、历史学等诸多学科都关注到了社会救助制度,虽然研究主题各有侧重,但"主要集中在社会救助的制度结构、社会救助的扶贫作用、社会救助是否产生福利依赖、社会救助的立法过程四个方面"。④

救济政策研究 政策指导着城市社会救助实践,是对特定时期党和国家城市工作方针的直接反映。对此,学界围绕救济政策做了较多研究。例如,任云兰考察了新中国成立初期天津城市社会救济政策的制定及其实践,认为救济政策在增加城市就业、维护城市社会秩序、恢复和发展城市经济等方面具有重要作用。⑤李小尉等讨论了"生产自救"这个新中国成立以来"具有鲜明时代特色的救济政策",认为其承担着救济、改造、培养等多重功能。⑥周云瑞等详细论述了新中国成立初期北京救济失业工人基金的征收、失业救济政策的调整以及救济效果,认为失业救济不仅解决了失业人员的生活困难,而且还安定了社会秩序,增强了广大民众对新生人民政权的认

---

① 《我国社会救助制度的构成、存在问题与改进策略》,《经济纵横》2016年第6期。
② 刘莉:《流浪乞讨人员救助管理制度研究》,黑龙江大学2014年硕士学位论文。
③ 岳红伟:《当代中国特色社会救助制度发展与改革研究》,中共中央党校(国家行政学院)2020年博士学位论文。
④ 李春根等:《社会救助制度的研究进展与展望——基于2010—2021年CSSCI来源期刊文献的可视化分析》,《社会保障研究》2023年第4期。
⑤ 任云兰:《1949—1956年天津城市社会救济政策的制定及实践》,《当代中国史研究》2021年第4期。
⑥ 李小尉等:《生产自救:新中国成立初期党的城市扶贫探索与精神传承》,《江西社会科学》2022年第11期。

同。①此外，还有一些学者讨论了其他城市颇具当地特色的救济政策，但总体上个案研究较多，整体论述还比较少，有待进一步推进相关研究。

弱势群体救助研究 所谓弱势群体，本文主要指非因生理原因造成的生活困难、能力不足或被边缘化的人群，其中包括城市失业人员等，学界对此多有关注。例如，蒋积伟梳理了 2011 年前救助弱势群体的相关研究，认为成果不少，但存在"一般性描述较多，研究性不够"、"宏观叙事较多，个案研究较少"以及"方法单一"等问题。②2021 年，冯兵等进一步梳理了新中国成立初期的城市失业问题治理研究，指出"在新中国成立初期失业这一问题的研究上，研究视角不断拓宽"，"取得了令人振奋的成绩"。③确实，近年来，学界不断推进对该问题的研究，或进行整体性的探讨，或以某个地区尤其是某个城市失业问题治理为中心，比较清晰、全面地呈现出新中国成立初期相关地区和城市失业问题治理的全貌。例如，关浩淳分析了西藏城镇实施扶贫救助的背景、历史和实践，得出结论：西藏城镇贫苦人群的广泛存在是一种"制度性问题"，在旧制度下难以得到根本解决；从和平解放到西藏自治区成立的 15 年间，在中国共产党领导下推行的各类赈济和扶助措施，初步解决了普遍可见的贫穷，逐步建立起基本保障制度。④此外，还有大量硕士、博士学位论文以弱势群体救助为题，比较清晰、全面地呈现出了相关史实。可见，对于弱势群体救助的研究，不仅研究者较多，而且研究的范围和议题也在不断拓展。

（二）社会保障

社会保障涉及方方面面，是当代中国社会建设的重要内容，更是中国特色社会主义社会的价值彰显。学界对此有较为深入的研究，集中反映在社会保障制度研究方面。石美遐等在 1989 年的研究成果中认为，截至当时，我国社会保险制度大致经历了初建、发展、停滞倒退和改革创新 4 个发展阶段，并对各个阶段的变化及特点做了比较详细的分析，认为新中国

---

① 周云瑞等：《新中国成立初期北京市失业救济研究》，《北京社会科学》2022 年第 4 期。
② 蒋积伟：《新中国成立初期社会救助史研究略述》，《北京党史》2011 年第 1 期。
③ 冯兵等：《新中国成立初期失业问题研究》，《兰州学刊》2021 年第 11 期。
④ 关浩淳：《消除贫困的努力——从和平解放到自治区成立西藏城镇的扶贫救济与社会治理》，《西藏研究》2021 年第 1 期。

前30年的社会保险制度保障了部分劳动者及其家属的生老病死，有利于劳动者身体健康和社会稳定，但同时也存在保险资金来源单一、实施范围小、标准低等问题。① 郭士征等梳理了1998年以前社会保险、保障制度的发展历程，认为从1951年《中华人民共和国劳动保险条例》的颁布开始，新中国的社会保险制度框架基本建立；20世纪80年代以后，失业、工伤、生育等单项保险制度陆续建立；1993年中共十四届三中全会后，我国保险制度开始向社会保险制度转变。② 2009年，郭健美等将新中国成立60年以改革开放为界划分为前后两个阶段：改革开放以前，中国形成了国家保障与单位（农村社队）保障相结合，以单位（农村社队）保障为主的社会保障制度；改革开放以后，通过体制改革和扶贫帮助逐步解决农村绝对贫困问题，并启动城乡居民最低生活保障制度建设，随后各类专项救助制度，如灾害、医疗、教育救助等也逐步建立并完善。③ 2019年，郑功成系统回顾了中国社会保障70年的发展历程后认为：70年来，社会保障从计划经济时期城镇居民的"专利"发展成为现在的全民福利，秉持的是中国共产党的执政理念和社会主义的本质要求，但具体制度安排及实践方式却在两个发展阶段有明显差异，前30年与计划经济体制相适应，后40年追求与市场经济体制相适应，折射的是中国经济社会变革与民生发展进步。新时代国家发展目标全面升级，社会保障改革与发展的任务即是全面建成中国特色的社会保障体系。④

综上可见，当代中国社会救助与保障研究呈现出明显的阶段性特征：弱势群体救济实践和救济政策的研究侧重于20世纪50年代，而制度建设方面的研究虽然也关注50年代的起源，但重点则在改革开放尤其是90年代以后，且研究者多为社会学、政治学领域的学者。社会救助和保障的对象都是人，但现有研究却很少涉及救助主体和被救助者，也就是缺少了对

---

① 石美遐等：《我国社会保险的历史沿革及评价》，载《中国社会保险的改革与实践》，北京：中国政法大学出版社1989年版，第184—206页。
② 郭士征等：《中国社会保险的改革与探索》，上海：上海财经大学出版社1998年版，第2—23页。
③ 郭健美等：《新中国60年社会救助制度的演变与评估》，《改革与开放》2009年第12期。
④ 郑功成：《中国社会保障70年发展（1949—2019）：回顾与展望》，《中国人民大学学报》2019年第5期。

人的关注。这些都值得进一步拓展。

社会改造与治理

新中国成立前,城市被认为是藏污纳垢之地,是罪恶的渊薮。新生人民政权建立后,普遍对城市中的乞丐、妓女等进行了收容、改造。改革开放以后,有些一度消失或隐藏的社会现象又"死灰复燃",如乞丐问题等,党和政府对此高度关注,并出台相关政策予以治理,学界对此也进行了一定探讨。

游民问题研究　本文中的游民主要是指流散在城市社会中的人群,其中包括从事盗窃等犯罪活动的群体等。各地军管会接管城市后,大多随即开展对接管城市游民的收容处理。新中国成立后,由内务部领导全国游民改造,1956年召开全国游民工作会议部署、推进游民改造工作,到1958年改为由公安部负责,各地则由劳改局对游民实行收容教养。① 可见,游民改造在新中国成立初期持续了较长时间。对此,学界也进行了较为深入的探讨。以上海为例,王霭康较早梳理了上海的游民改造,对收容改造过程做了简单介绍。② 汤水清讨论了新中国成立初期上海游民的安置和改造,认为到1954年上海基本上解决了游民问题。③ 阮清华比较系统地梳理了1949—1958年上海的游民改造问题,认为上海进行了近10年的游民收容改造工作,共计收容改造7万余人,分别安置到本市、苏北、皖南、新疆等地,比较彻底地重构了城市基层社会。④ 杨丽萍认为,新中国成立初期上海对游民改造做了统一规划和协调,使收容工作规范化、系统化,并实现了地区间的合作,从而使得这一城市顽疾被根除。⑤ 刘亚娟则专门讨论了多被归类于游民群体中的"阿飞",认为各方对这一特殊群体的言说引导了基层对

---

① 参见阮清华:《上海游民改造研究(1949—1958)》,上海:上海辞书出版社2009年版。
② 王霭康:《上海解放初期对游民的教育改造》,载《上海解放初期的社会改造》,北京:中共党史出版社1999年版,第235—257页。
③ 汤水清:《新中国成立初期游民的安置和改造——以上海为中心的考察》,《江西社会科学》2007年第11期。
④ 参见阮清华:《上海游民改造研究(1949—1958)》,上海:上海辞书出版社2009年版。
⑤ 杨丽萍:《新中国成立初期的城市游民收容——以上海为例》,《上海城市管理》2010年第6期。

"阿飞"问题的处理,体现了上海基层社会对"阿飞"的多元认知。① 与此同时,学界对北京、天津、合肥等地游民及相关问题也做了一定研究,并在时间上向后做了延伸。例如,王瑞山认为,20世纪50年代后期到1982年之间,"游民"基本处于消失状态;改革开放以后,"游民"再次出现并不断扩大,政府日益重视该问题并出台相关政策,总体上呈现出以"不断文明、不断进步的理念和实践"应对游民及相关问题。② 可见,随着时代发展,党和政府对游民的认识不断深化,从而推动了相关政策的出台,也引发了学界对相关问题的持续深入探讨。

乞丐问题研究 乞丐在旧社会长期存在。新中国成立后,党和政府高度重视乞丐问题,先后出台相关政策措施,基本上解决了相关问题。学界对此关注甚多。例如,张凤霞等认为,新中国成立初期党和政府通过制定治理乞丐问题的方针政策,成立组织机构,因地施策,多种收容方式并举,使乞丐问题治理取得了一定成效,为社会主义革命和建设赢得了相对稳定的环境。③ 与此同时,也有研究以北京、天津等城市乞丐问题的治理为个案,得出了相似的结论。④ 改革开放后,随着流动人口的增加,城市乞丐问题重现。对此,路学仁提出"让家庭负起责任",通过精心呵护、建设家庭从根本上解决城市乞丐问题。⑤ 李景平等分析了21世纪初我国城市乞丐的诸多新特点以及对城市发展的危害,并从一贯、持久的战略政策措施和当前、迫切的政策措施两个方面提出了有效地规范和管理城市乞丐的对策建议。⑥ 总体来看,学界对改革开放以后城市乞丐及相关问题的研究略显薄弱,值得继续从城市社会史的角度深入推进。

娼妓问题研究 娼妓问题是旧中国长期存在的社会问题。新中国成立

---

① 刘亚娟:《上海"阿飞":滚动的话语逻辑与基层实践走向(1949—1965)》,《中共党史研究》2018年第5期。
② 参见王瑞山:《犯罪预防视角下的当代中国游民治理》,载何勤华:《犯罪研究论坛》第1辑,上海:上海人民出版社2013年版,第231页。
③ 张凤霞等:《建国初期党和政府成功治理乞丐问题历程及经验追溯》,《西南民族大学学报(人文社会科学版)》2015年第2期。
④ 参见夏雪等:《身份再造:天津解放初期政府对乞丐问题的治理》,《党史研究与教学》2021年第5期。
⑤ 路学仁:《从当前中国的家庭功能危机看城市乞丐问题》,《中州学刊》2004年第2期。
⑥ 李景平等:《城市乞丐:问题与对策》,《西北师大学报(社会科学版)》2005年第1期。

后，党和政府采取不同方式处理娼妓问题，形成了娼妓改造的"北京模式"与"天津模式"。对此，郭艳英梳理了2014年前相关研究，发现自20世纪80—90年代以来，相关研究成果侧重于不同时期、不同地域的娼妓问题治理，且重点放在总结娼妓问题治理的经验上；研究视角从单一向多元转变，研究方法也逐步呈现出多学科融合的趋势。与此同时，她认为相关研究整体上"尚处于起步阶段"，对代表性城市的研究有待深入，研究方法有待创新；应该将娼妓问题治理置于整个社会治理的大框架下，从中国共产党社会治理的整体视角来展开研究。①改革开放后，人们的生产方式、生活方式、心理结构、价值观念发生了巨大的变革。在改革开放中新旧体制调整必然会发生冲突，出现一些社会问题。卖淫嫖娼这一在新中国成立后被迅速消除的丑恶现象也在社会生活中"死灰复燃"，成为全社会关注的一大公害。社会各界一直在关注和研究这个问题，并推出了一批有价值的涉及各类学科的研究成果和具体对策，为打击卖淫嫖娼提供了有力的思想武器和可操作性的措施。②

关于社会改造与治理，学界多聚焦于20世纪50年代的相关群体，对改革开放后曾一度消失或隐藏的某些社会现象又"死灰复燃"虽有关注，但仍缺少有分量的实证研究，因此需要进一步深化对相关议题的贯通式研究。

城市化与城乡关系

作为经济现代化的方向和必然趋势之一的城市化③，是当代中国尤其是改革开放以来的中国社会最为显著的变化之一，也是学界比较关注的重要议题。新中国成立以前，我国经济落后，城市化水平极低；新中国成立尤其是改革开放以后，我国城市化快速推进，引发学界广泛关注。

城市化进程研究　城市化进程以城市化率的形式呈现。学界对此有较多探讨。例如，2005年中国生产力学会城市化研究课题组发布的报告显示，新中国成立后，我国城市化率从1952年的12.5%缓慢提高到1978年的17.9%。改革开放后，以农村经济体制改革为动力，我国城市化进程加速，

---

① 郭艳英：《新中国成立初期娼妓改造研究》，陕西师范大学2014年博士学位论文。
② 朱旭东：《改革开放以来卖淫嫖娼问题研究综述》，《公安研究》2001年第4期。
③ 武力：《关于新中国经济史三个问题的思考》，《当代中国史研究》2024年第2期。

到 1984 年城市化率提高到 23%；1992 年后，以城市建设、小城镇发展和普遍建立经济开发区为主要动力，我国城市化全面推进，城市化率从 1992 年的 27.6% 提升至 1998 年的 30.4%。① 21 世纪以来，党和政府进一步加大了推进城市化的力度。2000 年 6 月，中共中央、国务院发布《关于促进小城镇健康发展的若干意见》，指出："发展小城镇，是实现我国农村现代化的必由之路"；强调"抓住机遇，适时引导小城镇健康发展，应当作为当前和今后较长时期农村改革与发展的一项重要任务"。② 到 2001 年，我国城市化率已达到 37.7%。③ 到 2011 年，我国城镇人口超过总人口的一半。对此，有学者认为这标示着我国城市化已抵达发展阶段的临界点。④ 中共十八大以来，我国城镇化建设取得了新的成就。到 2020 年，我国城市化率达到 63.89%，虽然这一数据仍然远低于世界可比国家的平均值，⑤ 但是无论与 1949 年之前相比，还是与改革开放前后相比，最近 30 年来中国城市化都取得了巨大进展。这也引发了学界的广泛关注和讨论。

城市化相关争议研究　随着我国城市化快速发展而来的是关于城市化、城镇化的争议。例如，关于中国城市化的道路选择，是应该走小城镇化道路，走大城市化道路，还是走大中小城市协同发展道路？又如，中国的城市化速度是太快还是太慢了？再如，中国的城市化是世界城市化的一般现象还是中国的特有现象？中国的城市化是落后还是超前了？⑥ 与此同时，也有学者将我国城市化置于世界各国城市化的进程之中，为我国城市化寻找

---

① 参见《城市化的国际经验与中国城市化进程和战略》，载《2004 中国生产力发展研究报告》，北京：中国统计出版社 2005 年版，第 162—164 页。

②《十五大以来重要文献选编》（中），北京：人民出版社 2001 年版，第 1291 页。

③ 参见《城市化的国际经验与中国城市化进程和战略》，载《2004 中国生产力发展研究报告》，北京：中国统计出版社 2005 年版，第 164 页。

④ 王旭：《从"城"到"乡"：中国城市化亟待转型》，《上海师范大学学报（哲学社会科学版）》2024 年第 1 期。

⑤ 尤济红：《发展阶段、政府职能与中国城市化进程——为何中国城市化长期滞后？》，《产业经济研究》2022 年第 2 期。

⑥ 参见赵新平等：《改革以来中国城市化道路及城市化理论研究述评》，《中国社会科学》2002 年第 2 期；熊俊：《对中国城市化水平国际比较中若干问题的探讨——兼论中国城市化水平的滞后性》，《中国人口科学》2009 年第 6 期；何一民等：《中国式城镇化：从传统城市化向新型城镇化转型的理论探索与实践创新》，《西华大学学报（哲学社会科学版）》2024 年第 1 期；等等。

经验和参照。① 相对而言，这类研究目前主要以经济学、政治学等领域的学者为主，历史学者较少介入。因此，历史学者在这方面大有可为，尤其是从城市化对城市和乡村不同的影响，城市化后新市民社会生活、城市融入等方面着手，展开更为深入的比较研究，是今后应大力推进的地方。

城乡关系研究　城乡关系是当代城市社会史研究的重要领域，学界对此给予了高度关注。例如，文军等认为，新中国成立以来，国家、社会以及个体在城乡关系的发展演变中扮演了不同的角色，发挥着不同的作用，呈现出不同的面相，从不同层面决定着中国城乡关系的变迁。② 当代中国城乡关系的阶段性特征非常明显，但不同学者对具体如何划分阶段存在不同看法。例如，郭旭红等认为，根据马克思主义城乡关系理论和我国城乡关系自身演变的特征，我国城乡关系演变大致经历1949—1978年、1978—2002年、2002—2012年、2012年中共十八大以来4个阶段。③ 郭君平等则认为应分为5个阶段，即1949—1957年、1958—1977年、1978—2001年、2002—2012年、2013年至今。④ 可见，与我国城市化取得的突出成就一样，学界对当代中国城乡关系的演变历程、阶段性特征和影响等方面做了大量研究，但同时也存在一些学术争鸣，需要学界持续深化对相关问题的探讨。

反思与展望

近30年来，当代社会史学科不断形成并获得长足发展，其分支学科当代城市社会史也取得了一定发展，但同时还存在诸如研究时段分布不均、主题重复、视野狭窄、研究深度不够等问题。展望未来，学界应进一步结合城市社会发展中出现的各种问题，从以下几个方面进一步拓展对相关议题的研究。

延长研究时段　2024年，新中国已经成立75年了，但当代城市社会史

---

① 参见王旭：《从"城"到"乡"：中国城市化亟待转型》，《上海师范大学学报（哲学社会科学版）》2024年第1期。
② 文军等：《当代中国城乡关系的演变逻辑与城市中心主义的兴起——基于国家、社会与个体的三维透视》，《探索与争鸣》2015年第7期。
③ 郭旭红等：《新中国城乡关系的理论与实践》，《当代中国史研究》2022年第3期。
④ 郭君平等：《中国城乡关系的演进脉络、结构性失衡及重构方略》，《改革》2022年第9期。

的研究成果主要还是集中在 20 世纪 50 年代，60 年代偶有涉及，70—80 年代及以后的相关研究成果则主要是社会学、政治学、经济学等学科学者取得的，历史学学者似乎缺席了。究其原因，这既与当代社会史学科起步较晚有关，也与资料的获取程度有关，如 50—60 年代的国史资料更易获得。但如前所述，随着新中国各项事业向前推进，我们理应不断延长当代城市史研究的时段，推动整个当代社会史学科繁荣发展。

开拓研究选题　目前的当代城市社会史研究重复性主题多，许多类似的选题只是换用不同城市作为案例，但所论述的历史过程、政策与效果等都大同小异，所谓新成果并不能给人以新的认知或新的知识，没有形成知识增量。如对各大中城市救助失业人员等方面的论述，越来越呈现出同质化倾向。此类选题要做出新意，一方面需要比较研究，即纵向拓展时段，做前后的比较，横向拓展区域，做不同地域之间的比较，甚至需要进行国内外比较，才可能进一步推进研究；另一方面则需要对研究对象做更细的分类与鉴别，从而深化研究主题，为类似问题的解决提供历史借鉴。除"旧"题"新"解之外，更重要的是发掘新题目、开拓新领域。当代城市社会史中的日常生活研究就是一个很具开拓性的研究领域。例如，金大陆就对 20 世纪 60—70 年代上海的蔬菜、粮油供应等日常生活做过深入研究。[①]

拓宽研究视野　视野狭窄与当代社会史研究尤其是城市社会史研究起步晚有直接关系。2011 年 4 月，《当代中国史研究》编辑部等单位联合举办"中国当代社会史研究现状和学科体系"专题研讨会，有学者称其为当代社会史研究的"第一次学术聚会"。[②]这虽是一家之言，但从本质上表明当代社会史研究起步晚，学科建设略显不足。当代城市社会史研究同样如此。这就要求学界继续不遗余力地推进对当代社会史、城市社会史的研究，加强其学科建设，更好地服务于当代中国城市化建设事业。

总之，学界应当重视当代城市社会史的研究，尤其需要将城市中人的生活客观、立体、鲜活地展现出来。正如马克思、恩格斯在《德意志意识

---

① 参见金大陆：《非常与正常：上海"文革"时期的社会生活》，上海：上海辞书出版社 2011 年版。

② 李文：《"中国当代社会史研究现状和学科体系"专题研讨会综述》，《当代中国史研究》2011 年第 4 期。

形态》一文中所指出的："城市已经表明了人口、生产工具、资本、享受和需求的集中这个事实"。①因此，城市首先应是人的城市，更好地研究人在城市中的生活，理应是当代城市社会史研究应该大力拓展的领域。

---

① 《马克思恩格斯文集》第 1 卷，北京：人民出版社 2009 年版，第 556 页。

当代中国外交史研究的进展与思考

王巧荣

中国社会科学院大学教授、当代中国研究所研究员

当代中国外交史研究主要涉及1949年以来中国外交方针、政策、思想及其实践的历史进程、发展变化与规律等。从严格意义上讲，相关研究始于20世纪80年代中后期，以外交部组织编写的《当代中国外交》（中国社会科学出版社1988年版）、谢益显主编的《中国外交史：中华人民共和国时期（1949—1979）》（河南人民出版社1988年版）为典型代表。这两项成果的编委、作者大多是来自外交部、外交学院的专业人员，他们在史料占有和对重要问题的把握上有独特优势，对当代中国外交史的研究别人无法替代、难以超越。这两项成果开创了当代中国外交史研究的先河，初步奠定了当代中国外交史的知识基础、研究框架及逻辑体系。在此基础上，随着国内外相关研究资料的不断丰富完善，研究队伍的不断扩大，当代中国外交史一些领域的研究一度出现蓬勃发展的局面。但由于起步较晚，当代中国外交史研究仍然存在基础研究有待深化、研究领域不平衡、历史阐释不足等问题。当前，世界百年未有之大变局加速演进，中国与世界的关系发生深刻变化。系统梳理当代中国外交史研究的历史进程，探究其发展变化的规律，分析其背后的原因，有利于为新时代中国特色大国外交提供历史经验、历史智慧。对此，笔者在回顾当代中国外交史研究总体概况、各领域具体进展的基础上，分析了其存在的问题，提出了对未来发展方向的若干思考。

总体研究概况

20世纪90年代以来，随着中国综合国力不断提升，中国与世界的关系更加密切，中国的外交政策及其实践的内涵越来越丰富，外交在维护和实现国家利益中的作用与影响越来越大。学界对当代中国外交史的研究也在逐步增强。

（一）通史性研究

通史性研究在当代中国外交史研究中发挥着开创性和基础性作用。在前述两项外交通史性研究成果的基础上，20世纪90年代以来，国内学界又出版了一系列通史性研究成果。例如，谢益显主编的《中国外交史：中华人民共和国时期（1949—1979）》出版了新的续编卷《中国外交史：中华人民共和国时期（1979—1994年）》（河南人民出版社1995年版）；1994年、1998年、1999年，世界知识出版社先后出版了三卷本的《中华人民共和国外交史》，即由裴坚章主编的《中华人民共和国外交史（1949—1956）》、王泰平主编的《中华人民共和国外交史（1957—1969）》《中华人民共和国外交史（1970—1978）》。这些通史性研究成果主要采取编年体方式，分时段探讨了当代中国外交的历史进程。在新中国成立50周年之际，王泰平主编的《新中国外交50年》（北京出版社1999年版）则采取专题方式，按区域国别、外交领域等研究了1949—1999年中国的外交历程及其成就。与前文提到的《当代中国外交》一样，这些通史性研究成果主要是中国外交系统的集体智慧结晶，对当代中国外交史研究发挥了重要的奠基作用。

在此基础上，学界又接续推出了多项通史性研究成果。例如，作为六卷本"中华人民共和国史研究丛书"的外交卷，王巧荣主编的《中华人民共和国外交史（1949—2019）》（当代中国出版社2020年版）沿着新中国成立以来外交战略、外交政策发展变化的进程，对新中国外交的发展史进行了粗线条阶段性的划分，并对每个阶段的特征做了分析概括。与此同时，学界也对新时代以来的中国外交做了相应的探讨。例如，王逸舟主编的《中国外交探新》（时事出版社2020年版），探讨了新时代中国外交在全球公共产品供给、金砖合作和全球治理中的角色地位等领域所取得的进展。王巧荣主编的《新时代的中国外交》（当代中国出版社2022年版）则系统探讨了新时代 10 年来中国外交所取得的辉煌成就。

与上述通史性研究成果一样，各高等院校的相关教材也属于通史性研究成果。据笔者初步统计，这类教材大约有 10 多种，其中有代表性的如下：谢益显主编的《中国当代外交史（1949—2009）》（中国青年出版社 2009 年版）是普通高等教育"十一五"国家级规划教材，是对其主编的《中国当代外交史（1949—1995）》（中国青年出版社 1997 年版）的丰富和完善。该研究成果是哲学社会科学"八五"国家重点规划课题。该教材按照时段划分，每一时段为一章，每章都有主题统领，通过主要历史事件、历史线索展现了当代中国外交的历史脉络和历史进程。牛军编著的《中华人民共和国对外关系史概论（1949—2000）》（北京大学出版社 2010 年版），是作者基于多年教学和研究体会而编撰的一部教材。该教材以中国对外政策为线索和依据，概括分析了 1949—2000 年中国对外关系的发展过程和主要特点。

通史性研究对当代中国外交史学科建设发挥了一定的奠基和引领作用，关于 20 世纪 90 年代以来，特别是进入 21 世纪以来的相关系统性研究则有待进一步提升。

（二）当代中国外交理论与实践研究

党和国家领导人外交思想是当代中国外交理论与实践研究的重要领域，涌现了大量研究成果。例如，裴坚章主编的《研究周恩来——外交思想与实践》（世界知识出版社 1989 年版）、《毛泽东外交思想研究》（世界知识出版社 1994 年版）以及国际战略研究基金会编的《环球同此凉热——一代领袖们的国际战略思想》（中央文献出版社 1993 年版）三部论文集，开启了当代中国外交思想史研究的先河，对此后该领域的研究发挥了重要推动作用。谢益显的《当代中国外交思想史》（河南大学出版社 1999 年版）是国内较早贯通研究当代中国外交思想及其实践的著作，其依据外交思想的阶段性特点对 1949—1995 年的外交思想做了详细探讨。叶自成的《新中国外交思想：从毛泽东到邓小平——毛泽东、周恩来、邓小平外交思想比较研究》（北京大学出版社 2001 年版）则对上述三位党和国家领导人的外交思想进行了比较研究。随后，学界对党和国家领导人的外交思想做了大量探讨，成果卓著。

习近平外交思想是近年来学界探讨的热点议题，成果较多。以中国知网收录的学术期刊论文检索为例，其中，以"习近平外交思想"为题名的论文有 250 篇，以"人类命运共同体"为题名的论文有 4992 篇，以"一带一路"为题名的论文有 4.49 万余篇。① 这些论文对习近平外交思想做了深入研究，对人类命运共同体理念、"一带一路"倡议及相关问题都做了很好的学理阐释。

构建中国特色外交理论一直为学界所关切，近年来，这一领域取得了突破性进展。例如，杨洁勉先后出版了《中国共产党和中国特色外交理论与实践》（东方出版中心 2011 年版）、《中国外交理论和战略的建设与创新举措》（上海人民出版社 2015 年版）、《中国外交理论和战略的建设与创新》（世界知识出版社 2019 年版）三部著作，对中国特色外交理论体系基本内涵做了相关探讨。阎学通的《世界权力的转移：政治领导与战略竞争》（北京大学出版社 2015 年版）、《道义现实主义与中国的崛起战略》（中国社会科学出版社 2018 年版）、《大国领导力》（中信出版社 2020 年版）三部著作，相对集中地提出了"道义现实主义理论"，并以此解释了崛起国何以成功和霸权何以衰落的原因。王逸舟的《创造性介入：中国外交新取向》（北京大学出版社 2011 年版）、《创造性介入：中国之全球角色的生成》（北京大学出版社 2013 年版）、《创造性介入：中国外交的转型》（北京大学出版社 2015 年版）集中展示了"创造性介入理论"，并以此解释了中国外交的转型。作为当代中国外交思想通史的最新研究成果，王巧荣的《中国国际战略思想发展史》（河北人民出版社 2023 年版）则着重梳理了中国国际战略思想的发展历程，对国际战略理论的中国实践做了相关探讨。

总体来看，学界关于党和国家领导人外交思想、中国特色外交理论的研究成果丰硕，为进一步推进相关研究奠定了良好基础，但当代中国外交史的核心概念、理论和逻辑体系的研究仍需进一步深化。

（三）外交决策研究

进入 21 世纪第二个 10 年后，随着中国综合国力、国际影响力的快速提升，外交对国际社会的影响越来越重要，中国的对外战略引起国际社会

---

① 上述数据由笔者检索中国知网所得，时间截至 2024 年 8 月 1 日。

广泛关注。外交决策很快就成为新的学术热点。例如，齐建华的《影响中国外交决策的五大因素》(中央编译出版社 2010 年版)，探讨了国际环境、法律体系、意识形态、组织结构和传媒与民意这五大因素对中国外交决策的影响，其中，对法律体系因素的分析是该成果的创新和亮点。李开盛的《理解中国外交（1949—2009）——民族复兴进程中的国家身份探求》(中国社会科学出版社 2011 年版)，探讨了新中国成立 60 年来对外交往中国家身份变迁及其对中国外交的影响，该书认为，在国家身份与利益的关系中，身份并不是一个终极变量，而是利益建构身份，身份决定行为。白云真的《当代中国外交变迁和转型：国家与社会关系的视角》(中国社会科学出版社 2011 年版)，分析了新中国成立 60 年来外交的发展背景、历程、意义及其经验。牛军的《冷战与新中国外交的缘起（1949—1955）》(社会科学文献出版社 2012 年版)，以冷战与新中国对外政策之间互动为基本框架，通过重点分析 1949—1955 年间的一系列重大事件，揭示了新中国对外政策的制定过程和动力。门洪华主编的《中国外交大布局》(浙江人民出版社 2013 年版)，探讨了中国外交哲学的历史演进、外交决策机制的变迁、外交战略及其历史演变。宫力等的《新时期中国外交战略》(中共中央党校出版社 2014 年版)，从战略突围、战略转折、战略方针、战略新思维、战略深化、战略应对等方面，探讨了改革开放后中国外交战略的调整和创新发展。

总体而言，学界对中国外交决策的研究主要是着眼于政策研究，贯通性的历史研究成果还非常有限，这是今后值得进一步关注的地方。

各领域研究进展

通常情况下，专著类研究成果在相当程度上是一个特定领域研究状况的重要体现，笔者在查阅中国知网有关当代中国外交史各研究领域的学术论文时对此深有体会。中国知网所收录的学术论文最终也多以专著形式呈现，因此，本文主要梳理了相关研究领域的专著类成果，主要如下：

（一）**大国外交史研究**

大国外交一直是当代中国外交史研究的重要领域。在大国研究中，中国对俄（苏）、对美、对日关系史研究成果丰硕，对欧交往的研究相对薄弱。

1. 中俄（苏）关系史研究

新中国成立后，苏联是第一个与中国建立正式外交关系的国家，中苏关系对新中国的对外关系有着重要影响。苏联解体后，俄罗斯作为苏联的继承国，在与中国关系方面，顺利实现了由中苏关系向中俄关系的过渡，中俄关系进入一个新时期。借着20世纪90年代苏联档案大规模解密的东风，中苏关系史研究一度有一个大发展。例如，孔寒冰的《中苏关系及其对中国社会发展的影响》（中国国际广播出版社2004年版）、李华的《北京与莫斯科：结盟·对抗·合作》（人民出版社2007年版）等通史性研究成果，为中俄（苏）关系史研究奠定了良好基础。与此同时，随着大量有关中苏关系史的俄文档案解密，中苏关系史研究中特别是中苏结盟、大论战、科技合作等问题得到了持续深化。例如，何明等的《中苏关系重大事件述实》（人民出版社2007年版）、王奇的《中苏同盟启示录》（清华大学出版社2008年版）等，探讨了中苏关系中的重大历史事件及其对中苏关系的影响。蒲国良的《中苏大论战的起源》（当代世界出版社2003年版）、李明斌的《中苏大论战及其经验教训研究》（中国社会科学出版社2008年版）探讨了中苏大论战的起源、过程及其经验教训。这些研究成果基本上对中苏关系的演变历程做了系统梳理。

冷战结束以来，中俄经贸关系中的一些重点领域和突出特点引起学者关注，产生了一些成果。例如，郑羽等的《俄罗斯能源外交与中俄油气合作》（世界知识出版社2003年版）、王殿华的《互利共赢的中俄经贸合作关系》（科学出版社2011年版）、陆南泉的《中俄经贸关系现状与前景》（中国社会科学出版社2011年版）等，对中俄两国经贸合作进程、成就及存在的问题等做了系统探讨。

总体来看，中俄（苏）关系史研究在史料、方法和观点等方面不断推进，其研究领域也得到不断拓展和深化，一度呈现良好的发展势头。但遗憾的是，近年来该研究领域进展缓慢，多以对策研究为主，鲜有高质量的研究成果问世，学理性研究有待进一步提升。

2. 中美关系史研究

中美关系史是当代中国外交史研究中一个比较成熟的领域，学界对此予以高度关注，成果显著。例如，陶文钊的《中美关系史》（上海人民出版社 2004 年版)、熊志勇的《中美关系 60 年》(人民出版社 2009 年版)等通史性研究成果,对推动中美关系史研究发挥了重要作用。与此同时,更多研究成果则分时段探讨了不同时期的中美关系史。例如,戴超武的《敌对与危机的年代——1954—1958 年中美关系》(社会科学文献出版社 2003 年版)、张丽的《新中国建立初期的中美关系(1949—1953)》(黑龙江人民出版社 2009 年版),在扎实的史料基础上对 20 世纪 50 年代的中美关系做了系统探讨;楚树龙的《冷战后中美关系的走向》(中国社会科学出版社 2001 年版)则利用公开文献资料研究了冷战后前 10 年的中美关系史。

随着中美双方特别是美国相关档案资料的开放,以及重要文献资料、口述史料的出版,中美关系发展进程中的重大历史事件如两国关系正常化问题等得到了深入研究。以中美关系正常化问题的研究为例,宫力的《跨越鸿沟——1969—1979 年中美关系的演变》(河南人民出版社 1992 年版)、姜长斌等的《1955—1971 年的中美关系——缓和之前:冷战冲突与克制的再探讨》(世界知识出版社 1998 年版)、《从对峙走向缓和:冷战时期中美关系再探讨》(世界知识出版社 2000 年版)等著作,是国内该领域的开创性研究成果。在此基础上,该领域研究接续推进,先后推出了一批研究成果,如张曙的《接触外交:尼克松政府与解冻中美关系》(世界知识出版社 2009 年版)、王成至的《跨越雷区的握手:1969—1972 年中美缓和进程研究》(上海三联书店 2010 年版)、张静的《解密中美秘密外交(1969—1972)》(人民出版社 2014 年版)、闫晓萍的《中美关系正常化与台湾问题》(社会科学文献出版社 2017 年版)等。

作为当今世界最复杂、最有影响的一对双边关系,中美关系超越双边关系,对多边及其他相关方有着深刻的影响,也深受其他方不同程度的影响,学界对此多有探讨。例如,李铁城等的《联合国框架下的中美关系》(人民出版社 2006 年版)、王巧荣的《APEC 与中美关系》(河南人民出版社 2010 年版)分别探讨了中美在联合国、亚太经合组织(APEC)中的互动关系。此外,学界还对中美日、中美印等三边关系展开了研究。

总体来看,中美关系史研究的一个主要特点是,美国对华政策决策的史料丰富,研究成果相对丰硕,其研究视角、方法也更多元;中国对美政策史研究则偏宏观,微观研究相对较为薄弱。

3. 中日关系史研究

对日外交既是中国大国外交的重要内容，同时也是中国周边外交的重要组成，因此学界对中日关系史研究颇为深入。例如，杨正光主编的《当代中日关系四十年（1949—1989）》（时事出版社1993年版）、田桓主编的《战后中日关系史（1945—1995）》（中国社会科学出版社2002年版）、刘建平的《战后中日关系："不正常"历史的过程与结构》（社会科学文献出版社2010年版）等，都是中日关系的通史性研究成果。

与中美关系正常化问题一样，中日关系正常化也是中日关系史研究的重要内容，产生了一系列研究成果。例如，罗平汉的《中国对日政策与中日邦交正常化：1949—1972年中国对日政策研究》（时事出版社2000年版）、刘宏的《中日建交再研究：以日本田中政权对华建交决策为中心》（复旦大学出版社2011年版）、胡鸣的《中日邦交正常化研究》（中国社会科学出版社2015年版）等，均是其中的重要代表，对该问题有着系统深入研究。

中国对日外交方针政策对中日关系的发展发挥着重要影响，学界对此给予了高度关注。例如，史桂芳的《中国的对日战略与中日关系研究（1949—）》（中国社会科学出版社2014年版）、刘世龙的《新中国对日政策（1949—1972）》（世界知识出版社2020年版）等，探讨了中国对日政策及其对中日关系的影响。

改革开放以来，中日经贸合作是两国关系不断走向深入的重要推动力，学界对此做了较为系统的研究。例如，王新奎等主编的《中国对外开放与中日经济关系》（上海人民出版社1999年版）、林晓光的《日本政府开发援助与中日关系》（世界知识出版社2003年版）、程永明等的《中日经贸关系六十年》（天津社会科学院出版社2006年版）等，均是其中的典型代表。

民间交流是维系中日关系的重要纽带，学界对此有一定关注，其代表性研究成果包括李恩民的《中日民间经济外交（1945—1972）》（人民出版社1997年版）、孔繁丰等的《周恩来、池田大作与中日友好》（中央文献出版社2006年版）等。

总体来看，在中日关系史领域，中日关系正常化问题、民间外交等的研究相对比较深入，其他领域特别是建交以来中日关系史的研究仍以宏观、政策研究为主。

4. 中欧关系史研究

在中国大国外交史研究中，中欧关系史研究是相对比较薄弱的领域。关于中国同欧洲层面关系的研究，目前主要集中在国际政治、国际关系领域，史学研究成果相对较少。近年来，学者已注意到这一问题，并开始从基础做起，例如，钱小平的《中欧关系70年大事记》（中国社会科学出版社2020年版），为中欧关系史研究打下了良好的基础。

截至目前，关于中欧关系史研究中，主要集中在中国对英、法、德等西欧大国的关系研究。英国是西方国家中较早与新中国建立代办级外交关系的国家，同时，英国凭借其"三环外交"，特别是与美国的"特殊关系"，成为第二次世界大战后冷战格局中一支重要的战略力量，中国政府一直重视对英外交，再加上香港问题一直是中英关系中的一个重要议题，因此，学界对中英关系史的研究相对中国对其他欧洲大国外交的研究较为深入。其中，专著类成果主要有萨本仁等的《20世纪的中英关系》（上海人民出版社1996年版）、王红续的《七十年代以来的中英关系》（黑龙江教育出版社1996年版）和高望来的《大国谈判谋略：中英香港谈判内幕》（时事出版社2012年版）等。法国是第一个同新中国正式建交的西方大国。中法关系是中欧关系史研究中关注度比较高的一个领域，除一系列学术论文外，还有大量资料集、专著等公开出版。例如，刘海星等主编的《中法建交四十年重要文献汇编》（世界知识出版社2004年版）、姚百慧编的《中法建交多国档案选编》（社会科学文献出版社2016年版）等，都是中法关系史研究的重要资料集，推动了对相关问题的研究。相对而言，关于中德关系史研究起步较晚，发展速度较缓，其代表成果有顾俊礼主编的《中德建交40周年回顾与展望》（社会科学文献出版社2012年版）等。

总体来看，中英、中法等关系在中欧关系史研究中逐步走向深入，而如中国同其他欧洲国家的关系史、中国同欧盟关系史等领域的研究尚较为薄弱。

此外，需要指出的是，中国同一些与欧洲有密切关系的国家如加拿大、澳大利亚等国的关系史研究得到学界关注，也有研究成果问世。例如，潘兴明的《20世纪中加关系》（学林出版社2007年版）、侯敏跃的《中国现代化进程与中澳关系》（上海译文出版社2005年版）等均是其中的典型代表，但此类研究尚缺乏连续性。

（二）周边外交史研究

相较于大国外交史的研究，中国周边外交史的研究起步相对较晚，但进入新时代以来特别是近年来发展迅速。这既得益于周边外交在中国外交总体布局中的重要性有所提升，也得益于中国及周边一些国家外交档案的解密，一些关于中国周边外交史和周边、双边外交史的研究成果陆续问世。

关于中国周边外交史的研究成果主要有唐希中等的《中国与周边国家关系（1949—2002）》（中国社会科学出版社 2003 年版）、程瑞声的《睦邻外交四十年》（四川人民出版社 2006 年版）、石源华的《新中国周边外交史研究（1949—2019）》（世界知识出版社 2019 年版）等。这些研究成果基本上搭建起中国周边外交史研究的理论框架，为后续相关研究奠定了重要基础。

中国同东南亚国家关系史研究是当代中国周边外交史研究中成果较多的一个领域，相关研究成果主要有郭明主编的《中越关系演变四十年》（广西人民出版社 1992 年版）、曲爱国等编的《援越抗美——中国支援部队在越南》（军事科学版社 1995 年版）、林锡星的《中缅友好关系研究》（暨南大学出版社 2000 年版）、刘少华的《中国与东盟国家关系》（湖南人民出版社 2001 年版）、王光厚的《冷战后中国东盟战略关系研究》（吉林大学出版社 2008 年版）、葛红亮的《新变局：演进中的东南亚与中国东盟关系》（中国发展出版社 2017 年版）等。这些研究成果从不同层面或不同时段对中国同东南亚一些国家的双边关系、中国—东盟及其成员国关系展开了研究。

中国同南亚国家关系的研究在不断深化。中印关系是当代中国周边外交史研究中一个相对深入系统的领域，研究成果主要有张敏秋主编的《中印关系研究（1947—2003）》（北京大学出版社 2004 年版）、随新民的《中印关系研究：社会认知视角》（世界知识出版社 2007 年版）、卫灵的《冷战后中印关系研究》（中国政法大学出版社 2008 年版）、杨思灵等的《中国周边视角下的中印关系研究》（中国书籍出版社 2014 年版）、邱美荣的《1959—1962 的中印关系：国际危机管理的研究视角》（同济大学出版社 2014 年版）、陈宗海等的《当代中印关系的历史与未来》（世界知识出版社 2020 年版）等，用不同的研究方法对中印关系的发展历程、重要历史时段及重大事件开展了相关研究。韩晓青的《新中国睦邻外交的典范：中巴关系研究（1951—1965）》（人民出版社2015年版）、张安的《睦邻外交视域下的中国与阿富汗关系研究（1949—1979）》（世界知识出版社2020年版），是关于中巴、中阿关系研究的开创性成果。前者运用多方档案史料，探讨了这一时段中巴关系发展的历史进程及其特征，后者则主要运用中方档案史料梳理了这一时段中阿关系历史进程。

中国同东亚其他周边国家关系的研究成果主要有刘金质的《当代中韩关系》（中国社会科学出版社1998年版）、魏志江的《"冷战"后中韩关系研究》（中山大学出版社2009年版）、杨昭全等的《当代中朝中韩关系史》（吉林文史出版社2013年版）和毕奥南主编的《中蒙国家关系历史编年（1949—2009）》（黑龙江教育出版社2013年版）等。这些成果极大地拓展了中国周边外交史的研究领域和议题。

边界和海洋问题是中国周边外交史研究中的热点问题。该领域的研究成果主要有聂宏毅的《鼎定国疆：新中国成立60年中国边界问题研究》（法律出版社2011年版）、齐鹏飞的《大国疆域：当代中国陆地边界问题述论》（中共党史出版社2013年版）、吴士存的《南沙争端的由来与发展：南海纷争史国别研究》（中华书局2022年版）等。

总体来看，在中国周边外交史研究成果中，边界和海洋问题研究相对系统深入，中越、中印关系的研究在逐步深化，而其他领域的研究则有待进一步拓展。

（三）与发展中国家外交史研究

同发展中国家交往是中国外交的重要基础。新中国成立70多年来，中国政府一直重视开展与发展中国家的友好合作关系。对发展中国家外交也是中国外交史研究的一个重要领域。由于发展中国家数量众多，学界在研究中国对发展中国家外交时，通常是从区域外交视角展开，从国别外交视角研究要相对少一些。这大概有两个方面的原因，一是史料获取难，二是语言方面的障碍。相较大国外交史、周边外交史等领域的研究，中国对发展中国家外交史的研究相对薄弱。据笔者观察，截至目前，学界关于中国对发展中国家外交史的研究以纪念性成果居多，为数不多的专题研究则主要集中在中国对非洲国家外交史，其中典型代表包括张哲的《中非经贸关系发展研究》（浙江人民出版社 2014 年版）、赵长峰的《国际视角下的中非合作研究》（华中师范大学出版社 2016 年版）、罗建波的《中非关系与中国的大国责任》（中国社会科学出版社 2016 年版）、刘鸿武等的《新时期中非合作关系研究》（经济科学出版社 2016 年版）等。其他领域的研究不仅公开发表的学术论文有限，研究专著更是空白。

（四）多边外交史研究

1971 年中华人民共和国恢复在联合国合法席位后，在一段时间内，参与国际多边活动相对谨慎。自 20 世纪末特别是进入新世纪以来，中国积极参与国际多边活动，不但更加建设性地参与世界性、地区性的国际多边组织活动，而且还发起创立了一系列多边合作机制，学界主要从以下三方面展开了相关研究：

关于中国在联合国的外交研究　其中的典型代表成果包括王杏芳主编的《中国与联合国——纪念联合国成立五十周年》（世界知识出版社 1995 年版）、田进等的《中国在联合国：共同缔造更美好的世界》（世界知识出版社 1999 年版）、赵磊的《建构和平：中国对联合国外交行为的演进》（九州出版社 2007 年版）、谢喆平的《全球治理中的中国与联合国教科文组织》（商务印书馆 2021 年版）、张贵洪等的《中国参与联合国维和行动研究》（社会科学文献出版社 2024 年版）等。

关于中国与上海合作组织的研究　上海合作组织是中国参与组建并在其中发挥主要推动作用的国际组织，学界对此进行了深入研究。其中的代表成果包括王海运的《上海合作组织与中国》（上海大学出版社 2015 年版）、曾向红的《上海合作组织实践与理论》（中国社会科学出版社 2021 年版）、李进峰的《上海合作组织 20 年：成就、挑战与前景》（社会科学文献出版社 2021 年版）等。

关于多边外交的总体性研究　其中的研究专著仅有王逸舟主编的《磨合中的建构——中国与国际组织关系的多视角透视》（中国发展出版社 2003 年版）、郑启荣等主编的《中国多边外交》（世界知识出版社 2012 年版）、胡宗山等的《中国参与国际体系变革进程研究》（华中师范大学出版社 2018 年版）等。

总体来看，学界已经关注到中国多边外交史研究中的重点、热点问题，不过，除了关于在联合国的相关外交活动研究较深入外，其他领域的学理性研究仍有待进一步加强，如中国与世界银行、国际货币基金组织、世界贸易组织等国际组织的关系，与不结盟运动、七十七国集团等发展中国家所共同建立的国际组织的关系，等等，都是需要深化和拓展的研究领域。

由此可见，经过数十年的发展，当代中国外交史研究取得了显著进展，其中一些成果更是站在较高层次对当代中国与世界的关系做出了新的解释和理论思考，为拓展和深化当代中国外交史研究做出了积极贡献。

若干总结与思考

当代中国外交史研究除在上述各领域取得重大进展外，还在史料、研究方法及视野等方面也取得一些新进展，为推动当代中国外交史"三大体系"建设发挥了重要作用。但与此同时，当代中国外交史研究也存在一些亟待解决、值得思考的问题。

（一）史料、研究方法及视野等取得新进展

1. 档案等文献资料不断丰富

历史研究离不开史料，当代中国外交史研究概莫能外。在当代中国外交史领域，其新开辟的资料大致包括以下几类：

一是相关人物的资料。这其中既包括自20世纪90年代以来不断整理并公开出版的有关党和国家领导人的重要文献、文集、文稿、年谱、文选等，也包括一些亲历外事活动的人物回忆录等资料，如黄华、钱其琛、唐家璇、戴秉国、阎明复、师哲、吴冷西、熊向晖等都出版了自己的回忆录。这些资料为开展当代中国外交思想史、外交方针政策研究提供了重要依据。

二是官方解密的档案及其他相关资料。一方面是来自中国外交部等解密的档案资料。2004年、2006年、2008年，中国外交部曾三次解密和开放档案，先后开放1949—1955年间档案5000多件，开放比例为30%；开放1956—1960年间档案共2.5万余件，开放比例为60%；开放1961—1965年间的档案共4.1万余件，开放比例为70%。[①]这三批档案资料的开放，极大地

---

① 《外交档案再揭面纱》，《人民日报》2006年5月11日；《从外交部第三次解密外交档案能了解啥》，《中国青年报》2008年11月15日。

促进了学界对当代中国外交重大决策、重要历史事件等的研究。与此同时，外交部还陆续选编并出版了相关档案文献资料。例如，世界知识出版社在1990—1999年陆续出版了6辑《新中国外交风云》，为推进相关研究提供了史料参考。此外，一些地方如北京、上海等地的档案馆也开放了部分外事活动的档案资料，促进了学界对相关问题的探讨。另一方面，美国、英国、法国、德国、俄罗斯等国家也相继解密并开放了大量有关当代中国的档案文献，为研究中国与相关国家的交往历程提供了丰富的一手史料，极大地推动了当代中国外交史研究的深入。

三是电子数据库资料。随着信息化、数字化快速发展，国内外建成一系列重要文献数据库，不仅丰富了相关研究史料，也极大便利了研究活动的开展。如ProQuest平台的Digital National Security Archive（DNSA）数据库提供了来源于美国国家保密档案馆（National Security Archive）的原始文件的访问路径。该数据库收录了从1945年开始的美国对其他国家外交、军事政策等大量珍贵的第一手资料。该平台的英国海外政策文件（Documents on British Policy Overseas）数据库收录5万多份英国政府关于国际关系的文件，包含外国政策指导、信件和备忘录、商业报告等。这些原始资料来自Foreign and Commonwealth Office（FCO）。Gale旗下的U.S. Declassified Documents Online数据库收录约10万份、超70万页的美国政府解密档案资料，一些内容涉及军事、政治、外交决策及对外关系等，其中有不少涉及当代中国外交问题。

在新的档案文献史料支持下，相关领域研究不断有高质量成果问世，当代中国外交史研究得以不断深化和拓展。

2. 研究方法及视野日益多元化

当代中国外交史研究具有极强的跨学科特性，强调对多元研究方法及视野的运用。例如，进入21世纪后，国内国际关系学界开始引入跨国史研究方法，强调超越民族国家的视野来开展相关研究。[①]一些研究将这一方法运用到具体研究中，极大地拓展了当代中国外交史研究的边界，如对体育、展览会等问题的研究。与此同时，也有学者将冷战史视角引入当代中国外

---

① 刘文明：《跨国史：概念、方法和研究实践》，《贵州社会科学》2018年第8期。

交史研究，取得了显著成就。还有学者开始探索用道义现实主义理论研究中国的外交战政策及其制定。①

基于多元的研究方法及视野，当代中国外交史的研究领域得以不断拓展。例如，进入21世纪第二个10年来，军事外交、公共外交等领域的研究取得一定进展，其中的相关著作主要有张芳的《当代中国军事外交：历史与现实》（时事出版社2014年版）、杜农一等的《新中国军事外交与国际维和研究》（国防大学出版社2015年版）、周丽娟的《对外文化交流与新中国外交》（文化艺术出版社2010年版）、姚遥的《新时代中国公共外交与民间外交：理论与实践》（世界知识出版社2019年版）等。同时也应该注意，鉴于中国外交工作的特殊性，一些领域的涉外活动只是中国外交的一种方式，发挥的作用有限，研究中应避免出现脱离实际的拔高现象。

（二）存在问题与未来发展方向

1. 基础研究有待进一步深化

基础研究不仅是理论探索，更是为应用研究与对策研究奠定基石。当代中国外交史基础研究的核心就是对当代中国外交史研究中的基本问题，诸如研究对象、范畴体系与研究方法等进行深入探讨和思考。其中，通史性研究对于深化该学科的基础研究具有重要意义，但现有的研究成果，要么过于简约，无法体现当代中国外交史的丰富内涵；要么时间下限过早，无法涵盖当代中国外交史的知识体系，也无法体现关于当代中国外交史研究的新史料和新成果。因此，我们应该充分利用现有当代中国外交史的各种档案文献资料，借鉴有关当代中国外交史的各类研究成果，全面深入系统地开展当代中国外交史研究，编研撰写内容全面、体系完备、质量上乘的当代中国外交史通史性研究成果，进一步加强当代中国外交史的"三大体系"建设。

与此同时，在通史性研究中，当代中国外交史中的一些重大理论问题需要进一步厘清。例如，分期问题在当代中国外交通史性研究中存在较大争议和分歧，尤其是关于同一历史时段中具体分期问题更是如此。分期是当代中国外交史研究中的基础理论问题，厘清该问题有助于更好理解当代

---

① 阎学通等：《道义现实主义与中国的崛起战略》，北京：中国社会科学出版社2018年版。

中国外交史的发展趋势和规律。历史分期不同的主要原因是研究者所采用的分期依据、标准不同，而历史分期的依据、标准通常又与研究者对研究的主题主线、主流本质的理解有直接关系。当代中国外交史研究中所存在的关于分期问题的分歧，某种程度上就是由于研究者对当代中国外交史的主题主线、主流本质的认识存在分歧。这些问题需要大家在建立当代中国外交史研究框架体系时加以认真讨论。再如，当代中国外交史研究中的核心概念"外交""对外政策""对外关系"等内涵、外延问题及其学科意义，也是当代中国外交史研究中需要厘清的基本范畴问题。有学者对此已经关注多年，并尝试系统探讨这一问题。① 此外，当代中国外交史研究中的基本范畴，如国家利益、国家权力、国际秩序、国家身份等也是需要进一步界定和深化的问题。

2. 研究领域不平衡

当代中国外交史研究领域不平衡是一个持续多年的问题。从关于中国外交总体布局研究来看，大国外交史、党和国家领导人外交思想及其实践等，一直是当代中国外交史研究中关注较多的领域，成果丰硕，研究也比较深入。以大国外交史研究为例，学界之所以高度重视这一问题，既与大国外交在中国外交工作总体布局中具有重要地位有直接关系，同时也与一些大国对相关档案文献的解密和开放比较规范，信息化、数字化程度高等有重要关系。需要指出的是，如前所述，研究领域不平衡问题在大国外交史领域内部也存在，在多边外交史等领域更是广泛存在。与此同时，当代中国外交史研究还需要紧密配合党和国家工作大局，为中国外交工作总体布局提供学术智慧。例如，随着共建"一带一路"的不断拓展和深化，加强对中国与沿线国家特别是支点国家关系史的系统研究势在必行。

从问题导向来看，政治、战略、安全等议题在当代中国外交史研究中十分重要，因此广受关注，但同时又存在不平衡的情况，其中政治、战略这两个议题的研究比较深入，安全议题的研究则呈现波动状态。例如，某一安全议题只有成为地区甚至全球广泛关注的热点问题时，学者才会跟踪

---

① 参见张清敏：《外交、对外政策还是对外关系——论当代中国外交研究的学科困境》，《世界经济与政治》2023 年第 5 期。

研究，之后又会趋于沉寂。因此，当代中国外交史中一些重大安全议题的研究，除了研究该议题的专门机构在持续跟踪研究外，大多数只是跟风研究，且以对策研究为主，基础研究相对较少。这也是当代中国外交史研究中一些重大安全问题研究发展缓慢的原因之一。此外，对外经济关系是新中国成立后特别是改革开放以来中国对外关系的重要内容，但对此的研究还有待进一步加强。

3. 历史解释不足

历史研究的意义不仅在于厘清历史事件的来龙去脉，还原历史真相，更要探究不同历史现象之间的联系，探究历史现象及其背后的深层动力，进而探索历史发展演变的规律。外交史研究作为历史学的一个分支，无疑也应遵循历史研究的基本方法和原则。目前，当代中国外交史研究成果多以历史叙述为主，即通过对史料的梳理和解读，把历史事实和历史过程描述清楚，缺乏对历史现象背后深层逻辑的探究，难以提出有洞见的历史解释。

历史解释不足与当代中国外交史研究者理论素养有关。外交史研究不同于一般的史学研究，其理论性更强。总体来看，外交史研究的对象包括外交、对外政策及对外关系，大抵分属于外交学、国际政治学及国际关系学的研究范畴，每一学科又都有其学科理论。只有熟练把握学科相关领域的基本理论知识，才能进一步强化外交史研究的解释力。因此，当代中国外交史研究需要借鉴包括国际关系学、国际政治学和外交学在内的相关理论、概念、范畴。近年来，有学者从现实主义、建构主义等国际关系理论的角度研究了当代中国的外交战略、外交决策、外交理念等问题，也有学者运用博弈论、霸权稳定理论、威慑理论以及危机管理理论等研究了当代中国外交面临的大国竞争等问题，但多数学者还是处于"就事论事"状态。当代中国外交史研究要强化解释力度，就需要在扎实的史学基础上，提升国际政治、国际关系等学科的理论素养，这也是从事该领域研究的重要基础。

4. 研究"碎片化"

史学研究的"碎片化"现象多年来一直遭到诟病，学界对此多有探讨。由于研究者的时间、精力有限，不可能对历史上发生的所有事情都开展研究，因此，研究者通常会对自己认为最有价值的事件、时段进行研究，通过由小及大、以小见大的方式，逐步呈现整体历史图景。笔者以为，这就是历史研究中的"碎片"研究。但需要注意的是，"碎片"研究应属于微观研究，而不是研究的"碎片化"。换言之，"碎片"研究是有价值的，研究"碎片化"是无意义的，因为"碎片化"预示着研究琐碎、缺乏宏大视野的观照和深层意义的阐释。近年来，当代中国外交史研究中社会、文化领域、地方涉外问题等研究不断拓展，对推动该学科发展发挥了积极作用，但这些领域的研究同时存在较为严重的"碎片化"现象。例如，当某一知名刊物发表某一主题文章后，一些学者特别是年轻学者就跟风研究，有人研究北京的，就有人研究上海和其他某地的，这类文章虽然也有所谓"新"史料如地方档案等点缀，但就议题本身而言，实难有本质上的突破，低水平重复研究较为严重，值得警醒。

当代中国外交史研究之所以存在"碎片化"现象，且有愈演愈烈之势，既与外交史研究者为规避学术生涯成长中遇到的一些制约因素而采取的权宜做法有关，又与其对新兴史学研究方法理解有误相关。从普遍意义上讲，当代中国外交的决策及其实践虽然与其他国家外交特别是大国外交的决策及实践有相同的地方，但更有其独特之处。在"外交无小事"理念的主导下，当代中国外交决策及其实践与社会、文化、地方层面等涉外活动都是在中央的集中统一领导下进行的。从某种意义上讲，这些活动的政治意义远大于外交影响。因此，近年来越来越细小、琐碎的研究，除对于一些年轻学者学术训练有一定的意义外，对当代外交史研究本身的推动意义并不大。

5. 史料整理利用有待进一步加强

历史研究强调孤证不立。而当代中国外交史研究中的史料利用主要问题就是史料多元化不足。在当代中国外交史研究中，史料不足是一普遍问题。研究者通常将自己想方设法收集到的档案资料视为珍宝，据此构建自己的研究框架，并在研究中最大化展示这些新得到的史料，以最快的时间把它转换为学术成果，但往往又会存在缺少多元史料比照和相互印证的问题。这一现象近年来已引起学界关注，尽管不少学者都在强调当代中国外交史研究要注意史料的多元化问题，但真正改善尚需时日。

巧妇难为无米之炊，史料就是史学研究的"食材"，史料收集整理工作跟不上，当代中国外交史研究就很难有大的进展。多年来，当代中国外交史史料不断丰富，但仍存在诸多不足。与政治史、经济史、社会史等学科的史料建设工作不同，外交史研究不仅需要收集国内各类相关档案文献资料，还需要收集国际上与当代中国外交相关的各类档案文献资料，工程浩大，很难毕其功于一役。因此，当代中国外交史的史料收集整理需要逐步推进。目前，当代中国外交史领域中一些专题性史料的收集整理利用成效显著，但关于国家总体外交的史料收集整理利用相对滞后，这应该是下一步工作的着力点。

综上所述，当代中国外交史研究在一些领域特别是总体外交史、大国外交史和周边外交史等领域的研究取得了显著进展，一些引领学科发展的开创性、创新性研究成果时有产生，推动了相关领域研究不断深化和拓展，也促进了当代中国外交史"三大体系"建设。与此同时，我们也应看到，当代中国外交史研究还存在基础研究有待深化、研究领域不平衡、学理性偏弱、研究"碎片化"等问题。当代中国外交史研究应在继续深化和拓展已有研究的基础上，加强当代中国外交史中的基础研究，尤其是对核心概念、学术框架体系和逻辑体系的研究，不断丰富和发展各研究领域，推动当代中国外交史研究行稳致远，为强国建设、民族复兴伟业贡献当代中国外交史研究的学术智慧。

交叉学科视野下当代中国外交史研究评述

张清敏

北京大学国际关系学院教授

中华人民共和国外交史也称中华人民共和国对外关系史，或简称新中国外交史、当代中国外交史（为行文方便，除引文原文外，本文统称当代中国外交史），是指新中国成立以来处理与外部世界关系过程中所展现出的状态。从中国视角看，当代中国外交史既是中华人民共和国史（以下简称国史）的一部分，同时也是中国共产党史（以下简称党史）的一部分。从国际关系史或全球外交史角度看，当代中国外交史则是以新中国为行为体的那部分国际关系史或外交史。

改革开放以来，当代中国外交史研究取得了显著成绩，呈现出阶段性特点，也展现出两个趋势：一是虽仍然坚持史学路径，但逐渐开始从原来的中国视角向国际视角转变，与国际关系史和国际外交史研究相结合，更多地利用外部材料，视野更宽；二是逐渐脱离传统意义上的外交史，逐渐与国际关系和对外政策理论相结合，注重外交史研究的理论价值，推动当代中国外交史研究的学科属性从历史学向政治学转变，展现出交叉学科的特点。笔者认为，为适应上述发展趋势，未来当代中国外交史研究需要将中国对外政策、中国外交和中国对外关系研究与更广意义上的对外政策、外交学和国际关系理论研究结合起来，提升当代中国外交史研究的理论化程度，并为更具普遍意义的理论构建贡献中国元素、中国经验和中国智慧。

历史学学科的当代中国外交史研究

当代中国外交史系统研究的早期成果在总体上属于历史学的范畴。随着时间的演进，历史学学科的当代中国外交史研究得以保持并不断推进，取得较好发展。根据研究目标和服务对象的不同，历史学学科的研究成果表现为以下几种类型。

高等院校的教材 改革开放以来，为满足培养面向世界人才的需要，推动学科建设长足发展，一大批有关当代中国外交史的高等院校专业课程教材陆续推出。例如，1988年，外交学院在此前内部编印的教材基础上[①]，公开出版了我国首部当代中国外交史教材《中国外交史：中华人民共和国时期（1949—1979）》[②]。这本教材后来多次更新，出版了多种版本并多次再版，一度是我国高等院校使用最为广泛的当代中国外交史教材。此后，多种类似教材不断出版，最新的此类成果主要就是教育部组织编写的马克思主义理论研究和建设工程教材《当代中国外交》[③]。这些研究成果以教材形式展现，其特点是体系完整，结构平衡，论述清晰流畅。

国家或某部门总体出版规划的部分成果 《当代中国》丛书是由中共中央书记处讨论通过出版的大型丛书，其从1982年开始启动，于1998年基本完成出版，并于1999年6月出版了电子版。[④]"外交"作为该丛书的一卷，由外交部组织编写，并于1988年出版了《当代中国外交》一书。[⑤]这部新中国成立后出版的首部当代中国外交专著，确立了该学科研究的基本思路和基本观点。虽然其名为《当代中国外交》，但实际上是按照时间顺序叙述新中国成立后对外关系的演变轨迹，因此严格意义上是一本新中国对外关系史著作。进入新时代以来，国史专门研究机构当代中国研究所先后组织编写和出版的《中华人民共和国外交史（1949—2019）》《新时代的中国外交》也都属于这类成果。[⑥]前者是六卷本"中华人民共和国史研究"丛书中的一

---

① 张书元：《中国外交史（1945—1960年）》，外交学院1964年印。
② 谢益显：《中国外交史：中华人民共和国时期（1949—1979）》，郑州：河南人民出版社1988年版。
③ 《当代中国外交》，北京：高等教育出版社2019年版。
④ 参见吴家珣：《〈当代中国〉丛书编辑出版工作的回顾》，《当代中国史研究》1999年第4期；《〈当代中国〉丛书暨电子版完成总结大会在京举行》，《人民日报》1999年7月1日。
⑤ 《当代中国外交》，北京：中国社会科学出版社1988年版。
⑥ 王巧荣：《中华人民共和国外交史（1949—2019）》，北京：当代中国出版社2020年版；王巧荣：《新时代的中国外交》，北京：当代中国出版社、重庆：重庆出版社2022年版。

卷，后者则是十卷本"新时代这十年"丛书中的一卷。此外，外交部组织编写的系列《中华人民共和国外交史》也属于这一类，因为其中每一本都是一个更大出版计划的一部分。① 这类成果具有资料优势，观点权威，为国史其他领域研究提供了参考和依据。

学者个人的学术成果　这类成果出现相对较晚，多为这个学科长期耕耘的学者在自己专业研究基础上，以个人名义出版，观点明确，议题不同，各具特色，其中多数是以历史演进方式阐述当代中国外交的发展变化，如曲星的《中国外交50年》②、牛军对新中国外交的系列研究都是其中的典型代表③。此外，更多的成果则是从中外关系史的角度梳理了中国与主要国家和地区关系的历史，其中代表性的研究包括陶文钊对中美关系史的系列研究④，一些青年学者近年来对当代中国外交史中特定事件、关系和议题的研究也是一个非常值得关注的趋势⑤。这些成果多建立在对相关领域或议题主要档案掌握的基础上，材料丰富，写作规范，学术性强，代表了国内学者关于当代中国外交史研究的水平和高度。

中国外交事务亲历者的回忆　亲历者回忆虽称不上严格意义的学术研究，但其对深化当代中国外交史研究具有重要作用。例如，世界知识出版社于1995—1999年先后出版的6辑系列丛书《当代中国使节外交生涯》，以及在当代中国外交史上曾发挥重要作用的一些高级外交官自述、回忆录及个人传记等⑥都是其中的重要代表。这些都是当代中国外交史研究的第一手材料，其利用价值应不断被挖掘。

---

① 参见裴坚章：《中华人民共和国外交史（1949—1956）》，北京：世界知识出版社1994年版；王泰平：《中华人民共和国外交史（1957—1969）》，北京：世界知识出版社1998年版；王泰平：《中华人民共和国外交史（1970—1978）》，北京：世界知识出版社1999年版。

② 曲星：《中国外交50年》，南京：江苏人民出版社2000年版。

③ 参见牛军：《冷战与新中国外交的缘起（1949—1955）》，北京：社会科学文献出版2012年版；牛军：《冷战时代的中国战略决策》，北京：世界知识出版社2019年版；等等。

④ 参见陶文钊：《中美关系史（修订本）》，上海：上海人民出版社2016年版。

⑤ 具有代表性的研究参见李潜虞：《从万隆到阿尔及尔——中国与六次亚非国际会议（1955—1965）》，北京：世界知识出版社2016年版；梁志：《新世纪以来当代中国外交史研究述评》，《中共党史研究》2022年第6期；等等。

⑥ 对这些材料的相关梳理可参见狄安略：《中国外交官回忆录篇目索引（辑刊篇）》，载徐蓝：《近现代国际关系史研究》第5辑，北京：世界知识出版社2013年版，第279—332页。

此外，就研究领域来说，党史中的外交史、体育史中的外交史、科技史中的外交史等也日益受到高度关注，成为当代中国外交史中的重要议题。

总体来看，多数关于当代中国外交史研究的成果取名为"中华人民共和国对外关系"或"中华人民共和国对外关系史"，基本上采取历史学的叙事方式，描述各个时期中国对外交往的发展和一些重大事件的发展过程，在学科归属上属于历史学学科。受客观环境、研究议题、研究者视野、研究方法、档案材料等的影响，这些研究又或多或少存在结构类似、观点重复、创新欠缺等问题。正如有学者所指出的那样，虽然多数描述"令人印象深刻，但也有一些差强人意的特点，如重策论而轻学术、重诠释而轻批判、重描述而轻思辨等"。① 因此，历史学学科中的当代中国外交史研究特别需要在议题、材料、视角、方法上寻求突破。

政治学学科的中国对外政策研究

当代中国外交史研究虽然出现了以前述研究为代表的成果，但是正如一位学者在回顾这个领域的研究状况后所说："与国内热闹非凡的民国外交史和美国外交史研究相比，中华人民共和国外交史的研究则冷清得多"。② 其实，随着全球化的发展和中外关系的加强，对当代中国外交及其历史的研究并没有减少，而是不断适应材料和研究议题等方面的限制，在研究路径上发生了一些变化，出现了以下两种趋势：一种是虽仍然坚持史学的方法和思路，但更多与国际关系史或国际外交史研究相结合，视野更宽，因广泛使用国外资源，故材料也更加丰富；另一种则是逐渐脱离传统意义上的外交史，开始与国际关系和对外政策研究相结合，其学科属性发生了显著变化。

（一）国际关系史（国际史）研究

当代中国外交史从中国史的角度纳入国际关系史或国际史研究中，主要是得益于一些有国际视野的学者的大力倡导以及更多学者的积极响应和努力。例如，有学者在回顾当代中国外交史研究状况后指出："虽然学界

---

① 牛军：《世界的中国：21世纪初的中国外交研究》，《国际政治研究》2006年第1期。
② 王立新：《中国对外战略的国内基础——评牛军教授的〈冷战时代的中国战略决策〉》，《国际政治研究》2020年第6期。

已取得了不少成就，但目前国内的当代中国外交史研究不仅与国际学术界有所脱节，尚有相当一段差距，而且与中国的国际地位和发展甚不相称"，"应该重视'跨国史'和'共有的历史'视野"，"拓宽学术视野无疑是当务之急"。① 也有学者提出："应该采用国际视角，促使当代中国外交史研究摆脱'国史'的天然身份，从而逐步实现该研究领域的'国际化'转向，在'中国之外'发现中国"。② 这些呼吁反映出当代中国外交史研究应该具有国际视野，而国内外环境的变化也为这种呼吁提供了可能和机遇。

来自国内的动力是，外交部于2004—2008年先后向社会公布了大批1949—1965年我国外交解密档案。③ 这对当代中国外交史研究无疑是一个巨大的促进和鼓舞，随后很多相关研究都尽可能地使用了这些材料。来自外部的推力则是，从20世纪80年代后半期开始，不少研究者逐步将史料搜集范围扩大到包括美国、苏联（俄罗斯）、英国、法国和德国（民主德国和联邦德国）等中国外交的对象国，进而将当代中国外交史的研究范畴推进到中外关系这一更高的层级。④ 在一些学者推动下，越来越多的研究人员开始有意识地搜集和利用周边国家以及中国地方政府的相关档案材料，从而推动了当代中国与相关国家关系研究的开展。这些变化使"研究者可资利用的外交档案范围不断扩大，观察视角也逐渐由单边转向双边，个别情况下甚至尝试在国际冷战史或多边国际关系框架下审视当代中国外交关系的变迁"。⑤ 在此基础上，越来越多的中国学者开始采用国际史的视角，充分利用相关国家的文献资料对当代中国外交史中的重要双边关系进行研究。这些研究视野宽广、材料丰富、写作规范、论证扎实，反映了当代中国外交史研究领域的新成果和新高度。

---

① 徐国琦：《从"跨国史"和"共有的历史"角度推进当代中国外交史研究》，《中共党史研究》2019年第4期。
② 梁志：《当代中国外交史研究应当注重多国档案文献互证》，《中共党史研究》2019年第4期。
③《外交档案再揭面纱》，《人民日报》2006年5月11日；《从外交部第三次解密外交档案能了解啥》，《中国青年报》2008年11月15日。
④ 参见梁志：《当代中国外交史研究应当注重多国档案文献互证》，《中共党史研究》2019年第4期；陈弢：《东欧国家档案与当代中国外交史研究》，《中共党史研究》2023年第2期。
⑤ 梁志：《"当代中国外交史研究的现状与未来"学术座谈会综述》，《中共党史研究》2018年第5期。

值得关注的是，越来越多的中国青年学者接受专门的国际学术训练，能很好地将国内外文献资料与国际关系或社会学理论结合起来，对当代中国外交史上的重要问题进行研究。这里仅举两个具有代表性的研究：一个是先后在国内外接受教育、现任职于新加坡南洋理工大学的青年学者周陶沫，将移民史和国际史相结合，对冷战期间中国与东南亚关系中重要而敏感的华侨问题进行了研究，其专著出版当年就获得美国亚洲研究协会哈里·本达奖的提名，并进入了最后评选名单。①另一个具有代表性的研究是具有同样教育背景、现任教于伦敦政治经济学院的青年学者殷晴飞，其把国际史与边疆史结合起来，从党际之间的"国际主义"、政府之间的"民族—国家主义"、两个社会之间的"跨国地方主义"三个层次，对中越关系在边境这个特殊的政治空间中的互动进行了研究。②这些研究很好地把国际视野、国际关系理论与新材料结合起来，做了大量具有开创性意义的研究。

（二）运用国际关系（对外政策分析）理论的相关研究

相较而言，国内外关于当代中国对外关系/外交的研究更多是运用国际关系理论特别是对外政策分析理论来进行相关研究，既拓宽了当代中国外交史研究的思路，也增加了研究的深度。这类研究一般不按历史进程展开，而是借用国际关系或对外政策理论，对当代中国外交史上的重要对外政策进行理论分析。从学科分类上看，这类研究不再属于严格意义上的当代中国外交史研究，或者说不是属于历史学学科中的研究，而是属于政治学领域国际关系研究的一部分，因此没有受到国内当代中国外交史研究者足够重视。这类研究代表了对当代中国外交史研究的一种转型。如果从国际关系理论的角度来看，从宏观（国际关系）理论到中层对外政策（决策）理论，再到具体的微观（外交）操作过程，几乎所有的理论都有用于对当代中国外交史上重要政策的研究。尽管这些研究的出发点和路径有所不同，但结果殊途同归，效果更是异曲同工。如在处理中国与国际体系关系这一重要问题的研究中，中国学者章百家在回顾中国与世界关系的互动过程中提出了

---

① Zhou Taomo, *Migration in the Time of Revolution: China, Indonesia, and the Cold War*, Ithaca：Cornel University Press, 2019.

② Yin Qingfei, *State Building in Cold War Asia: Comrades and Competitors on the Sino-Vietnamese Border*, Cambridge and New York：Cambridge University Press, 2024.

"改变自己，影响世界"的结论。① 西方学者江忆恩则采用国际关系理论中的社会化理论来对中国融入国际社会的过程进行分析。② 前者突出的是对中国处理与外部世界关系经验的总结及其对中国外交的借鉴意义，后者强调的则是中国融入世界的经验对西方国际关系中社会化理论的意义。在同样利用社会学理论对中国与主要国家关系进行的类似研究中，随新民采取社会认知理论对复杂的中印关系进行的研究也颇受中印关系史学界的关注。③

随着国际关系理论层次的回落，有关中国对外政策的研究也出现了从体系层次到国内层次的转变。例如，冷战结束前夕，一些学者试图从认知的视角研究中国对苏联、日本和美国的政策以及中国与这些主要国家的关系。④ 进入21世纪，这一趋势有了新的发展。如冯慧云利用"操作码"来解释冷战期间中国的对外政策，从学理层面揭示了中国战略文化的和平性。⑤ 也有学者采用人格理论对中国对外政策的时代性特征进行研究。⑥ 近年来，越来越多的研究从中国国内政治的角度来探讨中国对日本和美国等主要国家的政策。⑦ 在从国内政治角度出发的相关研究中，中国对外政策决策机制与过程也是一个持续深化的热点议题，成果迭出。⑧ 这种趋势在国内外学者

---

① 章百家：《改变自己 影响世界——20世纪中国外交基本线索刍议》，《中国社会科学》2002年第1期。

② Alastair Iain Johnston, *Social States: China in International Institutions, 1980–2000*, Princeton: Princeton University Press, 2007.

③ 随新民：《中印关系研究：社会认知视角》，北京：世界知识出版社2007年版。

④ 参见 Gilbert Rozman, *The Chinese Debate about Soviet Socialism, 1978–1985*, Princeton, Princeton University Press, 1987; Allen S, Whitting, *China Eyes Japan*, Berkeley: University of California Press, 1989; David Shambaugh, *Beautiful Imperialist: China Perceives America, 1972–1990*, Princeton：Princeton University Press, 1991。

⑤ Feng Huiyun, *Chinese Strategic Culture and Foreign Policy Decision-making: Confucianism, Leadership and War*, London, New York: Rougledge, 2007.

⑥ 参见张清敏：《领导人人格特点与中国外交研究》，《世界经济与政治》2014年第6期。

⑦ James Reilly, *Strong Society, Smart State: The Rise of Public Opinion in China's Japan Policy*, New York: Columbia University Press, 2011; Jessica Weiss Chan, *Powerful Patriots: Nationalist Protest in China's Foreign Relations*, New York: Oxford University Press, 2014.

⑧ Lu Ning, *The Dynamics of Foreign-Policy Decision-making in China*, Boulder: Westview Press, 1998; David Lampton, *The Making of Chinese Foreign and Security Policy in the Era of Reform*, Stanford: Stanford University Press, 2001; Axel Berkofsky and Giulia Sciorati eds., *China's Foreign Policies Today: Who is in Charge of What*, Milan: Ledizioni Ledi Publishing, 2022.

的研究成果中基本一致。例如，牛军在从党史的角度对当代中国外交史研究的过程中，一直试图探讨中国对外关系的动因。[①] 国内外学者不仅研究中国对外政策的制定，而且逐步将关注点放在具体政策的落实方面，也就是当今中国外交的过程和方式。

不同的国际关系理论给当代中国外交史研究提供了不同的视角，大大丰富了对相关问题的研究。如解决旧中国遗留的边界问题是当代中国外交史研究的重要内容，近些年来，国内外学者利用最新资料对这个问题的研究取得重大进展。其显著的共同点是，结合不同的国际关系理论给出了不同的分析和解释，不仅有利于理解当代中国外交史上解决领土边界问题的政策，而且对整个当代中国外交史的研究都具有重要的启示意义。其中，聂宏毅运用国际关系中"权力转移"理论，揭示了为什么在中国政策一致的情况下，与不同邻国解决边界问题的结果却不同；傅泰林从中国国内政治的角度不仅解释了中国与陆地邻国解决边界问题的多样性，而且在此基础上提出了与"转移战争"不同的"转移和平"的观点；海尔伊格则采用现实主义的视角，提出"国际体系"才是影响中国边界问题解决的原因。[②] 这样的研究关注的不仅是中国对外政策是什么，更在于揭示或解释政策背后的逻辑，有利于拓展和深化对相关问题的研究。

总体来看，政治学学科的中国对外政策研究在视野、方法等层面都有所突破，极大地推动了当代中国外交史研究的深入。但值得注意的是，这类研究在强调理论重要性和中国外交普遍性的同时，又面临着史料不足、档案缺失等限制，有时也存在为理论而理论的情况，甚至还有为说明理论价值削足适履而忽视中国特色的现象。这是继续推进相关研究需要关注的地方。

---

① 参见牛军：《新中国外交的形成及主要特征》，《历史研究》1999 年第 5 期；牛军：《论中华人民共和国对外关系之经线》，《外交评论（外交学院学报）》2010 年第 3 期；等等。

② 参见聂宏毅：《鼎定国疆：新中国成立 60 年中国边界问题研究》，北京：法律出版社 2011 年版；M. Taylor Fravel, *Strong Borders, Secure Nation: Cooperation and conflict in China's Territorial Disputes*, Princeton: Princeton University Press, 2008; Eric A. Hyer, *The Pragmatic Dragon: China's Grand Strategy and Boundary Settlements*, Vancouver: The University of British Columbia Press, 2014.

当代中国外交史研究的发展趋势

当代中国外交史研究取得不少的成绩，学界在回顾和肯定这些成绩的同时也指出该领域研究面临着一系列问题。例如，有学者提出："目前真正能够充分接受并顺利刊发当代中国外交史研究成果的学术阵地依然较为狭窄"。[①] 也有学者表示："目前我国的国际关系史研究仍然带有强烈的以国家（state）为中心的叙事风格，过于关注主权国家的'高端外交'和权力精英的活动。"[②] 刊发该领域研究成果较多的《中共党史研究》编辑部在对相关来稿分析后指出，由于"史料的系统性、全面性和多元性不足"，"很多研究者过于依赖国外档案的收集与利用"，在研究上也"存在很多明显不符合历史学研究规范甚至一般学术规范的问题"。[③] 回顾当代外交史的研究进程及其在方法上的转变，也可为继续深化相关研究提供一些启示。

从历史学的角度研究当代中国外交史需要遵循史学的规范和原则。在历史学者眼里，"历史家的第一品格是真诚"；"历史学的第一标准是真实，是史镜"；"历史科学的首要任务……是揭示事实真相"。[④] 如果从历史学的视角研究当代中国外交，就需要遵循历史学的规范和要求，在研究中展现真诚，追求真实，揭示真相，就需要运用丰富权威的史料，还原特定外交事件的详细过程，以细节揭示事实。这就对原始材料特别是档案材料的运用提出了较高的要求。这些要求是当代中国外交史研究存在的短板，也是学界的重要工作准则。但当代中国外交史涉及的问题特殊，其研究所需材料往往具有高度的政治性和机密性，且越是重要和具有学理意义的政策就越敏感。历史学一直强调用材料说话，在档案解密前，当代中国外交史研究往往因缺乏一手档案材料导致"巧妇难为无米之炊"，研究无法深入开展，结论难以服众。事实上，这不仅是当代中国外交史研究面临的问题，而且是

[①] 游览：《对中共党史框架下当代中国外交史研究的一点理论思考》，《中共党史研究》2019年第4期。

[②] 王立新：《从外交史到国际史：改革开放40年来的国际关系史研究》，《世界历史》2018年第4期。

[③] 钟边言：《关于目前当代中国外交史来稿中的一些突出问题和不足》，《中共党史研究》2020年第4期。

[④] 陈铁健：《书写真实的历史》，《史学月刊》2016年第4期。

所有国家外交史研究面临的共同困难。因此，大多数外交史研究都是在相关档案解密后。这种状况短期内不可能得到有效解决。

从历史学角度研究当代中国外交史以及外交史在学科归属上都面临着窘境。例如，早期国内的外交史或国际关系史研究隶属历史学学科，但当前国际关系研究则很少关注历史，历史学家也很少把国际关系史或外交史作为主要研究对象。国内值得称赞的是华东师范大学、首都师范大学的一些教师仍然坚持历史学的路径研究国际关系（外交）史；国际上影响较大的是伦敦政治经济学院的外交史项目，美国学界对国际关系（外交）史的研究主要集中在冷战史领域，即便是有一个名为《外交史》的学术期刊，刊登的内容也与国际关系差别不大，主要局限于美国外交史，与下文所谈的狭义外交史就相去更远了。从积极方面讲，外交史是一个交叉学科，但这其实也说明这个学科越来越被边缘化。国内的国际关系研究从历史学向政治学（国际关系）转变就是这种转型的写照。[①]

当代中国外交史研究从历史学向政治学转向很好地适应了学术研究的理论化要求，有其必然性。相对而言，历史学重视历史过程，倚重第一手材料，让材料或事实说话，没有材料就不可能有新的发现和观点；政治学则更重视理论，注重借助不同的理论，形成不同的视角，提出不同的分析方法和设计不同分析路径，其虽然也重视事实和材料，但是认为事实不会自己说话，而是学者用历史事实说自己的话。就当代中国外交史来说，研究者既非对外政策的制定者，也非对外政策的落实者，既不用为政策的制定操心，也不需要为政策落实操心，其研究目的在于揭示作为研究对象当代中国外交史的规律，实现对研究对象的理论化。相对而言，对外政策和对外关系的研究更容易理论化，这也是国际关系理论得以盛行及不断有学者从国际关系和对外政策理论的角度来研究当代中国外交史的原因之一。

理解上述差异的启示是，当代中国外交史研究需要开阔视野，明确该

[①] 如1980年成立的中国国际关系史研究会，历史学家王绳祖任理事长，成员多来自历史学界。随着越来越多国际关系学者从政治学视角研究国际关系，在2000年举行的第六届年会上，全体会员一致同意将研究会更名为"中国国际关系学会"，并于2003年得到民政部批准，其学术群体转变为以国际关系学者为主，研究思路实现了从历史学向政治学的转变。参见《学会历史》，中国国际关系学会网，http://www.cnais.net/col1382/col1392/index.htm，2024年7月15日。

学科涵盖不同的研究对象。①当前国内学界所说的当代中国外交史实际上不是外交史，而是对外关系史。如国内多数高等院校的这门课程都是"中华人民共和国对外关系"，有一些教材则采用的是"中华人民共和国对外关系史"。②从国际视野看，中国对外关系史是从国际关系史中"分离出来并以新中国为主体、新中国为出发点和落脚点来叙述的那部分历史"。③笔者认为，广义的当代中国外交史或中国对外关系史不仅包括以外交手段落实对外政策的那部分内容，而且也包括以其他手段（如经济和军事手段）开展的那部分与对外关系相关内容，此外，还应该包括没有特定政策指导而客观存在的文化和社会关系等与对外关系相关的内容。总之，对外关系研究的范畴要比外交关系广泛得多，对外关系史也比外交史丰富得多。有关当代中国对外关系史的研究成果中既包括使用和平的外交手段开展的对外关系，也包括使用非和平的手段开展的对外关系。如多数当代中国外交史著作都把抗美援朝战争、中印边境自卫反击战等包括在其中，这些都属于中国对外关系的内容是可以理解的，但它们不应被看作中国外交的内容，也不属于外交关系的内容。

与此同时，作为国际关系史一部分的中国对外关系史，不仅包括中国与世界不同国家和地区的关系，也包括中国在不同功能性议题上开展的对外关系。这些关系都是在特定和具体的对外政策指导下开展的：按地理划分，当前研究最多的是中国与世界主要国家和地区的关系，如中美关系、中俄（苏）关系、中日关系、中印关系、中澳关系、中欧关系、中非关系、中拉关系、中国与东南亚关系等的现状和历史轨迹；按领域划分，中国对外关系史既包括政治的也包括经济的，而且已扩展到文化、社会、金融和信息等领域。这与国际关系研究的视角是一样的。

外交反映的是对外关系中最高层次的政治关系，这也是把外交关系当

---

① 对外交、对外政策和对外关系概念的区别，可参见张清敏：《外交、对外政策还是对外关系——论当代中国外交研究的学科困境》，《世界经济与政治》2023 年第 5 期。

② 参见窦晖：《中华人民共和国对外关系概述》，上海：上海外语教育出版社 1989 年版；胡之信等：《中华人民共和国对外关系史》，哈尔滨：黑龙江教育出版社 1998 年版；牛军：《中华人民共和国对外关系史概论（1949—2000）》，北京：北京大学出版社 2010 年版；等等。

③ 谢益显：《中国外交史：中华人民共和国时期（1949—1979）》，郑州：河南人民出版社 1988 年版，第 5—6 页。

作对外关系或国际关系的主要原因。一旦使用外交这个概念，就增加了研究对象的敏感性和政治性。就目前来看，国内学者在研究成果中一般使用广义的外交概念，把外交等同于对外关系，但在探讨具体外交事务时则又采用狭义的外交概念。一般来说，中国学界将"外交"表述为："国家以和平方式通过正式代表国家的行为体在对外事务中行使主权，以处理与他国关系，参与国际事务，是一国维护本国利益及实现对外政策的重要手段"。① 这种对外交主权性的强调，增加了外交的政治性和敏感性。虽然在全球化时代外交出现了泛化的趋势，产生了各种类型的外交，但是外交仍然蒙着一层神秘的面纱，大大限制了外交研究的空间。在具体研究过程中，国内当代中国外交史研究中仍然存在前述的"以国家为中心"的叙事风格，以至于有学者在谈到中美关系研究时指出："中美关系在一定程度上讲是一个国家和一个社会的关系"，"中国是一个国家，政府作为国家的代表"，"美国，则主要是一个社会"。②

近些年来，之所以多数研究使用对外政策这个概念，既有现实的需要，同时也是学术研究理论化的需要。从现实需要来看，对外政策不像外交那样敏感，从学理上看，外交不同于对外政策，也更容易理论化。对外政策不是外交政策。对外政策是"一个国家处理国际问题和对外关系，进行对外活动所遵循的基本原则、方针和行动准则。它是由各国政府中的中央决策机构或其他行为体的最高决策机构根据国际形势和战略格局的变化而制定的，目的是为了一定利益，或落实一定时期的战略任务，争取有利的国际环境"。③ 从两者的关系上看，对外政策旨在确立国家的目的，其首要功能是做出如何处理对外关系的相关决策，外交的首要任务则是恰当地执行它们。正如有学者所指出的："外交是落实对外政策的主要手段，但非唯一手段"。④ 影响对外政策的因素众多，相对也更加容易理论化，而且对外政策理论还可以将丰富的宏观国际关系理论与不同国家的对外政策实践联系起来，

---

① 钱其琛：《世界外交大辞典》（下），北京：世界知识出版社2005年版，第2045页。
② 王缉思：《〈美国市民社会研究〉》，《博览群书》2005年第11期。
③ 钱其琛：《世界外交大辞典》（下），北京：世界知识出版社2005年版，第2055页。
④ Harold Nicolson, *The Congress of Vienna: A Study Allied Unity, 1812–1822*, New York: The Viking Press, 1946, pp.164–165.

因此对外政策理论具有庞大的学术群体、专业性的学术机构和专门的学术平台。

外交是落实对外政策处理国家关系的工具和手段之一，但非唯一手段。外交有其自身规律和特点，但外交是落实政策，而非制定政策。从我国外交部官方网站公布的职能来看，没有一项是具体的对外政策决策。①所谓"外交无小事，外交大权在中央"，实际上讲的是对外政策的决策权在最高领导层，这也是所有国家的共同特点。外交是用和平手段落实政策的工具和过程，外交实践操作性强，理论化困难，历史上那些对外交学学科建设有重大贡献的学者往往都具有丰富的外交实践，多数是重要的外交家。

笔者进行上述澄清的目的，在于说明当代中国外交史是一个内涵丰富的跨学科或交叉学科，广义上包括当代中国对外政策史、以和平方式落实对外政策的外交史以及在此基础上形成的对外关系史等内容，狭义上则只是落实对外政策工具和过程的历史，研究受限制，理论化困难大。国际关系、对外政策和外交，在学理上是彼此独立而又相互联系的独立学科，每个学科都有自己的研究对象和逻辑，有相互交叉重叠的学术群体和各自独立的学术平台。国内外当代中国外交史的研究思路、方法和学科归属的转向，表明国内的当代中国外交史研究在行动上与国际上类似学科的发展并行不悖，只是还没有形成关于这些学科差异的行动自觉，不同学者在著述中对这些概念的运用也存在着交替使用而不去辨析的状况，这也是今后应进一步关注的地方。

简言之，梳理当代中国外交史研究所取得的成绩，可以看出其显著的阶段性特点以及两个变化趋势，也能为未来继续深化和拓展相关研究提供重要启示，即当代中国外交史研究需要明确其内涵的多样性以及不同研究对象之间的差异，并将中国对外政策、外交和对外关系与国际上的国际关系、对外政策和外交学结合起来，借鉴不同的理论丰富和深化当代中国外交史研究。与此同时，更具全球意义的当代中国外交史研究不仅需要本体

---

① 《中华人民共和国外交部主要职责》，外交部网，https://www.mfa.gov.cn/web/wjb_673085/zyzz_673087/，2024年7月15日。

意识，而且更需要国际视野，要把两者结合起来，从国际视野寻求研究视角，以扎根中国寻求新的研究方向，在贡献世界中展现本土意识和自主知识体系的价值与意义，从而逐步实现该研究领域的"国际化"转向，在"中国之外"发现中国。进而言之，当代中国外交史研究的深入推进、蓬勃发展，也能为进一步推进全球治理贡献中国经验、中国元素和中国智慧，更好彰显新时代中国特色大国外交的使命担当和独特风范。

近30年来国内当代中俄关系史研究的回顾与思考

左凤荣

中共中央党校（国家行政学院）国际战略研究院研究员

当代中俄关系史（本文所说的中俄关系史包含1949年新中国成立至1991年苏联解体的中苏关系史，除引文原文和特殊标注外，统称中俄关系史）是中国对外关系史、中华人民共和国史、国际关系史等领域研究的重要内容和范畴。当代中俄关系史可以分成两个阶段：一个阶段是新中国成立后的中苏关系，另一个阶段则是苏联解体以来的中俄关系。近30年来，当代中俄关系史研究取得了很大成绩，产生了不少有影响的科研成果，为未来进一步加强相关问题研究奠定了良好基础。回顾近30年来当代中俄关系史研究状况，有助于看到学科发展的不足，弥补短板弱项，推动相关问题的研究向纵深发展。

档案文献资料公开出版成绩显著

档案文献资料是历史研究的基础，当代中俄关系史研究特别是中苏关系阶段的研究同样离不开档案文献资料。发掘与整理中苏关系档案资料，是中俄合作的重要内容。目前，档案文献资料有不少已经出版，大致有如下几种：

中俄两国政府有关部门合作整理出版的中苏关系档案 中俄的文化交流与合作包括合作整理有关两国关系史的档案。例如，2009年世界知识出版社出版了《中国与苏联关系文献汇编（1949年10月—1951年12月）》，收录了1949年10月1日至1951年12月31日中苏两国关系建立和发展过程中有代表性的文献。2015年世界知识出版社又出版了《中国与苏联关系文献汇编（1952年—1955年）》，收录了1952年2月至1955年9月20日在中苏两国关系发展过程中的代表性文献。这两本文献汇编是由中俄两国外交部合作编辑出版，收入的中方文献主要由中国外交部档案馆和中央档案馆提供，俄方文献是根据《中华人民共和国外交部与俄罗斯联邦外交部关于合作编辑出版一九四九至一九五五年双边关系文献汇编的议定书》，由俄罗斯联邦外交部历史文献局提供，主要来自俄罗斯联邦对外政策档案馆、俄罗斯联邦总统档案馆、俄罗斯国家社会政治史档案馆。这两本文献汇编展示了新中国成立初期中苏两国交往的历史，见证了处于"蜜月期"的中苏两国政府和两国人民之间的友好合作关系。除上述综合档案文献资料外，中俄还合作编辑出版了专题性文献，《中苏文化关系档案文献汇编（1949—1960年）》（清华大学出版社2022年版）就属这类文献。该书由中国国家档案局和俄罗斯联邦档案署合作编辑，收录了中俄两国有关档案馆珍藏的248份重要历史档案文献，主要内容包括中苏两国的相关条约和协议，两国政府的决议、会谈记录，代表团出访报告以及两国有关部门往来信函等，反映了1949年新中国成立前后至1960年两国在文化、科学、教育、广播、文学、艺术、出版、体育、青年、图书馆、博物馆和档案等人文领域合作交往的情况，其中1956年7月5日两国文化部负责人签署的《中苏文化合作协定》等重要档案为首次公开出版。该文献汇编对于深入了解这一时期的中苏文化关系，推动相关问题研究的进一步深化，具有重要的史料价值。

中国学界搜集、整理、出版的俄文档案文献集　国内学者利用苏联解体后俄罗斯档案馆开放苏联时期档案的时机，从俄罗斯有关档案馆搜集到的档案资料，并加以分类翻译而成书。例如，12卷本《俄罗斯解密档案选编：中苏关系（1945—1991）》（东方出版中心2015年版），选取了2625件苏联解体后解密的涉华文件，其中有中苏两国高层领导会谈的苏方记录，双方互换的文件，苏方高层对中国的分析和预判，以及中苏关系破裂后双方的论战等内容。又如，《俄国解密档案：新疆问题》（新疆人民出版社2013年版）选译了有关中国新疆问题的俄国解密文件256件，主要包括1931—1969年苏联关于新疆问题的决策文件等内容。这些档案文献资料的出版，为深入推进中苏关系史及相关问题研究奠定了重要基础。

中国地方档案馆选编的相关档案文献资料 我国地方档案系统收藏有大量有关中俄关系的相关资料，除学者自行利用开放档案资料展开研究外，一些档案馆还选编有部分档案。例如，由天津市档案馆编的《中俄（苏）交往天津档案史料选编》（天津古籍出版社2023年版），所选档案时间跨度从1862年到1965年，以1946年为界分为上下两卷，内容涵盖政治、经济、文化等各个方面，为深化拓展中俄关系史研究提供了重要资料。就当代中俄关系史研究而言，从该史料选编可以看到新中国成立后苏联专家在天津工作、生活等相关情况，也可以看到中苏两国友好交往和文化交流重要机构的设立，还可以看到苏联文化艺术在天津的传播等。

中方亲历者的回忆录等资料 无论是中苏关系还是中俄关系，都存有大量亲历者的回忆录等资料，为深化相关问题的研究提供了重要史料支撑。例如，师哲作为20世纪20—50年代中苏两党、两国交往中重大事件的亲历者，由其口述、李海文整理的《在历史巨人身边：师哲回忆录》（中央文献出版社1991年版），在90年代档案文献资料缺乏的情况下成为研究中苏关系史的重要参考书。吴冷西的《十年论战——1956—1966中苏关系回忆录》（中央文献出版社1999年版）对中苏两党从友好走向破裂的全部过程进行了完整、详细、客观的回忆，对中苏十年论战的来龙去脉进行了深刻剖析，为中苏两党和两国关系研究提供了重要资料。作为中苏关系重大事件的亲历者，近百万字的《阎明复回忆录》（人民出版社2015年版）涉及国际共运和中苏关系的众多重要人物、重大事件，具有重要的史料价值。这些资料生动翔实，内容丰富，有利于增进对历史细节的理解。

上述档案文献资料对于研究中苏关系具有重要的参考价值，但也有一些不足。例如，中俄两国合作出版的档案文献资料目前截至1960年，对于此后关系走向缺乏完整反映。学者个人搜集、整理、翻译的档案文献资料难免会有遗漏，同时也有翻译校对不到位的情况。而且，这些档案文献资料以俄罗斯馆藏资料居多，中国馆藏资料较少，关于苏联对中国社会主义建设的影响及社会团体在中苏交往中的作用关注不够。2023年，中国社会科学院近代史研究所唐仕春研究员申请立项的国家社会科学基金重点项目"新中国成立初期访苏参观团对社会主义建设的探索研究"则试图对上述问题加以探讨。

学术研究进展很大

在当代中俄关系史研究中，中国中俄关系史研究会①发挥了重要的交流平台作用。该研究会几乎每年都会举行学术讨论会，吸引了全国研究各个时期中俄关系的学者参加，这些会议论文时常结集出版，推动了当代中俄关系史研究深入发展。这些代表性成果包括《战后中苏关系走向（1945—1960）——中俄（苏）关系学术论文选》（社会科学文献出版社1997年版）、栾景河主编的《中俄关系的历史与现实》（河南大学出版社2004年版）等，其中不少篇幅都涉及新中国成立后的中苏、中俄关系。与此同时，随着新资料不断涌现，一些新问题和新领域逐渐被学界关注，并取得较大进展。

（一）档案文献资料的解密推进了中苏关系史研究

新中国成立后的中苏关系是20世纪最重要的双边关系之一。有关这一时期中苏关系史研究的成果比较丰富，其中，比较有代表性的成果主要包括林军的《中苏关系（1689—1989）》（黑龙江教育出版社1989年版）、蒲国良的《走向冰点——中苏大论战与1956—1965年的中苏关系》（国际文化出版公司2000年版）、徐晓天等的《新中国与苏联的高层往来》（吉林人民出版社2001年版）、李丹慧的《北京与莫斯科：从联盟走向对抗》（广西师范大学出版社2002年版）等，都从不同角度对中苏关系史进行了研究。就目前来看，国内中苏关系史研究的著作以《中苏关系史纲（1917—1991）》（新华出版社2007年版）为典型代表。与其他类似著述不同的是，该书使用了大量苏联时期的解密档案，详尽而深入地论述了苏联与新中国成立、中苏同盟的形成、中苏分裂与对抗、中苏关系正常化等重大事件，是迄今为止我国学术界研究中苏关系史最为翔实、资料最为丰富的著作。此后，该书又进行了两次修订出版，补充了不少新的内容。

与此同时，有关中苏同盟、朝鲜战争、边界问题等专题性研究成果也

---

① 中国中俄关系史研究会1978年11月成立，是国家一级学术团体，前身是"华北地区中俄关系史研究会"，主管单位为中国社会科学院，代管单位是中国社会科学院近代史研究所。参见《中国中俄关系史研究会简介》，中国社会科学院近代史研究所网，http://jds.cass.cn/bsgk/xsst/zgzegxsyjh/201605/t20160506_5247529.shtml，2024年8月2日。

有不少推进。例如，作为中俄关系史的重要内容，边界问题一直得到学界高度关注。在中国与俄罗斯彻底解决边界问题、两国边界完全划定的背景下，姜长斌的《中俄国界东段的演变》（中央文献出版社 2007 年版）出版。该书详细分析了中俄东段边界形成的历史，中苏在东段边界问题上的争端，同时也对中俄签署条约结束边界争端做了恰如其分的评价，并分析了中俄两国政府对条约的态度以及如何划定了两国的边界，引导读者历史地看待中俄边界问题。

当然，中苏关系史研究并不限于上述成果，笔者只是择其要而论之。在这些成果中，真正使用档案文献资料进行研究的并不多，这是需要加以改进的地方，同时还需要加强对中苏关系史研究的人才梯队建设。

（二）中俄新时代全面战略协作伙伴关系顺利发展推进了中俄关系史研究

1991 年 12 月苏联解体，俄罗斯成为苏联的继承者，中苏关系也就变成了中俄关系。中俄互为邻国，又是当今世界上两个重要大国，对世界和平、稳定和发展发挥着重要作用。30 多年来，中俄关系从友好关系、建设性伙伴关系、战略协作伙伴关系发展到新时代全面战略协作伙伴关系，中俄关系史研究也涵盖了中俄交往的各个方面。例如，在中俄（苏）建交逢十周年纪念、《中华人民共和国和俄罗斯联邦睦邻友好合作条约》（2001 年 7 月 16 日）签署逢五逢十周年纪念，以及两国最高领导人互访等时间节点，都会有许多研究成果问世。相关研究成果大致呈现以下几个主要特点：

从长时段考察，充分肯定当今中俄关系处于历史上最好时期　例如，邢广程认为，当今的中俄关系不同于联盟、对抗的中苏关系，"中俄关系发展的可持续性好于中苏关系时期，最主要的原因是中俄两个国家从战略层面解决了中苏关系中没有解决好的一系列问题，极其深刻地总结了中苏关系中的经验教训并形成了一系列规范和原则，这就为中俄关系的持续发展奠定了基础，提供了充足的动力"。[①] 中俄关系是当今世界新型大国关系的典范，两国对相互关系有精准的定位，"中俄关系不是同盟关系，更不是敌对关系"；"中俄关系之所以能够平稳发展，是因为中俄两个伟大邻邦找到了

---

① 邢广程：《中俄关系 70 年的多维思考》，《中国边疆史地研究》2019 年第 4 期。

契合两国利益的途径，建立了两国发展关系的基本框架。中俄关系是建立在'四不'基础之上的，即不结盟、不对抗、不针对第三方、不意识形态化"。①中俄走出了一条大国战略互信、邻里友好合作的相处之道，成为不同历史和文化背景、不同政治制度和经济体系大国间发展新型国际关系的典范。对此，李静杰强调："中俄两个大国，毗邻而居，合则两利，斗则两败俱伤；'永久和平、世代友好'才是中俄两国唯一的选择"；"'不结盟、不对抗、不针对第三国'，这是对中俄关系历史教训的总结，也是中俄新型大国关系的基本特征"。②总体来看，学者们对中俄关系有着广泛共识，即中俄两国积极开展对话与协调，增信释疑，不断推进两国关系向前发展。

从世界格局的多极化发展和全球转型的角度深化对中俄全面战略协作关系的认识 冯绍雷认为，"中美俄博弈，是世纪之交全球转型进入新阶段以来最引人注目的大国间互动"；"无论观念取向，还是实际治理能力，中俄比西方呈现出更符合实际、更具远见的发展趋势。这是中俄合作难以被离间的根本性思想与理念基础"。③美国为维护霸权地位和自身利益，对其他国家实施打压遏制政策，对此，中俄两国合作动力明显增强。有学者指出："美国作为世界唯一的超级大国希望维护其霸权地位，面对中国和俄罗斯的复兴，美国对中俄两国的政策由接触转向遏制，在特朗普担任总统时期这一趋向尤为明显，中美俄关系面临深刻调整。中俄战略协作伙伴关系自冷战结束以来不断得到丰富和提升，其中既有自身发展的规律，也有美国对中俄两国同时施压的结果"。④也有学者指出，"面对复杂多变的地缘政治环境和国内经济下行压力增大的情势，中俄关系内生动力空前释放。两国互为战略依托，攻坚克难，政治互信和战略协作水平大幅提升，在解决重大地区和全球性问题上展开富有成效的协作，一些久拖不决的双边问题和项目得以迅速解决落地或取得突破性进展"。⑤面对急剧变化的世界形势，中俄

---

① 邢广程：《中俄关系是新型大国关系的典范》，《世界经济与政治》2016年第9期。
② 李静杰：《永久和平、世代友好——纪念中俄建交七十周年》，《黑河学院学报》2019年第11期。
③ 冯绍雷：《从全球转型看中美俄关系与欧亚秩序构建》，《当代世界》2021年第9期。
④ 杨雷：《美国的遏制政策与中俄关系的发展》，《东北亚学刊》2021年第4期。
⑤ 赵鸣文：《中俄关系：新时代、新挑战、新发展》，《俄罗斯东欧中亚研究》2019年第2期。

不断深化全面战略协作伙伴关系。2019年、2023年、2024年，中俄两国元首先后签署《中华人民共和国和俄罗斯联邦关于发展新时代全面战略协作伙伴关系的联合声明》《中华人民共和国主席和俄罗斯联邦总统关于2030年前中俄经济合作重点方向发展规划的联合声明》《中华人民共和国和俄罗斯联邦在两国建交75周年之际关于深化新时代全面战略协作伙伴关系的联合声明》，对深化两国关系做出明确规定，出台相关政策措施，既推动了两国关系深入发展，同时也为国内学界开展相关研究提供了新的空间。

在世界百年未有之大变局的时代背景下考察中俄新时代全面战略协作伙伴关系对世界的影响 当今世界经济全球化进程受阻，国际格局加速演进，美国仍是唯一的超级大国，但多极化趋势也在发展，国际秩序面临第二次世界大战结束以来最为严峻的挑战。在这样的大变局下，中俄关系保持良好发展势头，政治互信不断加深，国际战略协作水平不断提升，务实合作稳步推进，安全合作迈上新台阶，人文合作不断深化。学界对此亦予以高度关注。例如，冯玉军等强调："在国际环境发生剧变的条件下，中俄关系在政治、经济、安全、人文等领域持续深化，取得了新的进展。但中俄关系不是孤立存在的，它既影响着国际局势的变化，也受到中俄各自发展战略和国际环境的制约"。① 随着国际局势的变化，冯玉军进一步指出："在各自面临美国巨大压力的情况下，近年来中俄两国政治关系进一步提升，经济合作逆势上扬。双方都试图以此减轻来自美国的战略压力、获取新的经济增长空间、改善两国面临的国际环境、推动世界格局和国际秩序向各自所期望的方向发展。"② 韩璐等则认为："在百年未有之大变局下，中美俄三角关系仍是当前及今后一个时期影响国际战略格局与国际秩序的重要因素"；"美国现已明确将中、俄同时定义为战略竞争对手，中美、俄美关系同时陷入困境。相比之下，中俄关系则进入新时代，呈现出更加积极和稳定的态势"。③ 可见，中俄新时代全面战略协作伙伴关系加速发展，俄美陷入对抗，中美战略竞争加剧，都已成为影响当今世界的重要因素。

注重研究中俄关系史上重大事件对两国关系的影响 中俄签署边界协

---

① 冯玉军等：《中俄关系：在世界大变局中继续深化》，《边界与海洋研究》2017年第1期。
② 冯玉军：《中俄经济关系：现状、特点及平衡发展》，《亚太安全与海洋研究》2021年第3期。
③ 韩璐等：《大变局下中美俄大国关系互动探析》，《和平与发展》2021年第4期。

议,彻底解决两国边界问题,是当代中俄关系史上的大事,得到国内学界高度评价。例如,有学者在回顾中俄关系 70 年历程后指出:"我们有理由认为,彻底解决两国边界问题是中俄两国关系的最重要成果之一,是两个伟大邻邦战略协作伙伴关系不断发展的重要体现,是两国互信互让、平等协作的重要展现。中俄彻底解决边界问题极大增强了两国战略协作伙伴关系、战略互信,极大提升了两国关系的战略稳定性"。① 2001 年 7 月,中俄两国元首签署《中俄睦邻友好合作条约》(以下简称《条约》),这是在和平条件下签署的规范两国关系的重要条约,与 1950 年 2 月签署的《中苏友好同盟互助条约》有实质性差异。《条约》将两国"世代友好、永不为敌"的和平思想和永做好邻居、好朋友、好伙伴的坚定意愿以法律形式加以确定。对此,有学者指出:"《条约》确定双边关系是彼此尊重的战略伙伴关系,尊重各自发展道路选择,尊重文明多样性,尊重各自核心利益,表明中俄关系是建立在长远战略利益一致基础上的国家关系"。② 2015 年 5 月,中国国家主席习近平赴莫斯科参加俄罗斯举行的纪念卫国战争胜利 70 周年阅兵式,中俄两国元首签署《关于丝绸之路经济带建设和欧亚经济联盟建设对接合作的联合声明》。对此,梁云祥等认为,该声明"明确提出两国将通过对接中国主导的丝绸之路经济带与俄罗斯主导的欧亚经济联盟加深彼此合作。显然,中俄关系从外交与政治为主的战略协作发展到了更为广阔的经贸合作领域"。③ 还有许多学者探讨中俄如何加强战略对接和经济合作,研究中俄经济合作存在的制约因素和需要解决的问题。

注意到中俄存在的差异及其对中俄关系的影响 梁云祥等认为:"中俄关系不论从历史记忆来看还是从现实利益来看,仍然存在一些问题,这些问题会在不同的情形下或多或少地成为影响两国关系的一些消极因素。这些因素主要有:中俄历史传统中的地缘政治竞争、历史记忆中的各种纠葛、双边经济文化等领域缺乏互补性合作以及在面对其他国家关系时的不同考虑,等等"。④ 在国际层面,中俄在对多极化的理解、维护国际政治安全的

---

① 邢广程:《中俄关系 70 年的多维思考》,《中国边疆史地研究》2019 年第 4 期。
② 李永全:《〈中俄睦邻友好合作条约〉与中俄关系发展》,《俄罗斯学刊》2021 年第 4 期。
③ 梁云祥等:《中俄关系的历史演变与未来趋势》,《人民论坛·学术前沿》2018 年第 21 期。
④ 梁云祥等:《中俄关系的历史演变与未来趋势》,《人民论坛·学术前沿》2018 年第 21 期。

手段和依靠力量、欧亚地区秩序、对以联合国为核心的国际安全制度的尊重程度等方面也存在差异。对此，雷建锋认为："俄罗斯始终自视为全球性大国，是国际政治中的'独立一极'，习惯以军事手段维护国际政治安全秩序，辅之以政治外交路径。核武器是其大国地位的象征以及实现其理想的全球和地区政治安全秩序的重要依靠。中国则更重视通过政治外交途径维护国际政治安全秩序，也不将核武器作为实现政治安全目标的主要依据"；"中俄联合声明中多次承诺尊重联合国的权威以及安理会在处理国际安全问题上的核心作用。然而，从两国实际外交活动中可以看出，两国对以联合国为核心的国际体系以及以国际法为基础的国际秩序的尊重和支持程度存在差异，对其支持力度不同"。① 总体来看，在国际关系中，各国首先追求和维护的是自身利益。研究中俄之间的差异，有利于进一步处理好两国关系。

总之，国内学界的当代中俄关系史研究紧密围绕世界局势变化与国家需要展开，同时高度重视研究外部世界变化和俄罗斯外交政策调整对中俄关系的影响。学者们充分肯定了中俄加强战略协作的重要意义，但对中俄如何加强在全球治理领域的合作，对俄罗斯国内政治、思潮的变化及其对中俄关系的影响关注不够。

进一步加强相关问题研究的几点思考

历史经验表明，中俄两大邻国合则两利、斗则两伤，发展中俄睦邻友好合作关系符合两国和两国人民的利益。在世界百年未有之大变局加速演进、世界进入新的动荡变革期的时代背景下，加强当代中俄关系史研究，既能服务党和国家中心工作，减少两国关系发展的不确定性，扩大利益交汇点，增强发展内生动力，深化全面战略协作伙伴关系；又能让人们了解中俄新时代全面战略协作伙伴关系来之不易，了解中俄关系的重要性，自觉为中俄关系行稳致远贡献个人力量；还能推动中国对外关系史、中华人民共和国史、国际关系史等学科建设，壮大相关学科人才队伍。笔者以为，进一步深化和拓展当代中俄关系史研究，需要在以下几个方面持续

---

① 雷建锋：《中俄国际政治安全秩序观：基于实证分析的比较研究》，《国际安全研究》2021年第1期。

发力：

（一）持续加强当代中俄关系史研究

2016年5月17日，习近平总书记在哲学社会科学工作座谈会上的讲话中明确指出："哲学社会科学是人们认识世界、改造世界的重要工具，是推动历史发展和社会进步的重要力量，其发展水平反映了一个民族的思维能力、精神品格、文明素质，体现了一个国家的综合国力和国际竞争力。"① 习近平总书记在致第22届国际历史科学大会的贺信中也强调："历史研究是一切社会科学的基础，承担着'究天人之际，通古今之变'的使命"；"重视历史、研究历史、借鉴历史，可以给人类带来很多了解昨天、把握今天、开创明天的智慧"。② 推动当代中俄关系史学科发展，是繁荣发展中国特色哲学社会科学的题中应有之义。近些年来，虽然相关档案文献资料出版了不少，但科研成果并没有相应增加，已经多年没有新的学术专著问世，与推动中国特色哲学社会科学繁荣发展的要求不相适应。加强当代中俄关系史研究，要为之创造良好的学术环境，在体制机制方面考虑到其特殊性，为其进一步深入发展创造条件。当代中俄关系史尤其是中苏关系史中的有些问题比较敏感，需要正确区分政治和学术、历史和现实的界线。在新时代新征程上，当代中俄关系史研究理应涌现出更多成果。还需值得注意的是，当代中苏关系史并非与苏联解体后的中俄关系史是截然不同的两个阶段，俄罗斯作为苏联的继承者，也继承了中苏关系。中俄关系的许多原则，如不干涉内政、尊重对方选择自主发展道路的权利、以和平手段解决争端、国家关系的非意识形态化等，在中苏两国关系正常化时便已确定下来了；中俄两国人民发展友好的良好的民意基础也是中苏友好时期奠定的。因此，深化和拓展当代中俄关系史研究，需要有纵深的、贯通的视野，将中苏、中俄关系贯通起来综合考察。

（二）从构建新型国际关系和新型大国关系的角度深化当代中俄关系史研究

新时代中国特色大国外交强调要构建新型国际关系和新型大国关系，

---

① 习近平：《在哲学社会科学工作座谈会上的讲话》，北京：人民出版社2016年版，第2页。
②《习近平书信选集》第1卷，北京：中央文献出版社2022年版，第61页。

这一目标符合当今世界经济全球化和世界已经形成"地球村"的现实,其核心是反对结盟和对抗,倡导和平共处、相互尊重和合作共赢。中俄两国吸取结盟的教训,中俄新时代全面战略协作伙伴关系与"结盟"关系不同,体现了新型大国关系的特点,实现了真正的平等和相互尊重,具有和平性、灵活性与独立自主性,"不结盟""不对抗"是当代中俄关系的底线。30多年来,不管世界风云如何变化,中俄关系不断向前发展的势头一直没有变。2024年5月16日,国家主席习近平在人民大会堂同俄罗斯总统普京会谈后共同会见记者时强调:"在四分之三个世纪的历程中,中俄关系历经风雨,历久弥坚。特别是新时代以来,两国关系定位持续提升,合作内涵日益丰富,世代友好理念深入人心。中俄关系已经成为新型国际关系和相邻大国关系的典范。中俄关系之所以能够取得这些显著成就,得益于双方始终做到'五个坚持'"。① 俄罗斯是个大国,也是中国的邻国,中俄关系发展的经验有示范作用,需要学界加强研究和总结,为双边关系持续深入发展贡献学术智慧。

(三)在世界相互联系中推进当代中俄关系史研究

在世界地缘政治冲突难解、世界大变局加速演进的时代背景下,中俄关系不断受到外部世界的干扰,中俄关系的发展也对世界产生着影响,并影响中国与外界的关系,这也进一步证明世界是相互联系的整体。改革开放以来,中国经济已经与世界经济实现了高度融合,进入了发达国家的产业链,而中俄贸易基本上还是中国向俄罗斯出口机电产品和日用消费品,而从俄罗斯进口的主要是能源和原材料。在发展中俄关系时,如何平衡与欧美国家的关系、切实维护自身利益,如何使中国与欧美等发达国家的关系不受俄罗斯与欧美关系恶化的影响,是值得关注和研究的问题,需要学界持续深入研究,推动当代中俄关系史研究持续深入发展。

总之,30多年来中俄关系一直顺利向前发展,不断跃上新台阶。当代

---

① "五个坚持",即坚持以相互尊重为根本,始终在核心利益问题上相互支持;坚持以合作共赢为动力,构建中俄互惠互利新格局;坚持以世代友好为基础,共同传递中俄友谊的火炬;坚持以战略协作为支撑,引领全球治理正确方向;坚持以公平正义为宗旨,致力于推动热点问题政治解决。参见《习近平同俄罗斯总统普京共同会见记者》,《人民日报》2024年5月17日。

中俄关系不但是大国关系的典范，而且也是邻国友好相处的典范。这既得益于两国元首的战略引领，也与彼此学界科学总结历史经验教训有一定关系。我们在研究当代中俄关系史时，需要注意分析中俄关系发展面临的大环境，中俄关系并非简单的双边关系，其发展演变与俄美关系、中美关系的变化密不可分，但也不能把这种关系简单化；需要对中俄关系做细致深入思考，科学把握中俄关系与中国其他对外关系的互动，为塑造有利于中国安全与发展的外部环境提供智力支持和学术支撑，推动当代中俄关系史研究不断深入发展。

近 30 年来中国与南亚国家关系史研究三题

孟庆龙
武汉大学中国边界与海洋研究院教授

印度、巴基斯坦、孟加拉国、尼泊尔、斯里兰卡、马尔代夫、不丹等南亚国家与我国的友好往来历史久远，一直是我国周边外交关系中的主要对象国，而今都地处"一带一路"的必经之地或重要节点，对我国西南边疆安全至关重要。再加上地区大国印度在南亚的主导地位以及美国等西方国家及国际组织的多重影响交织，南亚地区在我国对外关系中的重要性日益凸显。然而，就目前看来，国内学界对相关问题的研究还远远不够，尤其是从史学的角度展开我国与南亚国家关系史的研究更显不足。为此，本文首先对近 30 年来我国与南亚诸国关系的发展做一简要概述，进而分析我国与南亚关系中的印度因素，继而提出在学术上加强相关问题研究的必要性，以更好地服务于国家对外政策，为共建"一带一路"倡议和构建人类命运共同体提供学术支持、智力支撑。

中国与南亚国家关系概述

近 30 年来，尤其是 2006 年中国正式成为南亚区域合作联盟观察员以来，中国与南亚国家的关系在政治、经济、文化等领域都有了很大发展，多个领域合作不断加深，且各具特色。

中印关系　1988 年中印关系正常化后，两国达成了稳定双边关系的战略共识和基本框架，许多领域的互动、合作达到高峰或填补了空白，呈现出前所未有的良好局面。20 世纪 90 年代，双边关系发展的广度和深度达到高峰，在多个领域取得重大进展甚至有所突破。例如，1993 年 9 月，中印两国签署了具有重大意义的关于在中印边境实际控制线地区保持和平与安宁的协定①;1996 年 11 月，双方签署了具有重要意义的《关于在中印边境实际控制线地区军事领域建立信任措施的协定》②。此后，由于历史遗留问题和现实利益上的分歧、矛盾，特别是印度的误读和偏执，导致中印关系起起伏伏。

中巴关系　巴基斯坦是南亚地区与中国关系发展速度和质量提升最快的国家。1990 年以来，中巴关系从未受到国际局势动荡、风云变幻的影响，坚定地保持着良好的睦邻合作和友谊，并使之不断巩固。例如，1996 年 12 月，中巴两国元首就构筑面向 21 世纪中巴全面合作伙伴关系达成共识③，为此后双边关系健康发展奠定了重要基础。进入 21 世纪以来，两国全面关系进一步提质加速，"巴铁"成为中巴关系的代名词。尤其是进入新时代以来，两国彼此相互尊重，政治互信不断提高。2015 年 4 月，国家主席习近平在巴基斯坦议会发表题为《构建中巴命运共同体　开辟合作共赢新征程》的重要演讲，明确提出"构建中巴命运共同体"，强调中巴要不断充实两国命运共同体内涵，为打造亚洲命运共同体发挥示范作用。④中巴两国在贸易、能源、金融、农产品加工、航天、水利、文化、体育、教育、军事等领域合作不断加强，在共建"一带一路"等方面成绩显著。总之，中巴友好关系不断深化，真诚友好、相互信任、互利合作已成为两国全天候战略合作伙伴关系的显著特征，也是国与国关系之典范。

中孟关系　自建交以来，中国与孟加拉国的关系长期保持稳定发展并不断深化。尤其是进入新时代以来，两国共同维护彼此核心利益，映衬出双方的高度互信。2014 年 6 月，中孟双方在北京发表《关于深化更加紧密的全面合作伙伴关系的联合声明》。⑤2016 年 10 月，中国与孟加拉国签署关

---

①《中印签署关于边界问题等文件》，《人民日报》1993 年 9 月 8 日。
②《中印签署四项协定》，《人民日报》1996 年 11 月 30 日。
③《江主席与莱加里总统正式会谈》，《人民日报》1996 年 12 月 2 日。
④《习近平在巴基斯坦议会发表重要讲话》，《人民日报》2015 年 4 月 22 日。
⑤《中华人民共和国与孟加拉人民共和国关于深化更加紧密的全面合作伙伴关系的联合声明》，《人民日报》2014 年 6 月 11 日。

于开展"一带一路"倡议下合作的谅解备忘录,这也是中国与南亚国家签署的首个政府间共建"一带一路"合作文件。①中孟两国关系不断深化,互利共赢硕果累累,特别是在共同关心的国际和地区问题上,两国的政策沟通渐趋紧密。

中尼关系 尼泊尔是与中国建交以来双边关系发展最为稳定的国家之一。两国始终相互尊重、相互信任、相互支持,友谊历久弥坚。近30年来,中尼关系发展鲜有起伏,堪称睦邻友好的典范。尤其是进入新时代以来,两国关系不断深化,除政府间保持友好关系外,两国民间和经贸关系也发展良好。例如,2019年10月,中尼两国在尼泊尔首都加德满都发表联合声明,将"中尼世代友好的全面合作伙伴关系"提升为"中尼面向发展与繁荣的世代友好的战略合作伙伴关系"。②中尼双方实践着共建"一带一路"达天下、利天下的庄严诺言,在交通、经贸、农业、科技、能源、文化等领域合作持续深化,成绩显著。

中斯关系 近30年来,中国与斯里兰卡各种往来不断,尤其是进入新时代以来,两国高层互访和互动更加频繁,两国政府签署多份文件,推动双边关系走深走实。例如,2014年9月,中斯两国在斯里兰卡首都科伦坡签署《关于深化战略合作伙伴关系的行动计划》,就深化双边关系制定了一系列具体的行动计划。③双方在经贸、宗教、文卫等领域合作持续加强,推动中斯关系不断迈上新台阶。与此同时,受外部因素和斯里兰卡国内政治因素影响,中斯关系发展过程中也有过小的波动,但总体来看,双边关系始终在沿着正确的方向持续发展。

中马关系 自建交以来,中国与马尔代夫始终相互尊重、相互支持,树立了大国与小国平等相待、互利共赢的典范。近30年来,中马关系持续健康发展。尤其是进入新时代以来,国家元首和政府首脑都有互访,两国各界友好人士保持交流互访,双边合作持续推进。例如,2014年9月,国家主席习近平同马尔代夫总统亚明会谈,中马双方决定构建面向未来的

---

① 《"做大共同利益的蛋糕"》,《人民日报》2023年12月11日。
② 《中华人民共和国和尼泊尔联合声明》,《人民日报》2019年10月14日。
③ 《中华人民共和国和斯里兰卡民主社会主义共和国关于深化战略合作伙伴关系的行动计划》,《人民日报》2014年9月17日。

全面友好合作伙伴关系，为两国合作开辟广阔前景，为双边关系注入新动力。①2024年1月，两国元首宣布将中马关系提升为全面战略合作伙伴关系，不断拓展各领域交流合作，共同致力于打造中马命运共同体。②双方合作渠道不断拓展，合作领域日益扩大，中马关系成为中国与近邻国家睦邻友好、亲诚惠容的又一典范。

中不关系　不丹是亚洲唯一未与中国建交的国家。但近30年来，中不之间一直保持着友好往来，尤其是进入新时代以来，双方多种层级的互访和会晤日益频繁。例如，1998年12月，两国签署了《关于在中不边境地区保持和平与安宁的协定》，③这是两国政府间签订的第一个协定。2021年双方签署了《关于加快中不边界谈判"三步走"路线图的谅解备忘录》，2023年又签署了《关于中不划界勘界联合技术小组职能的合作协议》。④总体来看，中不双方保持密切联系，沟通顺畅，双边关系呈现出不断走近、时而接近突破的特征。

纵观近30年来的发展历程，中国与南亚国家始终秉持和平发展、合作共赢的理念，尤其是进入新时代以来，在人类命运共同体理念的推动下，中国与南亚国家关系长期保持稳定有序的发展态势。其中，中印关系尽管多有曲折和坎坷，但互动明显加强，双边关系有着很大发展；其他国家与中国的友好合作在质和量上也都在不断提升。从中国与南亚诸国关系的发展来看，印度的影响因素值得进一步关注。

中国与南亚国家关系中的印度因素

由于地理、历史、文化、宗教、人口、心理及多数南亚国家对印度经济上的依赖等原因，印度在南亚的大国地位无可争辩，对南亚地区事务及除巴基斯坦之外的其他南亚国家具有明显的主导性影响，再加上其孜孜不

---

①《习近平同马尔代夫总统亚明会谈》，《人民日报》2014年9月16日。
②《习近平同马尔代夫总统穆伊兹会谈》，《人民日报》2024年1月11日。
③《中国与不丹签署关于在两国边境地区保持和平与安宁的协定》，《人民日报》1998年12月9日。
④《中国与不丹签署〈关于加快中不边界谈判"三步走"路线图的谅解备忘录〉》，中国政府网，https://www.gov.cn/xinwen/2021-10/15/content_5642719.htm，2024年7月30日；《第二十五轮中国不丹边界会谈联合新闻稿》，《人民日报》2023年10月25日。

倦的大国追求，致使其一向对南亚国家有"居高临下"之感，对外来的重要力量有一种"天然的"抗拒力。如前所述，中国一直秉持和平发展、合作共赢的理念与南亚国家进行友好往来。正如国家主席习近平2022年11月在致第6届中国—南亚博览会的贺信中所指出的："中国和南亚国家互为友好邻邦和发展伙伴，是休戚与共的命运共同体"；"中国愿同各国一道，以中国—南亚博览会为平台，凝聚团结协作、共谋发展的共识，不断打造新的合作增长点，推动共建'一带一路'高质量发展，助力全球发展倡议落地落实，共同开创更加繁荣美好的未来"。①总体来看，南亚国家从与中国的合作中得到了前所未有的实惠，双边关系发展势头良好。但与此同时，在中国与南亚地区各国的双边关系、多边关系及各个领域的合作，又都不同程度地受到印度的态度和中印关系发展的影响。

中国共产党和中国政府"高举和平、发展、合作、共赢的旗帜，始终不渝走和平发展道路、奉行互利共赢的开放战略"；"维护国际公平正义，主张世界上的事情应该由各国人民商量着办，不会把自己的意志强加于人"；"积极参与全球治理体系变革和建设，为世界贡献更多中国智慧、中国方案、中国力量"。②中国对南亚地区事务的态度也是积极促进地区和平稳定，加强睦邻友好，以及积极开展务实合作。正如国家主席习近平2019年10月同印度总理莫迪举行会晤时所强调的："中印互为重要邻国，是仅有的两个人口超过10亿的大国。维护好、发展好中印关系，是中国坚定不移的政策"；"我们要对中印关系把舵定向，从战略高度和长远角度规划中印关系百年大计，为中印关系发展注入强劲内生动力，携手实现中印两大文明伟大复兴"。③然而，随着中国与南亚地区其他国家的合作和友好往来不断拓展、深化，印度对中国的敏感度也与日俱增。这既使得中印关系更加复杂化，增加了改善双边关系的难度，同时也影响着中国与南亚其他国家关系的发展进程。以下略举若干历史事实做简要分析：

2019年8月，印度和巴基斯坦军队在克什米尔实控线附近交火，造成人员伤亡。中国认为，该问题是印巴之间的历史遗留问题，这也是国际社

---

① 《习近平向第6届中国—南亚博览会致贺信》，《人民日报》2022年11月20日。
② 《习近平关于总体国家安全观论述摘编》，北京：中央文献出版社2018年版，第271—272页。
③ 《习近平同印度总理莫迪在金奈继续举行会晤》，《人民日报》2019年10月13日。

会共识。有关方面应保持克制，慎重行事，尤其是避免采取单方面改变现状、加剧局势紧张的行动，并呼吁"印巴双方通过对话协商和平解决有关争议，维护地区的和平稳定"。但印方宣布废除印控克什米尔地区"特殊地位"，增派大量准军事部队。①可见，印度并不赞成中方呼吁，这也在某种程度上反映了印度对中巴关系的态度。

尼泊尔地处中印之间。近年来，中尼关系繁荣发展，经贸互动持续深化。如2019年5月，樟木口岸货运通道正式恢复；中尼两国签署跨境铁路合作协议，"兰州号"南亚公铁联运国际货运列车和粤藏中南亚班列陆续开行；陆上跨境光缆开通，尼泊尔正式接入中国互联网服务。②与此同时，印度也非常重视对尼泊尔的经济政策，其不但有基于"控制尼泊尔国内政治走向"为目的的经济援助，而且有基于自身利益的经济制裁，其中部分原因就包括尼泊尔与中国合作。③

孟加拉国的建国和发展都受到印度的主导性影响，一些经济领域对印度依赖很大。孟加拉国独立后不断探索自己的现代化之路，十分需要外部的支持和援助，来自中国的帮助尤为重要。因此，处理好与相关国家及国际组织的关系在孟加拉国对外关系中占有优先位置。孟加拉国主要的贸易伙伴有中国、印度、美国、德国、法国、英国等。2006年，中国超过印度，成为孟加拉国最大的贸易伙伴。2010年后，中孟双边贸易额一直保持稳步增长，2013年，双边贸易额突破100亿美元大关，2015年双边贸易额达到147.1亿美元。④但近年来，印度日益强化其对包括孟加拉国在内的孟加拉湾的地缘关切，这"在很大程度上制约着中国与孟加拉湾国家的深入合作，阻挠中国在有涉孟加拉湾国家的地区机制中发挥更大作用"。⑤

在被视为"海上丝绸之路"重要节点的斯里兰卡，印度的影响仍然处于优势，但斯里兰卡与中国的友好合作给其带来了越来越多的实惠和发展

---

① 《外交部发言人就当前克什米尔地区局势答记者问》，《人民日报》2019年8月7日。
② 《描绘新时代西藏发展新画卷》，《人民日报》2019年6月16日。
③ 拜佩卿：《印度对尼泊尔经济政策研究》，吉林大学2022年硕士学位论文。
④ 孙喜勤：《中国与孟加拉国经贸关系的现状、问题与前景》，《东南亚南亚研究》2016年第3期。
⑤ 肖军：《印度强化对孟加拉湾的地缘关切：战略考量与推进举措》，《南亚研究季刊》2023年第2期。

"红利",双边关系不断发展,引起印度的高度紧张。至 2018 年 4 月,中国已成为斯里兰卡最大贸易国、最大基础建设合作方,累计为斯里兰卡贡献了超过 10 万个工作岗位。①2020 年 11 月,斯里兰卡总统戈塔巴雅·拉贾帕克萨明确表示:"斯方愿在农业、科技、教育、投资等关系民生的重点领域加强对华合作,推动以科伦坡港口城、汉班托塔港综合开发为标志的两国共建'一带一路'合作项目取得更多实质成果"。②不过,作为南亚地区实力最强大的国家,印度极力塑造"以印度为中心的南亚秩序",一方面,印度排斥区域外国家介入南亚地区事务;另一方面,则对本地区国家实施不同程度的控制和影响。其对斯里兰卡也同样如此。③

不丹与印度的关系深植于历史、文化及两国多年建立于能源、贸易、投资等共同经济利益和文化交流的基础上,其经济、军事、外交等均受印度控制,迄今为止没有与五个联合国安理会常任理事国建交。如前所述,近年来,中不交流日益密切,双方先后签订一系列重要文件,推动交流对话不断走深走实。例如,从 1994 年 8 月开始,中国驻印度大使每年都会定期访问不丹,同不丹国王、外交大臣及官员就两国关系交换意见。2001 年 6 月,不丹驻印度大使达戈·策林应邀访问中国,开辟了双边除边界会谈外新的接触渠道。④2012 年 6 月,不丹首相吉格梅·廷莱在巴西参加联合国可持续发展大会时会见了中国领导人,⑤中不首次显示出建立全面外交关系的可能性。然而正如有学者所指出的:"不丹与中国的边界谈判进程始终难以取得显著进展,不丹与中国的国家间关系正常化发展受阻,其根本原因完全是由于印度从中作梗";其背后与"不丹受到与印度的国家间'特殊关系'的制约"有直接关系,"本质上是'保护与被保护'或'指导与被指导'

---

① 《让印度洋上的明珠焕发夺目光彩》,《人民日报》2018 年 4 月 2 日。
② 《"谱写合作发展的新篇章"》,《人民日报》2020 年 11 月 27 日。
③ 参见程晓勇:《论印度对外干预——以印度介入斯里兰卡民族冲突为例》,《南亚研究》2018 年第 2 期。
④ 陈宇:《印度与不丹国家间"特殊关系":过程、动因与影响》,《印度洋经济体研究》2022 年第 1 期。
⑤ 《温家宝会见不丹首相吉格梅·廷莱》,《人民日报》2012 年 6 月 22 日。

的关系，并不是现代国家间独立、自主、平等的关系"。①

综上可见，无论是就南亚地区各国的发展史还是就南亚地区整体发展史而言，印度都有着重要影响。鉴于多种因素的相互交织，中国与南亚国家发展关系需要综合考虑更多、更复杂、更多变的已知和未知情况，这就需要学界集中力量，重点攻关，及时提供有针对性和前瞻性的学术支持。

中国发展与南亚国家关系需要学术支持

从世界范围来看，中国与南亚各国和整个地区的关系发展，影响因素之多，国家之间双边、多边互动和联动之密切，各种关系发展的广度和深度差异之大，域内外因素的确定性和不确定性影响之多、变化之快，在中外关系中极为独特，大大增加了中国在外交实践中的难度，十分需要学界的大力支持和深度参与，特别是要加强对对象国的研究，做到知己知彼。为此，笔者以为，学界需着力做好以下几方面的工作：

（一）强化学术报国、科研戍边的责任意识和使命担当

南亚地区事关我国西南边疆安全。鉴于当前我国世界史、国际关系、外交、区域国别等各个学科和领域的发展现状，现有研究成果似乎难以满足国家层面和民间的交往需要，一些领域更是存在找不着、用不上的现象。因此，国内学界应在继续做好现有研究的同时，加强与外交、军事、产业、贸易等部门的合作，进一步深化对政治、外交、军事、经济、商贸、文化、教育等领域的研究，做到点、线、面的对接，有意识、有重点地提供精准服务。比如，国内学界能否从跨国史的角度加强对南亚国家与中国的交往研究，并在此基础上推出一部《南亚通史》。又如，针对具体研究领域，尤其是一些涉及历史遗留问题及地缘政治、外交、文化、心理等多种因素的问题，其现实意义重大，研究的紧迫性强，需要研究者熟练掌握多种语言，充分利用多国档案文献资料，运用历史、民族、国际关系、国际法、心理等多种学科的研究方法。这无疑对研究者提出了极高的要求，需要付出更多的努力，但同时这也是极具家国情怀的重要研究议题，亟待学界付诸更

---

① 陈宇：《印度与不丹国家间"特殊关系"：过程、动因与影响》，《印度洋经济体研究》2022年第1期。

多行动。

（二）整体看待印度与其他南亚国家之间的关系

主要受地理、历史、文化等因素的深远影响，再加上印度的突出体量，南亚地区基本形成了以印度为中心、涵盖整个次大陆的"印度文化圈"。中国秉持"休戚与共的命运共同体"理念，积极稳妥处理与南亚国家的关系，既关注到南亚地区作为整体的统一性，同时也注意把握作为单一国家的特殊性及其与他国的双边、多边关系。从学术研究的角度来说，中国与南亚国家关系是典型的区域国别学研究课题，需要用多学科、跨学科方法进行深入的综合性研究。从印度的角度来看，其对南亚地区的影响深远而广泛，历史形成的印度与其他南亚国家的联系是其开展外交及扩大软实力的重要基础。我们在开展中国与南亚国家关系史研究时，既要看到印度的重要影响，同时更要看到其他国家的独特性，尤其是一些南亚地区的中小国家，如尼泊尔和斯里兰卡，本身具有中立主义传统，其为了自身发展，虽在某些方面会依赖印度，但却并不会完全依附。因此，我们要对中国与南亚国家关系中的点、线、面在分别进行深入研究的基础上有机结合，长时段、纵横结合地看待中国与南亚诸国的关系，同时还要考虑南亚地区中小国家与印度关系的互动和变化，区分战术议题和战略问题，不可一概一事一议。简而言之，研究中国与某个南亚国家的关系，一是离不开印度因素的分析，二是要兼顾其他国家，三是要关注它们之间的互动。总之，研究者需以中国学者的视角和世界史、地区史的视域，从历史看现实、从现实回望历史，经纬结合、纵横交织，全方位地看待中国与南亚各国的关系。

（三）高度重视宗教的影响力

南亚诸国均为多宗教国家，宗教氛围浓厚，宗教在国家的政治和社会生活中发挥着重要作用，其近年来对外交事务的影响越来越大。因此，国内学界亟需加强对这方面的研究，并提供相应的公共产品。例如，南亚国家受印度教的影响较大，印度教在南亚国家的生活中扮演着重要角色。印度人民党即印度教历史文化产物的一个代表，它不但对印度产生了重大影响，而且也对南亚地区的政治、经济、文化发挥着不容忽视的作用，包括对巴基斯坦和共建"一带一路"倡议的态度等。特别是莫迪执政以来，印度教民族主义和民粹主义势力不断增强，使其政府的对外政策越来越带有印度教民族主义色彩。在莫迪政府及印度人民党的宗教政治化与宗教社会化策略的双重驱动下，强势发展的印度教民族主义不断重塑印度的内政与外交，放大了中印两国间原本就存在的"信任裂痕"及对华战略上单方面"敌意身份"，突出对华政策的竞争性和敌对性，弱化包容性与合作，加上2020年后数次发生的边境对峙事件，助推了中印关系"螺旋式下降"的趋势。而中印关系的倒退和低迷又影响了其他南亚国家处理对华关系时的反应、决策乃至行为方式。中巴关系也深受宗教的影响。近年来，中国与巴基斯坦经济合作日益深化的同时，巴基斯坦宗教极端势力对中国新疆安全稳定以及中巴经济走廊建设等产生了不利影响，近30年里巴基斯坦境内发生了数量较多的针对中国海外利益的恐怖袭击事件。就目前形势而言，宗教极端势力将对中巴经济走廊建设构成持续的威胁。因此，研究中国与南亚国家各个领域关系的发展，宗教的影响不容回避。

（四）高度重视心理因素的重要性

所谓心理因素的重要性，笔者认为应包括以下两个层面涵义。一方面，在我国与南亚国家的关系中，政治、经济、军事、外交等依然是主要影响因素，但民族性格、大众心态等心理因素的作用越来越大。近30年来，中印关系冷热、起伏、曲折、倒退、徘徊，与印度上下的"大国追求""政治正确"等都有密切关系。南亚地区其他国家的政治派别、国家领导人和民众对印度的看法及其在发展对华合作关系中对印度因素的微妙考量，南亚国家之间的互动往来及其背后的考量等，都是亟待加强研究的议题和领域。另一方面，在世界百年未有之大变局加速演进、世界进入新的动荡变革期的时代背景下，随着共建"一带一路"倡议的不断推进和人类命运共同体的加速构建，我们应以发展的眼光来看待我国与南亚诸国关系的发展，特别是要对印度的作用及域外因素的影响具体分析，区别看待，充分认识中国为加强和改善与南亚国家关系所做的努力，并对其加以学理性阐释。

总之，近30年来，尤其是进入新时代以来，中国始终坚持独立自主的和平外交政策，站在历史正确的一边，不仅为中国发展营造了良好外部环境，也为人类进步事业做出了重大贡献。在习近平外交思想的指导下，中国积极妥善处理与南亚国家的关系，推进和完善全方位、多层次、立体化的外交布局，为解决复杂严峻的全球性、地区性问题贡献了中国智慧、中国方案和中国力量。展望未来，国内学界需要进一步加强中国与南亚国家关系研究，为深化双边、多边关系提供学术支持和智力支撑。

学科、范式、话语：
新中国史研究理论的回顾与思考

柳建辉

中共中央党校（国家行政学院）教授

新中国史（以下简称国史）研究理论是关于如何认识和研究中华人民共和国历史的学科理论。学界一般认为，国史研究理论涵盖史学概论、史学史、史料学、史学评论、编纂学以及"三大体系"建设等。①20世纪80年代以来，伴随着鸿篇巨制《当代中国》丛书这一国史研究重要成果的编撰出版，以及当代中国研究所、中华人民共和国国史学会（以下简称国史学会）、《当代中国史研究》等国史专业研究机构、学术团体、专业期刊的诞生与发展，国史这一新兴学科日渐引起学界广泛关注。其中，国史研究理论因其对国史研究具有重要指导意义而受到持续高度关注。②总体来看，国史研究尤其是国史研究理论应与党和国家发展的历史与现实紧密结合，并与其学科发展的内在规律和要求相契合，但正如有学者所指出的，目前这方面研究在一定程度上还存在较大差距，明显"滞后于国史研究的整体发展和学科建设的实际需要"③。就国史研究理论而言，有关学科定位、研究范式更新和话语建构等问题始终是备受关注且颇具研究价值的重要内容，需

---

① 参见宋月红等：《中华人民共和国史研究的理论与方法》，北京：当代中国出版社2016年版，第8—9页。

② 相关研究成果主要有程中原：《信史立国：当代中国史研究纵横谈》，上海：上海人民出版社2015年版；朱佳木：《当代中国史理论问题十二讲》，北京：社会科学文献出版社2016年版；宋月红等：《中华人民共和国史研究的理论与方法》，北京：当代中国出版社2016年版；等等。

③ 宋月红等：《中华人民共和国史研究的理论与方法》，北京：当代中国出版社2016年版，第10页。

要通过学术回顾进一步探讨和明晰，为此，本文拟就上述有关国史研究理论的三个主要问题略作回顾，并对相关研究进路作简要梳理，以期进一步引起学界同仁的探讨，共同丰富和发展国史研究理论。

关于学科属性的研究

学科属性是国史研究理论的重要内容之一。1949年中华人民共和国的成立，开创了中国历史的新纪元，标志着新中国的历史进程由此开启。但由于种种原因，在新中国成立后的相当长一段时间内，国史的学科建设和学术研究并没有与新中国历史的发展进程同步推进，而是更多地被纳入中国革命史（以下简称革命史）和中国共产党史（以下简称党史）的研究范畴。也就是说，尽管此前国史中的很多重大问题已得到广泛而深入的探讨，但并不是在国史学科的自觉意识下进行的。1978年，随着真理标准问题的大讨论，中共十一届三中全会的召开，党史领域的拨乱反正和1981年党的第二个历史决议的通过，国史的学科建设问题开始受到越来越多的关注。到20世纪90年代，学界对国史的学科属性等问题也展开了持续的讨论。

长期以来，比较普遍的一种观点认为，国史是中国通史的一部分，是以1949年为时间上限且没有时间下限的当代中国通史，"与中国古代史、近代史研究相衔接，纯属史学学科"①，是"一门隶属于历史学一级学科相对独立的新兴分支学科"②。我国高等院校培养的国史专业研究生也大都授予历史学学位，划归历史学科。当然，与历史学科内其他分支学科相比较，国史这一新兴分支学科具有其特殊性，如有学者认为它是一门"政治性很强、意识形态性很强"的历史学科③，"具有鲜明的政治性和学术性相结合、历史性和现实性相结合、距离感和现场感相结合、静态感和动态感相结合的特点"④。

与此同时，鉴于研究对象的特殊性，有观点认为国史是一门综合性学

---

① 朱佳木：《论中华人民共和国史研究》，《当代中国史研究》2009年第1期。
② 齐鹏飞：《关于"党史"与"国史"关系的再认识》，《教学与研究》2008年第5期。
③ 李铁映：《在当代中国研究所春节座谈会上的讲话》，《当代中国史研究》2002年第2期。
④ 齐鹏飞：《关于"国史"研究和"国史"学科建设若干问题的再认识》，《中共党史研究》2008年第3期。

科，大致体现在以下两个方面：一方面是"既属于马克思主义理论学科，又属于历史学和政治学，主要是这三种学科的集成和融合"；①另一方面则是与党史"相联系而又相对独立"的学科。②总体来看，国史的学科属性在具体表述上还"有模糊和矛盾之处"③，其在历史学科、具有特殊性的历史学科、综合学科、相对独立学科等学科定位之间仍有较大的探讨空间和学术张力。

在对国史学科属性的讨论中，如何认识国史与党史这两个天然联系紧密的学科领域的关系，始终是学界讨论的热点。就目前所见，几乎所有关于国史研究理论的论著都涉及国史与党史关系的讨论，从研究对象、研究角度、研究范围、研究重点、编研侧重、研究理论与方法等方面进行系统比较。④长期以来，党史学科始终把国史研究作为重要内容并取得了丰硕成果，与此同时，国史学科也是在党史研究的基础上逐步独立、发展起来的。正是由于国史与新中国成立后的党史在研究内容上高度融合，研究理论和方法相近相通，都具有鲜明的政治属性、意识形态属性等特点和"资政、育人、护国"⑤的现实功能，因此，在当代中国研究所成立之初，就有学者指出，鉴于国史与党史内容的重合性，有了党史研究机构，就没有必要再设立国史研究机构。但也有学者明确提出，国史和党史存在"'和而不同'的特征"⑥，二者之间还存在不可互为替代的差异性。

进入新时代，习近平总书记高度重视党史国史的学习、研究、宣传和教育，先后发表一系列重要讲话，作出一系列指示批示，推动党史国史研究事业蓬勃发展。2021年庆祝中国共产党成立100周年之际，国务院学位

---

① 宋月红：《重视国史研究学科属性》，《中国社会科学报》2017年7月14日。
② 宋月红等：《中华人民共和国史研究的理论与方法》，北京：当代中国出版社2016年版，第1页。
③ 任贵祥：《国史理论研究的创新之作——〈中华人民共和国史研究的理论与方法〉读后感》，《当代中国史研究》2017年第6期。
④ 参见朱佳木：《当代中国史理论问题十二讲》，北京：社会科学文献出版社2016年版，第5—9页；宋月红等：《中华人民共和国史研究的理论与方法》，北京：当代中国出版社2016年版，第88—104页；等等。
⑤ 程中原：《信史立国：当代中国史研究纵横谈》，上海：上海人民出版社2015年版，第22页。
⑥ 宋月红等：《中华人民共和国史研究的理论与方法》，北京：当代中国出版社2016年版，第88页。

委员会办公室将"中共党史党建"列为法学门类下一个新的一级学科；2022年9月，国务院学位委员会、教育部公布《研究生教育学科专业目录》，中共党史党建学作为法学门类下的一级学科正式纳入招生目录。在此前后，学界进一步加强了对国史学科属性的讨论。考虑到国史学科在历史学门类中国史一级学科内不那么突出，且面临被边缘化趋势的现实困境，不少学者建议将国史设置为中共党史党建学的二级学科。例如，杨凤城提出："可以考虑将中华人民共和国史作为二级学科纳入"；①王炳林认为，中共党史党建学可以考虑设置六个二级学科或学科方向，其中就包含"新中国史和改革开放史"；②储著武也认为："中共党史党建学的设立，为加快推进中华人民共和国史的学科建设开辟了另一条通道。中华人民共和国史设置为中共党史党建学的二级学科，对于中华人民共和国史学科和中共党史党建学来说是相互作用、相互成就、相得益彰的事情"。③

鉴于国史的特殊学科属性，在中国史和中共党史党建学两个一级学科下同时设置国史二级学科或研究生招生专业，一度成为国史学科发展的现实趋向。以中国人民大学中共党史党建学院为代表的部分高校从实践层面已经将国史作为中共党史党建学的二级专业进行研究生招生和培养，这对国内其他高等院校国史学科的设置具有很强的示范作用。不过，值得注意的是，2024年1月，《研究生教育学科专业简介及其学位基本要求（试行版）》发布，法学门类下中共党史党建学一级学科设中共党史党建学理论、中国共产党历史、党的领导和党的建设、党务工作理论与实践四个二级学科，并未包含国史，国史则仍然以中国现代史冠名，作为历史学门类中国史一级学科下的二级学科。正如有学者所指出的："要站稳新中国史史学属性的脚跟，立足当前作为中国史分支学科的地位"。④这种观点在国史学界仍较有代表性。可见，从长远看，对国史学科属性及其独特性、相对独立

---

① 杨凤城：《关于中共党史学科定位与建设的若干思考》，《中共党史研究》2021年第1期。
② 王炳林：《中共党史党建学科建设的基本问题探析》，《北京师范大学学报（社会科学版）》2022年第4期。
③ 储著武：《中华人民共和国史设置为中共党史党建学的二级学科刍议》，《教学与研究》2023年第7期。
④ 朱佳木：《进一步确立新中国史研究的学科定位——学习习近平总书记致国史学会成立30周年贺信精神》，《毛泽东邓小平理论研究》2023年第9期。

性如何进行深入研究,仍有进一步探讨并逐步明晰进而取得共识的必要。

本文认为,随着中国共产党的长期执政和中华人民共和国的不断繁荣发展,中共党史党建学的学科发展会进一步深入,其外延的拓展和二级学科的设置应在将来的适当时机进行调整和增补,国史应作为首选或必选二级学科之一;到一定时候,如中华人民共和国成立100周年时国史上升为一级学科,也并非不可能。

关于研究范式变迁的探讨

研究范式是一门学科学术体系的核心构成要素。随着国史学科的不断发展,国史研究范式也开始呈现多样化的趋势。而以研究范式创新引领学术体系创新,是建构国史自主知识体系、推动国史"三大体系"建设的内在要求。据目前学界的讨论和归纳,国史主流研究范式大体经历了革命史范式—现代化范式—中华民族复兴史范式的演进过程,与此同时,新革命史范式、中国式现代化范式等也在学界产生了一定影响。国史研究范式的更新既与时代变迁密切相关,也是学术发展的必然产物,体现了国史研究理论的不断成熟。

革命史研究范式主要以近现代以来中国革命史上的重大历史事件为时间节点,从中国人民英勇反帝反封建的革命视角阐释历史发展的内在逻辑,长期以来是中国近现代史、党史研究的主流范式。正如有学者所指出的,革命"全面重塑了当代中国的社会结构、价值伦理乃至普通百姓的日常生活"[1],其在国史研究中的重要性自不待言。改革开放前,国史研究主要被纳入党史、革命史研究领域,按照革命史研究范式,研究者更多从革命立场等角度来分析新中国成立和发展等问题,具有鲜明的意识形态取向,产生了不少研究成果。改革开放后,随着中国特色社会主义现代化建设事业的突飞猛进以及人文社会科学研究学术化的日益强化,现代化研究范式逐渐成为中国近现代史和党史研究领域的主流范式,这对20世纪90年代刚走向独立的国史学科产生了重要影响。这一研究范式将新中国的发展置于更

---

[1] 王奇生:《高山滚石:20世纪中国革命的连续与递进》,《华中师范大学学报(人文社会科学版)》2013年第5期。

广阔的世界现代化进程中加以考察，从宏观与微观相结合的视角叙述新中国的现代化历程，与以往的革命史研究范式相比，更加多元地呈现了国史的复杂性和丰富面相。

进入 21 世纪，一些学者基于自下而上的研究视角和多学科、跨学科的研究方法，在革命史研究范式一度式微的背景下提出新革命史研究范式。新革命史强调从常识、常情、常理角度分析问题，突出国家与社会的互动以及基层广大人民群众的主体性和能动性，开拓了诸如"话语、符号、象征、形象、想象、认同、身份、记忆、心态、时间、空间、仪式、生态、日常生活、惯习、节日、卫生、身体、服饰、影像、阅读等等"①新的研究视点，旨在"回归学术的革命史"②，具有一定的理论探索意义。从现有研究成果来看，新革命史研究主要是从微观细节和日常生活角度对传统革命史研究范式的宏大叙事所遮蔽的鲜活历史和丰富面相进行再发掘，对此，有学者将新革命史看作在学术自身演进逻辑和时代变迁驱动下"把传统革命史观提倡的研究取向和内容付诸实践"③。此外，政治学、社会学、人类学等学科研究的历史转向，以及社会史研究所强调的从基层社会、社会生活等出发的眼光向下、由内而外的视野，也大大提升了国史研究的问题意识、选题范围、史料分析维度和技术能力，呈现出有别于以往国史研究的颇具独特性的叙事框架。同时亦需要注意的是，目前部分此类研究成果尚存在矫枉过正、过度关注历史细节的"碎片化"倾向，在研究时段上也以改革开放前 30 年的历史为主，因此就国史研究来说，上述研究范式或研究进路虽大有可为，但仍任重道远。

2021 年 11 月，中共十九届六中全会通过《中共中央关于党的百年奋斗重大成就和历史经验的决议》，将中国共产党百年历史主题明确凝练概括为"实现中华民族伟大复兴"，并以此作为分析框架将百年党史划分为四个时期，即：为实现中华民族伟大复兴"创造根本社会条件"的新民主主义革命时期、"奠定根本政治前提和制度基础"的社会主义革命和建设时期、

---

① 李金铮：《"新革命史"：由来、理念及实践》，《江海学刊》2018 年第 2 期。
② 李里峰：《何谓"新革命史"：学术回顾与概念分疏》，《中共党史研究》2019 年第 11 期。
③ 张太原：《学术演进和时代变迁视野下的革命史研究——从"新革命史"的提出和讨论谈起》，《近代史研究》2022 年第 3 期。

"提供充满新的活力的体制保证和快速发展的物质条件"的改革开放和社会主义现代化建设新时期、"提供了更为完善的制度保证、更为坚实的物质基础、更为主动的精神力量"的中国特色社会主义新时代。① 有学者认为这是"确立中国共产党百年历史研究新范式的参照",② 即中华民族复兴史研究范式。还有学者指出,这一研究范式"整合和超越了以往流行的革命史观和现代化史观的旧范式","科学地把握了历史发展的潮流和大势"。③ 中华民族复兴史研究范式对国史研究具有范式创新的重要意义,有学者对此明确指出,党的第三个历史决议把国史置于中华民族伟大复兴进程中,创造性地提出了"新中国史研究的新范式"。④ 将国史上的重大问题、重大事件、重要会议、重大决策、重要人物、制度建构等置于中华民族伟大复兴的历史进程中加以审视,可以从整体上更好地把握国史的主题主线、主流本质,有利于推动国史研究的进一步深化。

2022年10月,习近平总书记在中共二十大报告中明确提出:"从现在起,中国共产党的中心任务就是团结带领全国各族人民全面建成社会主义现代化强国、实现第二个百年奋斗目标,以中国式现代化全面推进中华民族伟大复兴。"⑤ 由此,中国式现代化研究范式被学界频繁提及,一些学者敏锐地洞察到中国式现代化研究范式对国史学科发展的理论价值,提出"把中国式现代化的叙事范式运用到新中国史研究之中,是构建新中国史研究话语体系的迫切要求"⑥,要"在中国式现代化叙事中建构国史新知识体系"⑦ 等;还有学者从中国式现代化研究范式出发,将国史分为1949—1978年中国式现代化的前期奠基、1978—2012年中国式现代化的成形发展、2012年

---

① 参见《中共中央关于党的百年奋斗重大成就和历史经验的决议》,北京:人民出版社2021年版。
② 陈金龙:《百年历史主题与中共党史研究的视域拓展》,《教学与研究》2021年第11期。
③ 耿化敏:《〈习近平谈治国理政〉第四卷对新时代中国共产党历史理论的创新发展》,《思想理论教育导刊》2022年第11期。
④ 朱汉国:《范本、范式、范例:第三个历史决议对新中国史研究的方法示范》,《当代中国史研究》2022年第4期。
⑤《中国共产党第二十次全国代表大会文件汇编》,北京:人民出版社2022年版,第18页。
⑥ 王炳林:《构建新中国史的学科体系、学术体系、话语体系》,《当代中国史研究》2023年第1期。
⑦ 王爱云:《新时代中华人民共和国史知识创新刍议》,《当代中国史研究》2023年第5期。

以来中国式现代化进入新时代三个时期。①

本文认为，各种科学合理的研究范式都对国史研究理论的深入发展和切磋讨论有益，今后应加强相互交流。以中国式现代化范式研究国史虽刚刚起步，但充满机遇，更值得加强探讨争鸣，共同促进学科发展和学术体系的逐步建构。

关于话语体系的研究

国史话语体系的探讨始终伴随国史的研究进程。早在 20 世纪 90 年代，就有学者提出，国史有"用于宣传的意识形态话语"和"用于研究的学术规范话语"两套话语②，"有必要用不同的话语体系将政治活动和学术活动区别开来"③。笔者以为，在学术研究中应进行合理的话语转换，尽可能使用学术话语。

话语体系的建构需要有一个长期的过程，绝非一朝一夕之功。2009 年新中国成立 60 周年前后，国史话语体系再次成为学界热议话题。一方面，学者们坦言国史学术话语尚处在初始建构过程中，需要建立和逐步完善有别于党史的相对独立的话语系统。④另一方面，针对当时甚嚣尘上的历史虚无主义思潮，有学者明确提出要高度重视"对国史解释的话语权"⑤。可见，国史话语体系建设既是国史学科独立发展的内在要求，同时也体现了学者们在面对国内外舆情压力下的历史自觉和责任担当。

进入新时代，为有效应对历史虚无主义错误思潮带来的严峻挑战，国史研究话语权问题的讨论一度形成高潮。以国史研究重镇当代中国研究所为例，2014 年 4 月 16 日，该所联合中国社会科学院世界社会主义研究中

---

① 尹红群：《中国式现代化视域下的国史分期与研究探析》，《广东党史与文献研究》2023 年第 5 期。

② 杨凤城：《中华人民共和国史研究：概况与评价》，《教学与研究》1999 年第 10 期。

③ 王海光：《时过境未迁——关于中国当代史研究的几个问题》，《党史研究与教学》2004 年第 5 期。

④ 参见齐鹏飞等：《近 30 年中华人民共和国史教材编写若干问题的探讨》，《当代中国史研究》2008 年第 5 期。

⑤《加强国史研究　全面认识和正确评价新中国历史——访中国社会科学院副院长兼当代中国研究所所长朱佳木研究员》，《高校理论战线》2009 年第 5 期。

心，就国史研究话语权和话语体系建设问题举办"国史研究话语权建设"学术研讨会。①不少专业学术期刊也先后开辟这方面讨论的专栏或栏目。总体来看，在国史研究不断深入推进的过程中，国史研究话语权和话语体系建设始终是其重要议题。国史学界正视话语权建构面临的严峻挑战，不断呼吁切实增强建构"国史话语权的责任感、使命感和紧迫感"②，"建立马克思主义话语体系"③，形成"主体性、原创性话语"④，牢牢掌握国史的"叙述权、阐释权和话语权"⑤，积极探索国史研究话语权和话语体系建设的原则和有效路径。

近年来，学界将学习贯彻习近平总书记致中国社会科学院中国历史研究院成立的贺信和致国史学会成立30周年贺信精神与在哲学社会科学工作座谈会上的重要讲话精神结合起来，进一步从加快建构中国特色哲学社会科学"三大体系"的整体视野统筹思考国史的话语体系建构问题，推动建构自主的国史话语体系。对此，有学者将国史话语体系具体划分为"学术话语体系、大众话语体系、国际传播话语体系"等，⑥国史话语体系研究日益走向深入，概念、范畴、命题、思想表达、叙事结构等不断纳入学术研究视野。⑦本文认为，国史话语体系研究看似容易、简单，但真正形成既科学又走向大众和国际的话语表达，产生切实的学术影响力和社会辐射力且具备学术生命力的话语体系建设仍任重道远，需要学界潜心聚力，久久为功。

思考与展望

通过上述简要梳理可见，学界对国史学科定位、范式更新、话语建构

---

① 宋月红等：《"国史研究话语权建设"学术研讨会举行》，《光明日报》2014年5月7日。
② 张星星：《努力构建党史、国史话语权》，《党的文献》2016年第4期。
③ 朱佳木：《在同历史虚无主义的斗争中推进中国特色马克思主义史学理论话语体系的建设》，《马克思主义研究》2016年第11期。
④ 朱佳木：《在回应历史虚无主义思潮的挑战中推动中国当代史研究的理论创新和话语体系建设》，《当代中国史研究》2016年第6期。
⑤ 宋月红：《党史国史研究中抵制历史虚无主义的三个关键抓手》，《红旗文稿》2017年第6期。
⑥ 杨凤城：《浅议中华人民共和国史知识体系建构问题》，《当代中国史研究》2023年第5期。
⑦ 相关研究成果可参见王炳林：《构建新中国史的学科体系、学术体系、话语体系》，《当代中国史研究》2023年第1期；宋月红：《新中国史研究的基础、前沿与"三大体系"建设》，《中国高校社会科学》2023年第5期；等等。

等问题进行了持续讨论并取得了丰硕成果,但也要看到,目前相关研究成果还主要集中于个别问题和少数学者,辐射范围有限,缺乏学术成果的良性互动,尚未得到学界广泛参与。进一步深化国史研究理论,要以习近平总书记关于历史观的重要论述为指导,加强学术交流与合作对话,推动国史学科与党史学科协同发展,不同研究范式多样共生,并提升建构国史自主话语体系的学术自觉和学术自信。

(一)以习近平总书记关于历史观的重要论述为指导,持续深化国史研究理论

历史观是开展历史研究的前提,历史观不同,得出的历史结论必然大相径庭,历史观错误,研究更会走入误区。习近平总书记指出:"唯物史观是我们共产党人认识把握历史的根本方法"①,要"坚持唯物史观、正确党史观,在党和国家历史问题上正本清源","让正史成为全党全社会的共识"②,同时,要"树立大历史观,从历史长河、时代大潮、全球风云中分析演变机理、探究历史规律"③。以习近平总书记关于历史观的重要论述为指导,持续深化国史研究理论,应将其贯穿于国史研究的长过程,使其始终成为国史学界的思想共识和学术自觉。

1. 始终坚持实事求是的思想路线和治学原则

习近平总书记明确指出:"要坚持用唯物史观来认识历史,坚持实事求是的思想路线,分清主流和支流";"既不能因为成就而回避失误和曲折,也不能因为探索中的失误和曲折而否定成就"。④ 就国史研究而言,就是要全面、历史、辩证地认识和评价国史上的重大问题、重大事件、重要会议、重要人物、重要文献,只有这样,才能做到正本清源,才能客观全面地展现新中国的历史原貌,进而形成正确的历史认知。例如,在如何正确看待改革开放前后两个历史时期上,习近平总书记强调,它们在"本质上都是我们党领导人民进行社会主义建设的实践探索";"两者决不是彼此割裂的,

---

① 习近平:《在党史学习教育动员大会上的讲话》,北京:人民出版社2021年版,第24页。
② 《习近平谈治国理政》第4卷,北京:外文出版社2022年版,第546页。
③ 《习近平著作选读》第2卷,北京:人民出版社2023年版,第420页。
④ 习近平:《在党史学习教育动员大会上的讲话》,北京:人民出版社2021年版,第4、24—25页。

更不是根本对立的";既"不能用改革开放后的历史时期否定改革开放前的历史时期,也不能用改革开放前的历史时期否定改革开放后的历史时期"。① 又如,对历史人物的评价,"应该放在其所处时代和社会的历史条件下去分析,不能离开对历史条件、历史过程的全面认识和对历史规律的科学把握,不能忽略历史必然性和历史偶然性的关系"。② 这些重要论述有利于国史研究始终沿着正确方向前进,推动着国史研究理论持续深化。

2. 始终坚持人民群众创造历史的基本立场和观点

习近平总书记强调:"历史是人民创造的",必须"始终坚持人民立场、人民至上"。③ 国史是由中国人民创造的历史,是中国共产党团结带领全国各族人民共同开创和发展的历史。开展国史研究首先必须搞清楚"为什么人的问题"④,要想有所作为就必须坚持以人民为中心的研究导向,树立为人民做学问的理想。广大国史研究者要牢记"人民是真正的英雄"⑤,准确把握人民群众对历史的创造作用,自觉把个人学术追求同国家和民族命运紧紧联系在一起,为国修史、为民立传,持续推动国史研究事业繁荣发展。

3. 始终树立大历史观

习近平总书记强调:"观察和认识中国,历史和现实都要看"。⑥ 这就要求国史研究要"立时代潮头,通古今变化,发思想先声"⑦,在古今中外的时空坐标内审视和把握国史的历史方位,在历史、现实与未来的纵横比较中进行考察和审视。与此同时,国史研究还"需要有一个宽广的视角,需要放到世界和我国发展大历史中去看"⑧,在放眼全球的开阔视域中处理好民族性与世界性的关系,深化和拓展对国史相关问题的认识。

总之,习近平总书记关于历史观的重要论述立意高远、思想深邃、内

---

① 《十八大以来重要文献选编》(上),北京:中央文献出版社2014年版,第112页。
② 《十八大以来重要文献选编》(上),北京:中央文献出版社2014年版,第693页。
③ 《习近平谈治国理政》第4卷,北京:外文出版社2022年版,第77页。
④ 《十八大以来重要文献选编》(中),北京:中央文献出版社2016年版,第124页。
⑤ 《习近平谈治国理政》第4卷,北京:外文出版社2022年版,第58页。
⑥ 习近平:《出席第三届核安全峰会并访问欧洲四国和联合国教科文组织总部、欧盟总部时的演讲》,北京:人民出版社2014年版,第45页。
⑦ 《习近平关于社会主义文化建设论述摘编》,北京:中央文献出版社2017年版,第101页。
⑧ 习近平:《在哲学社会科学工作座谈会上的讲话》,北京:人民出版社2016年版,第3页。

涵丰富，明确了国史研究的指导思想、时代使命、主题主线、主流本质、学科站位、评价原则、功能特征、研究方法等基本理论问题，为深化国史研究理论指明了方向、提供了根本遵循。

（二）国史学科与党史学科相互依存

从历史渊源、现实境况和未来发展来看，国史与党史两个学科相互依存、互相助力、融合发展、构建学术共同体，既是全面反映中国共产党治国理政伟大成就、激励人们坚定"四个自信"的客观需要，也是学科发展突破瓶颈、摆脱困境、实现共同发展的内在要求。

目前，国史与党史分属中国历史和中共党史党建学两个不同的一级学科，其研究对象、范围、侧重点、学术传承、国际交流等方面具有各自的鲜明特色。例如，在研究对象上，国史主要研究中华人民共和国成立以来的历史，其研究主体是中华人民共和国，坚持"共和国本位"[①]，属于通史的国别史研究；党史则主要研究中国共产党领导中国革命、建设、改革、强国的历史和党自身建设、自我革命的历史，其研究主体是作为无产阶级政党的中国共产党，属于通史中带有专史特点的政党史研究。在研究范围上，虽然国史与新中国成立后的党史重叠交叉，尤其是中国共产党治国理政的理论和实践同时是党史国史研究的核心内容，但二者仍各有侧重。作为国家史，国史涵盖1949年中华人民共和国成立以来国家领土范围内政治、经济、文化、社会、国防、外交、人口、自然环境等各领域各方面，全面的结构性研究都是国史研究的重要内容，其中，港澳台地区作为中国固有领土，其在中华人民共和国成立以来的发展历程也是国史研究的重要内容。党史的学术版图同样十分广阔而多元，绝不仅限于政治史、执政党史，但中国共产党作为"一个高度组织化的集体能动者"[②]，对其执政史和自身建设史等能动性研究毫无疑问始终是党史研究的重中之重。在学术传承上，两个学科都坚持马克思主义唯物史观，重视对中国悠久史学传统的传承和创新，并吸收借鉴当代哲学社会科学的一般理论和方法。习近平总书记指出：

[①] 齐鹏飞：《关于"党史"与"国史"关系的再认识》，《教学与研究》2008年第5期。

[②] 姚中秋：《历史政治学相遇中共党史研究："党史政治学"刍议》，《党史研究与教学》2023年第2期。

"当代中国是历史中国的延续和发展"。①国史作为与中国古代史、中国近代史并列的中国通史的有机组成部分,吸收借鉴中国悠久而成熟的治史修史优良传统更应成为学术自觉。以史书编纂为例,国史除了运用当今通行的章节体外,也要考虑如何创造性地继承纪传体、编年体、纪事本末体、典制体、方志体、史地体等中国史学的传统体裁与体例,以便与中国历代史书相呼应。②在国际交流上,两个学科都肩负着史实澄清、形象塑造、学术互鉴等责任和使命,从目前国际舆论环境来看,国史在彰显中国共产党执政成效、国际沟通对话、文明交流互鉴、传播好中国声音等方面具有独特的优势。

总之,国史和党史两个学科各有特色,不能笼而统之地合二为一,同时也要清晰地认识到,中国共产党作为核心领导力量,带领中国人民经过艰苦卓绝的革命斗争创立了新中国,并领导国家建设和发展取得举世瞩目的伟大成就,国史在某种意义上就是中国共产党全面执政的历史,其最大的共同点都是中国共产党领导,都是以人民为中心。因此,在国史学科发展过程中不必过分自我设限,刻意强化二者之间的学术区隔,而应积极推动两个学科的协同发展。

(三)推动国史研究范式多样共生

通过研究范式创新提升理论阐释能力是理论研究不断成熟的表现。多年来,国史研究领域既有传统研究范式的推陈出新,也有全新研究范式不断涌现,形成了研究范式转换的学术自觉。而只有各种研究范式多样并存、多元发展,才能多维度多层面提升理论阐释能力,推动国史研究理论不断走向成熟。

正如有学者指出:"国史内容是丰富多彩和多侧面的,国史研究只是选择历史的某个侧面进行剖析,故对其理论阐释必然是多元的。"③以革命史研究范式与现代化研究范式的关系为例,虽然20世纪80年代后期二者的此消彼长曾引发学界热烈讨论,但越来越多的学者意识到彼此之间并非完

---

① 《习近平著作选读》第1卷,北京:人民出版社2023年版,第281页。
② 参见朱佳木:《论中华人民共和国史研究》,《当代中国史研究》2009年第1期。
③ 左玉河:《问题、史料与范式:建构国史自主知识体系的关键环节》,《当代中国史研究》2023年第5期。

全对立的迭代关系,而是各有侧重、相互补充,故应彼此包容,长期并存。而曾一度出现的以现代化研究范式抨击否定革命史研究范式,打着范式转换的旗号宣扬"告别革命"、否定中国革命合理性和历史必然性的主张,则是典型的历史虚无主义,必须始终加以警惕。

当前,主流国史研究成果中以社会主义革命、建设、改革为关键词的历史分期,总体上体现了革命史研究范式与现代化研究范式相互依存的叙事逻辑。同样,曾以"对着干"姿态出现的新革命史研究范式,"在研究对象、研究范围上与传统革命史没什么两样"①,二者之间也"不是非此即彼的二元对立关系",新革命史是"在前者基础上的延伸与拓展"②,而非否定和另起炉灶。简言之,这实际上可以将其看作吸收传统革命史研究范式合理内核基础上进行的一种结构性调整。近年来,中华民族复兴史范式提出后,学者们就明确表示"新的研究范式并不意味着排斥、否定其他的研究范式"③。本文认为,不同研究范式之间可以兼容、并存,基于学术研究的不同时段和实际需要,完全可以采用不同的研究范式。事实上,每种研究范式都有其优势和限度,并无绝对优劣之分。正如有学者所指出的:"简单地以一种范式而排斥另一种范式,都会导致片面性和局限性。"④

(四)提升建构国史自主话语体系的学术自觉和学术自信

从学界对国史话语体系研究的历程来看,国史话语体系的建构始终面临学科发展内生动力和严峻形势外在压力的共同作用,形势紧迫,任务艰巨。近几年的研究成果主要集中在对国史话语体系如何建构的思考,且多纳入国史"三大体系"建设的研究范畴,尚缺乏对国史自主话语体系的专门性研究。从学科发展对话语体系建构的内在要求出发,要有建构国史自主话语体系的学术自觉,积极推进学术话语体系建设;从应对危机回应期待的现实需要出发,要有建构国史自主话语体系的学术自信,实现有效的

---

① 李金铮:《"新革命史":由来、理念及实践》,《江海学刊》2018年第2期。
② 李金铮:《关于"新革命史"概念的再辨析——对〈"新革命史"学术概念的省思〉一文的回应》,《中共党史研究》2019年第4期。
③《推进党史党建研究有机融合》,《中国社会科学报》2022年12月23日。
④ 宋月红等:《中华人民共和国史研究的理论与方法》,北京:当代中国出版社2016年版,第85页。

话语表达和话语传播。

建构国史学术话语体系是国史学科建设的重要任务之一，而对新中国历史进程中的标识性概念范畴进行学理性提炼则是其中的重中之重。我们不仅要重视在历史变迁中提炼富有时代特色的概念和范畴，客观反映新中国不同阶段的奋斗历程，也要重视在政治、经济、文化、社会、生态、军事、国防、安全、外交等具体领域的实践解读中提炼富有中国特色的原创性概念和范畴，引领知识生产和理论创新。此外，要善于发掘不同时期政治文本中不断被复述和强化的标识性概念，推动其向学术概念转化，实现二者之间的"良性互动与互补"[①]。

面对长期以来哲学社会科学领域的西方学术话语霸权和话语陷阱，国史研究还要树立应有的学术自信，立足中国实践，以我为主展开国史的叙事和传播。正确处理人民内部矛盾、社会主要矛盾、现代化、四个现代化、中国式现代化、小康社会、全过程人民民主、脱贫攻坚、共同富裕、精神文明建设、生态文明建设、"一带一路"倡议、人类命运共同体等新中国发展进程中围绕国家发展、社会进步、人类和平等重大问题所提出的中国共产党的执政话语和宝贵经验，对世界各国人民都具有借鉴意义。只有在"中国好故事"的基础上通过超越时空与地域局限的理论精炼，打造融通中外的概念范畴和话语表述，才能切实解决"有理说不出、说了传不开"[②]的问题，真正讲好中国故事。

2016年5月，习近平总书记在哲学社会科学工作座谈会上明确指出，我国的哲学社会科学目前"同我国综合国力和国际地位还不太相称"，要"着力构建中国特色哲学社会科学，在指导思想、学科体系、学术体系、话语体系等方面充分体现中国特色、中国风格、中国气派"；"发挥我国哲学社会科学作用，要注意加强话语体系建设"；"要善于提炼标识性概念，打造易于为国际社会所理解和接受的新概念、新范畴、新表述"[③]。这一重要论述不仅对国史学科自主话语体系的建构提出了明确要求，更是加快建构国

---

① 杨凤城：《关于当代中国史研究中学术性与政治性关系的若干思考》，《当代中国史研究》2016年第3期。

② 习近平：《在哲学社会科学工作座谈会上的讲话》，北京：人民出版社2016年版，第24页。

③ 习近平：《在哲学社会科学工作座谈会上的讲话》，北京：人民出版社2016年版，第15、24页。

史学科自主话语体系的重要遵循。国史研究者要肩负起时代使命，在着力打造融通中外的新概念、新范畴、新表述上聚焦发力，深耕久耘，以扎实的理论研究和史实凝练，提升国史的话语权和影响力。

综上所述，国史学科是最具中国特色的哲学社会科学基础学科之一，也是建构中国特色哲学社会科学自主知识体系的标识性学科。从学科定位、范式更新、话语构建等方面持续深化国史研究理论，是提升国史研究学术原创能力、推动建构国史自主知识体系的重要抓手。当然，国史研究理论不仅只有以上几个方面，更多的研究回顾和展望需要学界同仁共同努力，进行更加全面深入的梳理和总结。

国史学理论体系建构的检视

左玉河

中国社会科学院历史理论研究所研究员、中国历史研究院左玉河工作室首席专家

改革开放以后，中华人民共和国史（以下简称国史）研究理论（本文统称国史学理论）逐渐引起学界关注，出现了一些有价值的研究成果。但总体上看，国史学理论体系并未真正建构起来。如何建构国史学理论体系？国史学本体论应该讨论哪些基本问题？国史学认识论应该探究哪些基本问题？国史学方法论体系中有哪些高效能的独特方法？这些都是建构国史学理论体系过程中必须探究的重大问题。笔者拟在学界同仁总结国史学理论研究状况基础上[①]，围绕这些重大问题进行初步的理论反思，以助推中国特色国史学理论体系的建构。

概念内涵界定：厘清国史学理论与国史理论的区别

重视国史学的历史理论层面研究，注重对国史现象进行理论解释，忽视国史学的史学理论建构尤其是国史学基本理论问题，是目前国史学理论体系建构存在的突出偏向。之所以如此，源于国史学界往往不太注意区分国史研究领域的史学理论和历史理论，或称其为"史学理论研究""国史的理论研究形态"，或称为"国史研究理论""国史理论""学科理论""基础

---

① 相关研究成果主要有宋月红等：《中华人民共和国史研究的理论与方法》，北京：当代中国出版社 2016 年版；朱佳木：《论中国当代史与当代史编研》，北京：当代中国出版社 2024 年版；郑珺：《国史学理论问题研究述评》，《当代中国史研究》2008 年第 2 期；郑珺：《新世纪以来国史学理论问题研究的进展及思考》，《毛泽东邓小平理论研究》2012 年第 11 期；孙钦梅：《近十年国史学理论问题研究进展》，《上海党史与党建》2023 年第 5 期；等等。

理论""基本理论"等。似乎只要是对国史领域理论问题进行探讨，就是国史学理论，因而没有刻意区分国史理论与国史学理论、史学理论与历史理论。

有学者用"当代史理论研究"来涵盖整个国史学界的理论研究问题，认为史学理论研究"更偏重于理论和解释工作。比如，重点研究和解释历史发生和发展的原因及规律、经验，对历史事件和人物进行评价，研究和阐释修史本身的宗旨、原则、方法，规定史书编撰的体裁、体例等等"。其将史学理论研究的特性，提炼为"更偏重于理论和解释工作"是准确的；所提到的"重点研究和解释历史发生和发展的原因及规律、经验，对历史事件和人物进行评价"等前几项内容，属于"历史理论"所要解决的问题；所提到的"研究和阐释修史本身的宗旨、原则、方法，规定史书编撰的体裁、体例等等"后几项内容，则并非"历史理论"关注的问题，而恰恰是"史学理论"所要解决的问题。很显然，以上论述并未严格区分"史学理论"和"历史理论"，而是将两者所探讨的内容合并起来，归并于"史学理论研究"概念中。如果指广义上的整个国史"理论研究"所包含的内容，这是没有问题的，但若专指国史研究的"史学理论"则似乎不够准确，因为这些属于国史学的"历史理论"范畴。其依据国史理论研究的特性，进而指出国史学科建设包括以下三方面内容：一是系统构建国史研究的学科理论，如阐释国史的概念及其研究特点和学科依据、学科体系等；二是解答国史中的一些基本理论问题，如什么是国史的基本走势、基本规律、基本经验，以及如何总体评价国史等；三是从理论上分析国史重大问题，强调"要搞好当代中国史理论研究的学科建设，就要构建当代中国史研究的学科理论，搞清楚其研究范畴，与中国近现代史和中共党史研究的关系，学科的学术性和政治性的关系等重要问题；就要分析当代中国史的基本理论问题，包括历史分期、主线、主流等"。①此处所谓"学科理论"，实际上就是国史学的"史学理论"；所谓"基本理论问题"，就是国史学的"历史理论"研究的对象；所谓"对中国当代史的重大问题予以理论上的解答"，同样属于国

---

① 朱佳木：《当代中国史理论研究的学科建设及当前任务》，《思想理论教育导刊》2021 年第 5 期。

史学的"历史理论"问题。

以上所言国史理论研究，实际上分属国史学的史学理论和历史理论两个方面，但并没有对其加以进一步区分。

明确史学理论与历史理论的区别，是厘清国史理论与国史学理论的前提。正像国史研究必须首先明确国史研究对象那样，国史学理论建构必须首先厘清与国史理论的区别，明确自己的研究范围。历史理论与史学理论是两个具有不同内涵的概念，有着不同的研究对象：前者研究对象是"历史"本身，是对客观历史发展进程本身所做的理论思考，包括对历史过程、事件、人物的理论解释；后者研究对象则是"历史学"本身，是对历史学自身理论问题所做的理论思考。

国史学视域中的理论研究，同样包括历史理论和史学理论两部分。国史学的历史理论称为国史理论，国史学的史学理论称为国史学理论。正如国史不同于国史学那样，国史理论也不同于国史学理论。国史理论，实际上就是国史学的历史理论，是研究客观的国史发展问题，是对国史发展进行的理论概括，所要解决的主要问题包括：国史发展的主题主线是什么？如何看待国史发展的主流本质？如何划分国史发展阶段？如何把握国史人物与国史事件的评价标准？这类针对客观国史进行的理论探讨，会进而形成国史分期理论、国史主题主线理论、国史本质主流理论、国史发展动力机制理论、国史人物评价理论等。国史学理论，实际上是国史学的史学理论，是对国史研究（国史学）本身发展问题的反思，是针对国史学所做的概括性理论，所要解决的主要问题包括：国史学的研究对象和范围是什么？国史学的基本属性和功能是什么？国史学的构成和分类体系是什么？国史研究是如何展开并取得成效的？国史研究者的主观认识如何符合客观的国史发展实际？国史研究者所得出的历史认识如何加以检验？国史研究有哪些方法？等等。

目前，绝大多数学者认同上述区别，但仍然存在混同现象。例如，有学者指出："国史学理论可分为历史理论和史学理论。其中，国史学的历史理论是考察国史发展过程的理论，主要包括国史的主线及其分期，国史重大事件如过渡时期总路线、社会主义改造、社会主义市场经济等，国史重要人物的研究等。国史学的史学理论是反思国史学自身的理论，主要包括指导思想、基本理论、研究方法三个层次：第一个层次是唯物史观，即国史学的指导思想；第二个层次是基本理论，包括国史学的性质、特点、研究对象和研究内容、理论体系和学科体系、学术规范、地位与作用等问题；第三个层次是研究方法。"①

这一论述有值得进一步商榷的地方，如所述"三个层次"并将唯物史观纳入其中，但事实上，唯物史观作为国史研究的指导思想，并不在"史学理论"探讨范围之内（应该在"历史理论"层面探讨）。所谓第二个层次的"基本理论"，实际就是要重点探讨的国史学理论本体论部分，重点围绕"国史学是什么"展开，包括国史学的性质、特点、对象和研究内容等。其将"理论体系和学科体系"及"地位与作用"都包括到国史学的"基本理论"中，无疑扩大了国史学基本理论的内涵。其所谓的国史学的"历史理论和史学理论"，实际上就是国史理论和国史学理论的分别。其在随后的文章中再次使用这两个概念并强调："国史理论，是考察国史发展过程的理论。国史学理论是反思国史学自身的理论，主要包括国史学的性质、特点、研究对象、研究内容、指导思想、研究方法、科学体系、学术规范等问题。"②

由此可见，建构国史学理论体系，必须首先厘清国史理论与国史学理论的区别，明确国史理论是国史学的历史理论，国史学理论则是国史学的史学理论，两者的研究对象是不同的。因国史理论和国史学理论都在广义的"历史认识"范围之内，故许多人没有察觉将两者区别开来的必要，且两者确有较为密切的联系，故很容易混含在一起。正因忽略了两者区别，故目前国史学理论所讨论的内容，是包含高比例国史理论的内容，导致出现重视国史理论而忽视国史学理论的偏向。

国史学本体论：探讨国史学理论体系中的基本理论

国史学的史学理论，可称为国史学理论。因为国史学理论是以国史学为研究对象的理论，而国史属于历史学的分支学科，故国史学理论实际上就是国史学的学科理论。既然国史学理论是对国史学本身进行反思的理论，

---

① 张世飞等：《进一步加强国史学历史理论的研究》，《甘肃社会科学》2007年第3期。
② 张世飞：《关于国史学理论的若干思考》，《求索》2007年第5期。

同时是关于国史学的学科理论，那么，国史学理论的研究对象及其内容就比较明晰。国史学界对此进行了初步探讨。大体而言，国史学理论也被称为国史学的基本理论，其主要探讨国史研究的对象、内容、性质、特点、功能等，主要包括国史学的性质、特点、研究对象、研究内容、研究方法、学术规范，以及国史资料考证、国史学术评论、国史研究机构、国史与其他学科的关系、国史著作编写、国史编研工作者的素养等问题。这些都是国史学理论的研究对象和研究范围。

作为国史学的史学理论，国史学理论就应该按照历史学的史学理论体系，建构一套包括本体论、认识论和方法论在内的理论体系。笔者认为，国史学本体论，应主要围绕"是什么"展开讨论，所探讨的是国史学的基本理论问题及国史学的学科体系及其理论。国史学研究对象、学科定位、学科属性、学科特点、学科功能、学科地位等，均属国史学的基本理论问题。学界对此已有较为深入的研究。例如，有学者在论述"国史学概论"时指出："这样的概论应该对学科定位、学科属性、学科特征、学科功能等作出精准描述，对学科研究对象、研究内容作出明确界定，对学科发展指导原则作出深刻阐释，对研究方法作出系统介绍，对学科发展史进行清晰梳理，对学科发展学术规范提出明确要求，对史料的搜集、鉴别和运用等提出指导意见。"[①]这种概论所讨论的内容，显然都是属于国史学理论体系中本体论所要关注的基本理论。

目前，学界对国史学理论基本问题的探讨取得了突出成绩，主要体现在以下方面：

明确了国史相对独立的学科定位　经过讨论，国史学科基本上摆脱了长期依附于中国共产党史（以下简称党史）学科的状态，明确了国史学的研究对象、学科边界和学科定位，即国史与中国古代、近代历史研究相衔接，是与党史研究相联系而又相对独立的历史学科。对此，有学者指出："中华人民共和国史是中国通史的一部分。作为一门学科，它的研究对象包括当代中国社会的政治、经济、文化、国防、外交等各个领

---

① 王炳林：《构建新中国史的学科体系、学术体系、话语体系》，《当代中国史研究》2023年第1期。

域；包括社会的各个阶级、阶层、政党、社团、民族等各个方面的各种活动。也就是说，中华人民共和国史是当代中国社会整体的历史反映。"①也有学者认为："从狭义讲，它是研究中华人民共和国国家政权的建立和发展的历史；从广义讲，它应该包括中华人民共和国成立以来整个历史时期的中国社会各个方面的变迁。"②正因为如此，国史与中华人民共和国成立后的党史在研究对象、内容上虽有许多交叉重合，但两者分属不同学科，有着不同的研究范围、研究重点和研究特点。有学者就此做过详细阐述："党史研究的对象是中国共产党的历史，它的学科定位为政治学；即使从史学角度看，它也属于专史研究的性质。而国史研究的对象是中国在现代或当代的历史，与中国古代史、近代史研究相衔接，纯属史学学科，而且是断代史性质。因此，党史研究与国史研究无论在研究角度、范围、重点上，还是在研究方法上，都必然会有很多不同。"③由此可见，国史的学科定位基本明确：国史研究的对象是中华人民共和国成立以来的历史，它是中国通史的当代部分，自然属于历史学的分支学科。

  明确了国史学科兼具学术性与政治性的双重特性 国史既然属于中国通史的当代部分，其研究自然具有历史学求真求实的学术特性，必须按照历史学的基本规范展开，即以史料为根据，以真实为原则，以事实为基础，重视原始史料以及各种资料的综合利用，强调证据决定发言权、先谈事实再讲道理、通过考证澄清真相、用史料的真实性检验结论，从而使国史学具有客观性和学术性。但国史研究的特殊性在于：既有历史学的学术属性，也有鲜明的政治属性。学术性决定了它必须按照历史学规范进行学术研究，政治性则决定其在研究时必须观照现实政治。学界对国史学的双重特性形成了比较一致的认识：从研究对象的时限而言，国史学是属于当代时限内的历史科学；从研究对象的范围而言，国史学是带有断代特性的通史；国史学研究新中国成立、发展、繁华富强的伟大历程，涉及中华人民共和国的主权和尊严，具有很强的政治性。因此，国史学既要按照历史学规范进

---

① 李茂盛：《对国史研究中几个问题的思考》，《中共党史研究》1994年第4期。
② 邹兆辰：《国史研究理论与方法的思考》，《当代中国史研究》2001年第3期。
③ 朱佳木：《论中华人民共和国史研究》，《中国社会科学》2009年第1期。

行科学研究，更要严格遵循其政治性，要科学处理二者关系。正如有学者所指出的："强调当代史研究的现实政治性、意识形态性，不等于否定它的学术性、科学性。"①

明确了国史学"资政、育人、护国"的多重功能　随着国史研究日益深入，研究成果不断累积，学界对国史学的多重功能有着愈益清晰的认识。例如，有学者指出："当代史研究不仅不可能回避政治、淡化意识形态性，相反，要更加自觉地反'灭人之国，必先去其史'之道而行之，努力发挥'护国必先卫史'的功能"。②"古人早就讲过：'灭人之国，必先去其史。'反过来，护己之国，也必先卫其史"。③国史研究要具有"护国必先卫史"的重要功能，基本成为学界共识并被高度概括为"新中国史研究具有存史、资政、育人、护国的功能"。④

国史学本体论既然围绕"国史学是什么"问题展开，那么学科体系就是其探讨的重要内容。笔者认为，国史学的学科体系及其结构，应该包括国史学的史料学、学科史、编撰学、评论学，以及国史各分支学科（专门史、专题史、国史通史等）构成的学科体系。因此，国史学的学科体系建构，一方面要从横向上探究国史学的学科构成，如学科史、史料学、编撰学、评价学等，其中，学科史是关于国史研究的学术演变史，国史史料学是关于国史研究所需史料搜集整理利用的理论，国史编撰学是关于国史论著编撰的理论方法，国史评价学则是关于国史研究成果评价的理论；另一方面要从纵向上探讨国史学科的分类体系，如按照研究对象分为政治史、经济史、文化史、社会史、思想史、军事史、外交史等专门史，或按照研究主题分为国史研究的专题史等，并对各分支学科体系及其特性进行理论探究。

国史学的学科体系及其构成问题已经引起学界关注并进行了初步探讨。大致而言，国史学的学科体系主要包括国史史学史、国史学概论、国史史

---

① 朱佳木：《当代中国史理论研究的学科建设及当前任务》，《思想理论教育导刊》2021年第5期。
② 朱佳木：《当代中国史理论研究的学科建设及当前任务》，《思想理论教育导刊》2021年第5期。
③ 朱佳木：《第六届国史学术年会开幕词和闭幕词》，《当代中国史研究》2006年第6期。
④ 王炳林：《构建新中国史的学科体系、学术体系、话语体系》，《当代中国史研究》2023年第1期。

料学、国史评论、国史编纂学等。对此，有学者进一步将国史学科体系的基本构成概括为国史史源与史料学、理论研究类学科、国史本体研究类学科、国史研究交叉类学科四个方面，并强调："国史研究学科体系是由国史的内涵、性质与特征，特别是国史发展的主题与主线、主流与本质所规定的，是国史本体论、认识论和方法论的统一。"①

总体上看，目前学界对国史学理论本体论的基本理论问题进行研究并取得了较大进展，对国史学的学科体系进行了初步探索，力图建构国史学理论体系的本体论内容。国史学本体论基本理论问题研究除探讨国史学的对象属性功能之外，还应该包括国史学的学科布局、发展规划、研究模式、话语体系、研究规范、各分支学科及研究领域专门理论等，但目前这些方面的研究还比较薄弱，与国史学本体论基本理论问题研究相比，其学科体系建构起步较晚，讨论还不充分，存在着极大的提升空间。

国史学认识论：探究国史认知主体与客体的关联

认识论是国史学理论体系的重要组成部分。长期以来，学界往往多重视国史学方法论问题探讨，忽视对国史学认识论的讨论，缺乏建构国史学认识论的自觉性，尚未明确国史学认识论的研究对象、路径、目标等基本问题。国史学认识论领域基本属于空白状态，成为整个国史学理论体系中最薄弱的环节。少数涉及相关表述的研究，也多是在探讨国史理论问题时涉及对这些问题的认知，才会有所论及。例如，国史分期问题是国史理论关注的重点，形成了许多不同的观点。之所以会形成不同观点，源于研究者差异性的国史认识。有学者指出："对历史进行分期，即给历史断限，历来是史学工作者为便于自己研究和引导人们认识历史发展阶段的一种方法，也是史学研究中的重要理论问题。由于史学工作者的历史观不同，对不同社会形态下的历史进行分期，难以有统一的标准；即使在同一历史观指导下、对同一社会形态的历史进行分期，由于出发点和观察问题的角度不同，进行分期时所处的时间节点不同，也会出现不同的意见。"②研究者在国史认

---

① 宋月红：《构建中华人民共和国史研究学科体系初探》，《当代中国史研究》2016 年第 6 期。
② 朱佳木：《当代中国史理论研究的学科建设及当前任务》，《思想理论教育导刊》2021 年第 5 期。

识上的分歧，必然形成多样性的分期方案。这样便引出对国史的认知问题，进而引发对国史学认识论问题的探讨。但遗憾的是，目前学界对国史学认识论问题尚缺乏理论自觉，对该领域重大问题的探讨非常薄弱，值得研究的问题很多，研究的难度也最大。因此，必须高度重视国史学认识论问题研究，迫切需要将认识论问题放在国史学理论体系建构的高度予以重视，尽快补齐国史学理论体系中的认识论短板。

笔者认为，国史学认识论主要是反思国史认识的理论，其反思的对象是作为认知主体的国史研究者，反思的内容主要是认知主体认识国史客体的知识基础、思维方式、认知途径、认知特性及认知规律等。故国史学认识论主要是围绕国史认知主体与国史客体关系而展开。

大体说来，国史学认识论所讨论问题主要包括以下五个方面：一是探究作为认知主体的认知基础等，说明认知主体应该具备怎样的知识结构、理论素养和基本技能，并弄清这些要素如何影响其对国史客体的认知，进而探究认知主体的主观创新性、想象力和洞察力对其国史认知的影响。二是探究认知主体认识客体的内在机制，探究其认识客体的基本路径及其运思方向，揭示其认识客体的心路历程，提炼其认知客体的过程、路径、特性及其规律。三是探究认知主体与客体联系的中间环节，弄清认知主体如何通过史料中介，逼近和还原历史真实，重构国史事实的过程及其规律；弄清史料中介如何影响认知主体对客体的主观认知，弄清认知主体是如何通过解读史料中介来建构国史事实和国史解释理论的。四是探究影响主体认识客体的各种外部因素，弄清这些因素如何影响其对客体认知的；考察认知主体是如何认识客体的特性、如何揭示国史本质、如何探寻国史发展规律的。五是探究认知主体如何与客体达成一致，如何对主观的国史认识进行客观检验；主观认知与客观事实两者出现矛盾后，如何加以解决？如何面对认知主体思维视域下的历史假设？如何对其历史假设进行证实或证伪？如何在矫正认知主体所做的错误的历史假设？等等。这些都是国史学认识论需要重点探讨的问题。

从国史学认识论的角度看，尽管其研究重点集中于作为认知主体的国史研究者，主要探究认知主体如何进行国史认识，但当认知主体将探究目光投向国史客体并对其加以认知时，便无法回避作为认知对象的国史客体。这样自然就与国史理论中对国史客体的解释及对这些问题的探讨有部分重叠和交集。这就容易模糊国史理论与国史学理论的界限。实际上，两者尽管都将目光投向国史客体，但两者侧重点是不同的。国史理论探讨的侧重点在于国史客体本身，集中于对国史客体进行理论解释和说明。而国史学理论则集中于主体认知上，主要关注认知主体对国史客体进行理论解释的认知机制，探讨认知主体对国史客体的解释方式和运思轨迹，重点探究对国史客体的认知过程和认知规律，不过多纠缠于对国史客体认知结果及其对结果的解释。

以国史主题主线问题为例，国史理论所探讨的重点集中于主题主线问题的理论解释，形成关于国史主题主线的各种观点。而国史学认识论着力探讨认知主体的知识结构和理论素养等因素是如何影响其对主流主线问题认知的，重点探究认知主体以怎样的视角、途径、路径认识主题主线，力图揭示认知主体对主题主线认知的原则及其规律。故两者讨论对象虽在认知国史客体上有所交集，但探讨重心则有较大差别，各有其功用。正如有学者所指出的那样："历史理论是史学理论的认识基础，史学理论是历史理论的认识工具"。① 从国史学认识论的角度看，这种观点是有道理的。所谓认识基础，就是前者为后者提供了认识国史客体的理论指导；所谓认识工具，就是后者为前者提供了认识国史客体的分析工具。

国史学方法论：探寻国史研究方法的适宜性

国史学方法论是国史学理论体系的重要组成部分。目前，国史学界出现了引进并尝试各种研究新方法的"方法热"，国史学方法论的探讨比较深入，但同时存在的突出偏向是重视各种方法的引入及其尝试，忽视对国史学方法论独特性和适用性问题的探讨。因此，必须深化对国史学方法论的探究，对"国史研究方法"本身进行反思，着重探寻国史研究领域最适用和最具特色的方法，探究各种研究方法在国史学领域的适宜性问题，自觉建构国史学自身的方法论体系。

探究国史学的根本方法问题　国史研究方法具有多种层次，或为学术研究通用的根本方法（如历史的方法、逻辑的方法等），或为历史学通用的

---

① 宋月红：《构建中华人民共和国史研究学科体系初探》，《当代中国史研究》2016年第6期。

方法（如文献分析法、历史比较法），或为国史研究的具体方法（如口述史方法、社会调研法等），或为国史学分支学科的方法（如社会史方法、文化史方法等）。故国史学方法论体系的建构，必须首先对国史学方法进行分类型研究和分层次研究。国史研究起步阶段，学界就重视国史研究的根本性方法。如有学者将国史研究方法归纳为历史唯物主义方法、比较现代化的方法、国家—社会关系分析方法以及新制度主义的研究方法等。[①]也有学者认为，国史研究的方法需要不断创新，但其根本的方法是所有史学研究的基本方法，即理论与实践相结合的方法。[②]

探寻国史学方法论体系中的独特有效方法问题 国史学方法论体系中有许多独特而有效的研究方法，如口述历史方法、田野调查方法、实地考察方法、数据分析方法、计量史学方法等。这些方法在国史领域比在历史学其他分支学科中发挥的效能更大，更具适用性和广泛性。例如，口述历史方法是国史研究中最能体现自身特点的方法，也是最具实效的方法。国史研究中采用口述史方法，具有得天独厚的优势，研究者通过采访健在的国史亲历者，不仅可以收集到珍贵的口述史料，补充和矫正档案文献史料，而且还能以口述访谈的方式感知历史，还原历史场景，揭示历史真实，为国史研究提供独特的研究视角和新的解释范式。故国史研究必须重视口述历史方法，并对其方法的有效性及局限性进行深入探究。又如，新中国成立以来保存了完备翔实准确的统计数据，是最适合利用统计数据方法进行深入分析的领域。对此，有学者主张运用统计学和数学的原理与方法，通过电子计算机技术和一定的数学模型，对历史数据及历史现象进行分析和处理，以从历史发展的"质"和"量"两方面规定性中得出比较准确的结论。[③]随着互联网、大数据和人工智能的发展，国史学成为最适合进行大数据分析的学科领域之一，并被广泛应用到国史的社会史、人口史、概念史等领域，丰富了国史研究的路径和手段。故国史研究必须重视大数据分析和量化史学，并对其方法的有效性及局限性进行深入探究。

探究国史学体系中方法运用的适用性和有效性问题 国史涉及经济史、

---

① 关海庭：《关于国史研究方法论的几个问题》，《当代中国史研究》2001年第3期。
② 参见邹兆辰：《国史研究理论与方法的思考》，《当代中国史研究》2001年第3期。
③ 王爱云：《计量史学方法在当代中国史研究中的运用》，《当代中国史研究》2013年第6期。

社会史、文化史、法律史、制度史、思想史、教育史、科技史、管理史、医疗卫生史等诸多领域，其复杂度超过了单个学科所能处理的范围，故需要采用跨学科分析方法对其进行综合性考察。对此，有学者主张打开视野，充分借鉴和吸收其他哲学社会科学领域的研究成果和理论，包括海外的优秀研究成果，对社会、政治、经济、文化等总体历史展开全面的综合研究，加速建构国史自主知识体系。① 国史学科借鉴其他学科的概念、理论和方法，从新的视角理解国史研究对象，确定新的研究范畴，构建新的解释体系，为学科发展注入新的活力，推动了国史学科向纵深发展。但跨学科方法引入国史研究领域后，不仅会出现国史学科主体性减弱乃至丧失的问题，而且会出现因照搬套用其他学科方法而导致的"水土不服"的问题。因此，国史学方法论必须探究跨学科研究方法引入后导致的学科重心位移问题，必须探究引入跨学科方法后如何坚守国史学的学科本位问题。同时，必须探究其他学科方法运用到国史研究中的适用性、变通性和变异性问题，必须探究跨学科方法引入后如何照顾国史学特性问题，积极探寻适合国史学研究的独特方法，建构起中国特色的国史学方法论体系。

综上所述，目前国史学理论体系建构的突出偏向主要有：一是重视国史学的历史理论层面的研究对忽视国史学的史学理论层面的建构；二是重视国史学浅层的应对性基本理论问题而缺乏自觉的深层次建构性探讨；三是重视国史方法论问题探讨而缺乏建构国史学认识论的自觉性；四是重视国史学方法论的引入及其尝试而忽视国史学方法论独特性和适用性问题的探讨。因此，必须在厘清国史理论与国史学理论区别的基础上，重视国史学理论体系的自觉建构，为国史理论提供必要的认识工具；必须厘清国史学基本理论与学科体系理论，拓展基础理论研究，探索深层次学科发展规律研究；必须增强建构国史学认识论的自觉性，重视国史学认识论研究，尽快补齐国史学理论体系中的认识论短板；必须探寻国史方法论的适用性和独特性，探寻适合国史学研究的方法论，加快建构国史学的方法论体系，真正推动国史学理论研究从被动回应式思考走向自觉的理论体系建构。

---

① 杨凤城：《浅议中华人民共和国史知识体系建构问题》，《当代中国史研究》2023 年第 5 期。

新中国史理论研究三题

宋学勤

中国人民大学中共党史党建学院教授

  2022 年 4 月，习近平总书记在中国人民大学考察调研时指出："加快构建中国特色哲学社会科学，归根结底是建构中国自主的知识体系"。①新中国史（或称中华人民共和国史，以下简称国史）学科本土性强，其建构自主知识体系的需求更加突出，更需要持续推进国史理论研究不断深化。国史研究虽然早在 20 世纪 50 年代就已开始，但在很长时间里"没有真正进入实质性的学术研究和学科建设的领域"，仅有对这段历史的"粗线条的梳理和解释"。1978 年以后，学术意义上的国史研究才"真正发轫并逐步形成体系和规模"，进入"有学有术"的阶段。② 90 年代中期，国史学科建设问题提上议程。例如，1995 年 1 月，中华人民共和国国史学会在京召开国史学科建设座谈会，就国史的学科属性等问题展开探讨，③被认为是国史理论研究的发端。进入 21 世纪，"理论与方法"问题进一步受到学界广泛关注。例如，2001 年 4 月，《当代中国史研究》编辑部在京召开"国史研究的理论与方法"学术座谈会。此次会议明确指出，如果"仅仅满足于以揭示历史真相为治史归宿，而不重视历史学的理论建设，终究难以促进自身研究水平的提高"，因此，"探讨国史研究的理论问题"应提升至与"史实研究"

---

  ①《坚持党的领导传承红色基因扎根中国大地 走出一条建设中国特色世界一流大学新路》，《人民日报》2022 年 4 月 26 日。
  ② 齐鹏飞：《中华人民共和国史（第 2 版）》，北京：中国人民大学出版社 2021 年版，第 1—2 页。
  ③《国史学科建设座谈会综述》，《当代中国史研究》1995 年第 2 期。

同等重要的位置上,以期在学科建设层面被赋予更重要的意义。①2009年11月,该刊编辑部在安徽省合肥市召开"中国当代史研究的理论与方法"研讨会,再度强调"理论与方法"研究对于推进国史学科发展"具有重要的学术和社会意义"。②中共十八大以来,推进国史理论研究的自觉意识被进一步激发,尤其是随着"加快构建中国特色哲学社会科学"和"建构中国自主的知识体系"命题的提出,学界积极响应号召,探讨如何谋划和推进国史"三大体系"建设,建构自主的国史知识体系。③在此过程中,国史理论研究呈现出与时俱进的学术面貌,本文围绕其中的三个主要方面内容展开评述,以求教于方家。

主题主线、主流本质和历史分期

主题主线、主流本质和历史分期是国史理论研究的基本问题,其中,主题主线决定着国史研究及其叙事的总体思路和主干脉络。对此,有学者通过凝练各方观点,将国史的主题主线概括为"中国人民在中国共产党的领导下,建立、巩固和发展中国特色社会主义现代化国家的历史"。④近年来,学界对此有多种新的表述方式,但总体上没有原则性分歧,依然强调中国共产党领导、人民主体与社会主义现代化建设三个要素。

主流本质决定着国史研究及其叙事的整体面貌和总的基调,关系学界如何正确评价国史整体及其内部诸多具体问题,关系如何正确认识国史上的曲折与失误。对此,1994年《当代中国史研究》在其发刊辞中就明确提

---

① 参见于沛等:《"国史研究的理论与方法"学术座谈会发言摘要》,《当代中国史研究》2001年第3期。

② 参见吴敏先等:《"中国当代史研究的理论与方法"专题笔谈》,《当代中国史研究》2010年第1期。

③ 相关研究成果主要有宋月红:《构建中华人民共和国史研究学科体系初探》,《当代中国史研究》2016年第6期;朱佳木:《用中共十九大精神推动当代中国史理论研究学科体系建设》,《当代中国史研究》2018年第5期;王炳林:《构建新中国史的学科体系、学术体系、话语体系》,《当代中国史研究》2023年第1期;宋月红:《新中国史研究的基础、前沿与"三大体系"建设》,《中国高校社会科学》2023年第5期;杨凤城:《浅议中华人民共和国史知识体系建构问题》,《当代中国史研究》2023年第5期;左玉河:《问题、史料与范式:建构国史自主知识体系的关键环节》,《当代中国史研究》2023年第5期;等等。

④ 苗伟东:《当代中国史历史主线研究述评》,《广西社会科学》2010年第10期。

出，国史是"社会主义在中国确立，并在曲折中发展的历史"。①数十年来，学界基本坚持"曲折中发展"这个基本结论。

学界对国史分期问题的认识经历着一个逐步深化的过程。例如，20世纪90年代中期，有学者提出，国史分期应有相对独立的划定标准，与中国共产党史（以下简称党史）应有所区别："国家建设事业的发展"在不同时期存在不同的着重点与中心任务，并"呈现出不同的发展特点"，这是国史分期的"基本依据"。②随后，也有学者认为，国史分期应以社会形态的历史变迁作为标准，而"社会形态变化的基础是社会经济形态的变化"，表现为"经济制度和经济体制"存在质的区别。③

对于国史的主题主线、主流本质和历史分期，学界论述颇多，在此不一一赘述。在坚持正确政治方向和学术导向的前提下，学界对相关问题存在不同观点。例如，有学者提出，国史的主线是"探索中国社会主义的发展道路"、"争取早日实现中国的工业化和现代化"及"维护中国的国家安全、主权和领土完整"；主流是中国共产党领导人民取得历史性成就，要对"新中国整个历史"特别是改革开放前的历史作出正面、积极的总体评价；国史分期应"从经济社会发展道路或目标模式的角度来观察和划分"。④随着时代的发展和社会的进步，对国史分期问题的认识也呈现出动态变化。该学者在2021年发表的文章中明确指出："在历史分期的问题上，无论某种意见多么接近真理，都只具有相对的意义。随着历史的不断发展，比如说到新中国诞生100年、200年时，人们再来给国史分期、断限，肯定会和现在又有所不同"；"至于某些专门史，如学术史、文学史、美术史、影视史等，某些地方史，如西藏史、台港澳史等，分期、断限完全可以根据自身的特殊情况划定，不一定非要与国史的分期保持一致不可"。⑤

改革开放前后两个历史时期的关系属国史上的重点论题之一，长期

---

① 《发刊辞》，《当代中国史研究》1994年第1期。
② 参见葛仁钧：《论新中国的历史分期》，《当代中国史研究》1996年第4期。
③ 赵德馨：《简论国史分期问题》，《当代中国史研究》2010年第1期。
④ 朱佳木：《论中华人民共和国史研究》，《当代中国史研究》2009年第1期。
⑤ 朱佳木：《再谈国史分期问题》，《当代中国史研究》2021年第2期。

以来受到学界广泛关注和讨论。针对全盘否定"前30年"历史成就的谬误,一些学者立场鲜明地予以驳斥。例如,有学者指出,只有"把新中国第一个30年的社会发展实践放置在一个长时段的历史发展脉络中,才能对其有整体性的认识与宏观把握",虽然在此期间"出现了严重失误",但不能因此否认前人"艰辛的探索"及其"奠基之功"。① 此外,就整个国史研究来说,也涉及价值判断、观点立场等重要问题的认识,需要正确处理对相关问题的理解,作出公正客观的历史评价。对此,有学者强调,国史研究要"分析问题、判断是非",政治立场问题无法回避;所谓"价值判断中立",亦可能是某种"政治的、意识形态的和思想权威的干扰"的结果;坚持正确的政治方向,就是在意识形态领域化解"去史灭国"的风险,维护中国共产党领导与中国特色社会主义制度。这是国史研究所特有的"护国"功能,有别于史学通常所讲的"经世致用"之效。②

中共二十大以来,国史学界对国史的主题主线、主流本质和历史分期的认识进一步深化。例如,依据习近平总书记关于国史的重要论述及党的第三个历史决议,有学者提出,国史的主题是"实现中华民族伟大复兴",主线是"社会主义制度的建立和发展",国史应当划为"社会主义革命与建设时期""改革开放和社会主义现代化建设新时期""中国特色社会主义新时代"三个历史时期。③ 可见,随着中国特色社会主义事业的繁荣发展,国史的主题主线、主流本质和历史分期问题也会出现相应的变化,学界也会同步实现动态更新,推出一系列新的研究成果,以不断深化国史研究。

突出特性和学科属性

相较于其他时段,国史研究最为突出的特点在于现实性强。这既是国史研究的特殊优势,同时又使其受到种种限制。其特殊优势之一在于可资利用的材料更加多元丰富。例如,由于许多历史亲历者与见证者在世,国

---

① 宋学勤:《科学客观地认识新中国第一个30年》,《思想理论教育导刊》2009年第7期。
② 朱佳木:《论中华人民共和国史研究》,《当代中国史研究》2009年第1期。
③ 杨凤城:《浅议中华人民共和国史知识体系建构问题》,《当代中国史研究》2023年第5期。

史研究可以通过口述访谈接触到"活历史",这是中国古代史、近代史等中国通史序列所难以企及的。但与此同时,国史研究也会面临种种其他序列研究所未遇见或鲜见的难处。正如有学者所指出的:"当代人写当代史,由于时间相隔很近,历史的进程还在发展中,因而对事件的意义和人物的看法有一定的局限"。① 也有学者认为,国史上的许多思想、人物与事件虽然已成过往,但未完全在故纸堆中"沉淀和凝固",仍深刻地影响现实;其研究的主体无法从根本上摆脱"当事人"这个身份,甚至有时研究者就是亲历者。② 此种"时过境未迁"的特性,使得国史研究"与现实社会之间缺乏必要的历史距离感"。③ 有学者就国史与现实问题的关系做过明确论述:由于"与现实政治生活之间"存在着密切联系,国史研究无法作为"纯学术研究","评价历史事件、历史人物和研究整个历史,必须有明确的政治立场"。④ 总之,国史研究必须妥善处理现实与历史、政治与学术之间的复杂关系,以"形成良性互动与互补"。⑤

明确学科属性是国史理论研究持续关注的核心议题之一,也是建构国史自主知识体系的基础性工作。学科是指学术共同体共享同样的知识体系、话语逻辑、分析工具、评议标准与价值认同。在主张跨越边界、科际整合的学术环境下,明确国史学科的"本我"如何构成,是评价国史论著学术水平、反思国史研究的治学理念与研究方法是否合理的逻辑起点。它决定着国史研究不是由若干探讨"当代中国"的人文科学和社会科学所组成的松散联盟,而是具有相对稳定的学理构成。国史学科在何种意义上区别于党史学科,特别是区别于新中国成立之后的党史研究,长期以来都是国史学科建立相对独立性的前置性问题。20世纪90年代初,上述问题曾引起国史学界与党史学界的共同关注。彼时,有学者认为,国史与党史虽有交叉,

---

① 杨亲华:《近15年国史研究述略》,《当代中国史研究》1994年第1期。
② 参见齐鹏飞:《关于"国史"研究和"国史"学科建设若干问题的再认识》,《中共党史研究》2008年第3期。
③ 王海光:《时过境未迁——关于中国当代史研究的几个问题》,《党史研究与教学》2004年第5期。
④ 李力安:《努力开创国史研究工作的新局面》,《当代中国史研究》2000年第4期。
⑤ 杨凤城:《关于当代中国史研究中学术性与政治性关系的若干思考》,《当代中国史研究》2016年第3期。

"密切不可分离",但在学术实践过程中"又应该有所区别";相较于党史学科着重于阐释"党",国史学科关注范围理应"更加宽广","包括的内容也更多"。① 为此,国史学科有意识地形成不同于党史学科的核心议题、学术旨趣与评议标准,推动国史学科相对独立性的生成。强调二者差异,并不是武断地割裂彼此内在联系,而是如何更好协同发展。就国史与党史在本体论上的关系而言,有学者认为,二者呈现为"同心圆"的结构关系:"圆心"是"党的领导",党史作为"内圈",国史是范围更大的"外圈";② 并进一步指出:"党史必然是国史的核心,党史走向必然决定国史的走向"。③

对于何为国史,学界大致逐渐形成"狭义"与"广义"两种定义。例如,早在21世纪初,就有学者认为:"从狭义讲,它是研究中华人民共和国国家政权的建立和发展的历史;从广义讲,它应该包括中华人民共和国成立以来整个历史时期的中国社会各个方面的变迁";"从前一个层次来理解,它研究国家政权建立发展中的重大事件,类似于专门史;而从后一个层次来理解,它研究整个时代的社会变迁,又类似于断代史,是通史的一个阶段。从这一角度来说,国史学科带有特殊的双重性质"。④ 此后,学界对此又有进一步认识。例如,有学者提出,"国史"与"当代史"应是两个不同的概念,"国史"在更大程度上延续了党史研究的政治史传统,"当代史"则是"更具包容性的学科范畴"。⑤

总体来看,学界普遍主张,不应仅从"狭义"的角度定义国史。正如有学者所强调的:"只有从广义上来认识,才能正确地把握国史的学科定位"。⑥ 在此共识形成的过程中,学界对国史研究有过不断反省和认识更新,日渐突破"政治史"等专史范畴,走向更具广泛意义的"整体史"。例如,有学者指出,国史不应自限于只写高层活动、领导人物与决策过程,使其被简

---

① 杜蒲:《中华人民共和国史研究与编纂工作的新开端》,《中共党史研究》1991年第1期。
② 朱佳木:《国史研究的现状与前景》,《教学与研究》2002年第1期。
③ 朱佳木:《谈谈国史学科与党史学科的关系》,《中共党史研究》2010年第7期。
④ 邹兆辰:《国史研究理论与方法的思考》,《当代中国史研究》2001年第3期。
⑤ 常利兵:《资料、视角与写法:关于中国当代社会史研究的再思考》,《中共党史研究》2014年第2期。
⑥ 张星星:《新世纪以来中华人民共和国史研究的发展和成熟》,《当代中国史研究》2012年第3期。

化为"领导决策史"。① 值得注意的是，近年来也有学者强调，国史"首先是政治史"，"宜以政治为核心视点看各方面的发展进步"。这其实并不冲突，而是国史学科日渐成熟的重要标志，即其研究范畴更加体系化、学理化，其探讨的核心问题更加明确。正如该学者所指出的："我们可以考虑以物质文明、制度文明、精神文明为经，以经济、政治、文化、社会、国防、外交为纬，纵横交织建构国史知识结构，并以此确定学科基本问题、概念范畴体系"。② 与此同时，随着中共党史党建学一级学科的设立，国史的学科建设也将迎来新的机遇和更多可能，需要学界进一步加强对相关问题的研究。

国史研究的突出特性决定了其学科属性的复杂性。我们不妨以更开放的态度审视这个问题，使其充分接受学术实践的检验，推动其不断繁荣发展。

理论指导、治学理念和研究视野

有学者提出，"唯物史观是认识、把握历史的根本方法"，也是理解国史的"科学史观"。③ 同样，在国史理论问题上，只有坚持以唯物史观为指导，才能"更有力地批判和抵制历史虚无主义思潮"，使这些问题得到"正确解答"。④ 推动国史理论研究深入发展，还须坚持正确党史观。正如有学者所指出的："新中国史研究之所以要坚持正确党史观，是由新中国史的本质属性所决定的"；"以正确党史观指导新中国史研究，就是要在党不断推进马克思主义中国化时代化的历史进程中和最新理论成果的基础上，坚持党性与人民性的统一，深刻反映和揭示党领导人民进行国家建设和发展的历史成就与基本经验，不断深化对共产党执政规律、社会主义建设规律和人类社会发展规律的认识"。⑤ 国史研究固然要秉持"百家争鸣"的态度，允许存在学术观点上的分歧，但对重大的政治性问题则必须坚持以党的历史决议

---

① 李力安：《努力开创国史研究工作的新局面》，《当代中国史研究》2000 年第 4 期。
② 杨凤城：《浅议中华人民共和国史知识体系建构问题》，《当代中国史研究》2023 年第 5 期。
③ 李捷等：《新中国史的科学史观、核心问题与精神传承》，《马克思主义理论学科研究》2021 年第 9 期。
④ 朱佳木：《用唯物史观指导中国当代史理论研究的开展》，《渭南师范学院学报》2017 年第 15 期。
⑤ 宋月红：《新中国史研究要坚持"三观"》，《学习时报》2024 年 8 月 30 日。

作为根本准绳。这是国史研究必须服从的"大局"。①具体而言，中国共产党的历史决议是正确党史观的重要体现，也成为指导国史研究的纲领性文件，学界对此多有探讨。正如《当代中国史研究》在《第三个历史决议与新中国史研究笔谈》专栏编者按中所提到的："1981年通过的《关于建国以来党的若干历史问题的决议》，为促进新中国史研究起到了至关重要的作用。进入新时代，党和国家各项事业取得历史性成就，发生历史性变革，对新中国史研究提出了新的要求。2021年通过的《中共中央关于党的百年奋斗重大成就和历史经验的决议》，这是党的历史上通过的第三个历史决议，为新中国史研究提供了新的理论指导和根本遵循"。②

在国史研究学术化进程中，学界形成若干有总体性、宏观性指导意义的治学理念。例如，实证理念较早被确立为评判国史研究科学性的基石。20世纪50年代，国史研究虽被提上日程，但"学术性和科学性不足"③；改革开放以后，国史研究才实质性地获得"学术建制"④。在此过程中，国史日渐回归其史学的学科属性，强调用史实说话。正如《当代中国史研究》创刊号所提出的："治史要靠真凭实据，史实是研究和撰写历史的立足点和出发点"。⑤也有学者指出"用史实说话"，"只有在摆足事实的基础上才能讲清道理"，认为这是国史研究正确处理"史"与"论"辩证关系的关键问题之一。⑥"不发空论"，在充分搜集、鉴别与分析史料的基础上，让"事实"本身"说话"，被视为国史研究的指导原则。⑦概而言之，追求历史书写的客观性，理应成为评判国史研究是否具有科学性的重要维度。

秉持大历史观是拓展国史研究学术空间重要途径之一。在《当代中国史研究》创刊之初就有学者就提出，要把国史"置于整个中国历史的长河中，放在全世界的舞台上"。⑧这其实与大历史观一脉相承。正如有学者所

---

① 杨亲华：《中华人民共和国史研究述评》，《党史研究与教学》1994年第5期。
② 杨凤城等：《第三个历史决议与新中国史研究笔谈》，《当代中国史研究》2022年第4期。
③ 储著武：《关于20世纪50年代国史研究再认识》，《当代中国史研究》2014年第3期。
④ 储著武：《20世纪七八十年代国史研究学术建制的发展历程》，《安徽史学》2021年第1期。
⑤ 《国史研究要大力加强》，《当代中国史研究》1994年第1期。
⑥ 商翔：《加强中华人民共和国史的研究》，《当代中国史研究》1994年第3期。
⑦ 吴家珣：《〈当代中国〉丛书编辑出版工作的回顾》，《当代中国史研究》1999年第4期。
⑧ 商翔：《加强中华人民共和国史的研究》，《当代中国史研究》1994年第3期。

倡导的:"从大历史观看新中国的历史,首先需要将之置于近代180余年来的历史长时段中,看其对中华民族命运与中国历史发展带来的根本性转变,同时也要将之置于5000余年中华文明史的长程中,看其与中国自古以来历史的接续、延续";"放宽历史视野,拉长历史时段,运用大历史观,结合民族复兴的历史主题,深化对重大历史事件、重要历史人物的认识和评价";"在人类文明进步和制度多样化演进的宽视野中看问题"。① 换言之,就是要在古今中外的历史坐标中开展国史研究,拓展国史研究的边界,深化对国史的理解与认识。

开拓国际性的学术视野,增进跨国、跨地区、跨文化的对话交流,也是拓展国史研究学术空间的重要途径。在国史研究学术化进程中,学界意识到,国史研究在本土所呈现出的学术面貌,有别于海外学者书写国史的风格和旨趣,甚至可能存在巨大的差异。对此,国内学界有意识地加强了与海外国史研究的对话交流。例如,1994年,当《剑桥中国史》国史部分及其中译本出版后,国内学界就对其做过系统评述,并形成一系列研究成果。② 对此,有学者指出,海外学者研究国史,采取不同于中国的角度、观点和立场,使其研究结论相较于中国本土的国史研究而言"差异很大","甚至完全相反",但"也许正是这种意识形态的不同,才更是需要国际学术合作与交流的一个重要理由","如果出于一种僵化立场和对立思维而对不同的见解断然排斥,那必然有违于科学研究的客观要求,对历史科学的发展是有害无益的"。③ 进入21世纪,国内学界以更积极主动的姿态,将这种理念付诸实践。以《当代中国史研究》为代表的相关刊物,陆续开设"海外观察"或类似栏目,介绍海外相关研究成果。总体来看,随着时代发展,国内学界对于海外国史研究的态度逐渐从"以述为主"转为"评述结合",显示出更明确的主体性与批判性,注重对相关研究成果的批判性学习借鉴,彰显出更鲜明的中国立场。

---

① 杨凤城:《大历史观与中华人民共和国史研究》,《当代中国史研究》2022年第4期。
② 参见樊一:《〈剑桥中国史〉第14卷评析研讨会综述》,《中共党史研究》1994年第6期;金春明:《评〈剑桥中华人民共和国史〉》,武汉:湖北人民出版社2001年版;等等。
③ 金春明:《另一角度考察的思考——西方研究当代中国史的一些问题》,《当代中国史研究》2004年第6期。

有学者认为，国史"是史学领域里最适合进行跨学科研究的领域"。① 也有学者认为，同是研究"当代中国"，运用多学科的理论方法，可以拓宽国史研究的"广度"，增强国史研究的"整体性、综合性"，也可以发掘国史研究的"深度"，增进国史研究的"学术性与科学性"。② 开展跨学科对话，有利于国史研究实现由弄清史实到探索历史规律的学理转换。对此，有学者提出，国史研究不能止于"历史事件的排列"，忽略"探究历史发展的逻辑线索"③，必须"从中找出规律性的东西"④。数十年来，学界持续推进国史研究在方法论层面上的守正创新，在坚持唯物史观与正确党史观的前提下，社会史学、口述史学、心理史学、计量史学等理论与方法不断涌现，推动着国史研究学术化的进程。

综上所述，学界已经形成推进国史理论研究的自觉意识，取得一系列研究成果，但国史理论研究依然还有很大的进步空间。例如，在若干关键性理论问题上，学界尚未达成共识，探讨依然不够深入。展望未来，在建构国史自主知识体系征程上，似可从以下两方面推进国史理论研究。一方面，要进一步明晰国史理论研究的基本范畴、学理内涵等。目前，学界在探讨诸多国史理论问题时，存在着基本范畴不明、概念混用、边界模糊等问题。例如，"国史研究"有时被误用为"国史学科"，这混同了学术实践与学科建制两个不同层面意涵。此外，"国史理论""国史学理论""国史研究理论""国史研究的理论与方法"等近似的学术概念也大量出现。虽然有学者已对此有所探讨，但似乎尚未形成广泛共识。另一方面，要持续推动高水平的学术史和学科发展史研究，以此作为国史理论研究进一步深化的根基。学术史和学科发展史研究不是综述与述评，不是简单地陈述谁在何时何处做了什么研究。它旨在把握学术研究和学科发展的整体脉络，并在"历史哲学基础、思想理论预设、史学问题立意、核心价值观念和叙事结构风范等更深层级的学术维度"上，提供带有主体性、自觉性、通盘性的学

---

① 邹兆辰：《国史研究理论与方法的思考》，《当代中国史研究》2001年第3期。
② 宋学勤：《跨学科研究与当代中国史学科发展的前景》，《当代中国史研究》2008年第2期。
③ 张启华：《研究国史的几个方法问题》，《当代中国史研究》1995年第3期。
④ 李力安：《努力开创国史研究工作的新局面》，《当代中国史研究》2000年第4期。

理反思与自我省察。①或言之，它不是被动反映学术研究与学科发展状况的阶段性总结，而是批判性地审视学术研究与学科发展的历程，主动创造新的学术空间与发展前景。它的水平高下，被认为是判断"一门学科成熟和发展的重要基础与重要标志"。②总之，国史理论研究是需要学界共同推进的重大工程，只有广大学界同仁共同努力，才有可能推动该领域研究取得长足发展。

---

① 参见钟边言：《关于目前当代中国外交史来稿中的一些突出问题和不足》，《中共党史研究》2020年第4期。

② 张星星：《在第七届国史学术年会闭幕式上的总结发言》，《当代中国史研究》2007年第6期。

后 记

本书收录了2024年《当代中国史研究》刊发的"当代中国史研究学术史专题"文章20篇。这些文章立足新中国史研究学术前沿，突出问题意识，一经推出便取得了良好的社会反响，多篇被二次、三次转载，被各大理论网站转发，引发相关问题持续深入探讨，不仅为新中国史学科的进一步发展奠定了坚实的基础，而且为新中国史研究迈上新台阶提供了重要的支撑。在当代中国研究所党组的大力支持下，编辑部将这些文章汇集成册，并以此纪念《当代中国史研究》创刊30周年。

本书的顺利出版，既仰赖于各位作者的大力支持，也离不开《当代中国史研究》编辑部全体同志的辛勤付出，特别是易海涛从选题策划到编辑均做了大量工作，在此一并表示衷心的感谢。

由于编者水平有限，书中难免还有疏漏之处，敬请读者批评指正。

编 者

2024年12月